古典文獻研究輯刊

三八編

潘美月・杜潔祥 主編

第 10 冊

《伊川易傳》大義通釋
（第二冊）

程 強 著

國家圖書館出版品預行編目資料

《伊川易傳》大義通釋（第二冊）／程強 著 -- 初版 -- 新北市：
花木蘭文化事業有限公司，2024〔民 113〕
目 4+214 面；19×26 公分
（古典文獻研究輯刊 三八編；第 10 冊）
ISBN 978-626-344-713-4（精裝）
1.CST：易經 2.CST：研究考訂
011.08　　　　　　　　　　　　　　　112022583

ISBN-978-626-344-713-4

9 786263 447134

古典文獻研究輯刊
三八編　第 十 冊　　　　　ISBN：978-626-344-713-4

《伊川易傳》大義通釋
（第二冊）

作　　者　程 強
主　　編　潘美月、杜潔祥
總 編 輯　杜潔祥
副總編輯　楊嘉樂
編輯主任　許郁翎
編　　輯　潘玟靜、蔡正宣　美術編輯　陳逸婷
出　　版　花木蘭文化事業有限公司
發 行 人　高小娟
聯絡地址　235 新北市中和區中安街七二號十三樓
　　　　　電話：02-2923-1455 ／傳真：02-2923-1400
網　　址　http://www.huamulan.tw 信箱 service@huamulans.com
印　　刷　普羅文化出版廣告事業
初　　版　2024 年 3 月
定　　價　三八編 60 冊（精裝）新台幣 156,000 元

《伊川易傳》大義通釋

（第二冊）

程強　著

目次

周易上經中・卷二

䷊泰卦第十一　乾下坤上

【程傳】

泰，寬也，安也。《序卦》:「履而泰，然後安，故受之以泰。」履得其所則舒泰，履其安所為泰。為人父，履於慈；為人子，履於孝；為人君，履於敬；為人臣，履於忠。五倫皆各有所履，履其分內，得其所則舒泰；過其分，成足恭或倨傲。履以恭言，舒以寬言，泰以安言，恭而安也。**泰則安矣**，居其所而心無他往，則安。**泰所以次履也。為卦，坤陰在上，乾陽居下。**外順內健，生生之意暢達無阻。**天地陰陽之氣相交而和，**交而各處其位而不雜，為和。**則萬物生成，故為通泰。**天地交則生機通。萬物各遂其生，則泰。

【釋義】

履安則泰，萬物各履其正而安處其性，則通泰，是以泰次於履。

坤順而下，乾健而上，陰陽交合而皆得正應，健而順也。天健生物於內，坤順長物於外，生息不阻，發育不息，天下通泰也。

互體震兌，雷震動而物皆悅從，順正則泰也。

泰，小往大來，吉亨。

【程傳】

小謂陰，承物也。**大謂陽。**生物也。**往，**自內卦行於外卦謂往。**往之於外也；**往是消去，陰自物中消去，不復歸來，物生而無屯難也。**來，來居於內也。**來是生長，陽自物中生長，復歸來息。陽居內則陽為主導，故泰是物生而通暢。**陽氣下降，**下降於萬物之內，

三陽聚集於萬物之中，生機充盈。**陰氣上交也。**上交於陽，承陽之生物。**陰陽和暢，則萬物生遂，**萬物之生生得以成遂。**天地之泰也。**萬物生遂則各安其所，則泰。

以人事言之：**大則君上，**發令者大也。**小則臣下，**奉令者小也。**君推誠以任下，**盡禮也。**臣盡誠以事君，**盡忠也。**上下之志通，朝廷之泰也；陽為君子，陰為小人，君子來處於內，**居內，本也、主宰也。**小人往處於外，**不得主政。**是君子得位，小人在下，**治者與被治者各得其所。**天下之泰也。泰之道，吉而且亨也。**事成為吉，道通為亨。**不云元吉、元亨者，時有污隆，**時有升降也。**治有小大，**先王定制度，大治也；後王守成，小治也。**雖泰，豈一概哉？言吉亨則可包矣。**包「元吉元亨」。

【釋義】

泰者，物通而安處也。三陽在下而往行於外，坤體順而不阻，上下交合，生意暢達，為泰。

泰自既濟變成：小往，二柔往五；大來，五剛來二。小為陰，大為陽；往則消，來則息，息為大，消為小。陰往外而消退，小往也；陽來內而生息，大來也。小往大來，陰陽消息也。陰陽消息，君子來盛，小人往消，吉而亨也。吉，事順也；亨，道通也。

朱熹：「正月之卦也。」屯卦，萬物始生，陰陽不定。至泰卦，陽息陰消已定，三陽伸於內，三陰屈於外，陰陽分定，生意暢達，物各安其性。

泰，乃三陽居內，生意盈滿，定了生息之基調。陰不復來內，無屯難之往復不定，群陰自內而出，全消盡了，故生物通泰了，由此處方可講「吉」、講「亨」。屯是兩個陰居內，陽雖居初，但力弱還擠它不去，故與二陰往復糾纏，爭鬥在內，生得便難。至泰，陽盡佔了內，力量盈滿，三陰全被擠出去了，生息之路被廓掃得乾淨，三陰在外順得妥帖，生意通得暢達、純粹，才有「通泰」之象。

【補遺】

三陽俱來內，大來也；三陰俱往外，小往也。陰陽居位而往來，泰也。

《彖》曰：泰，小往大來，吉亨。則是天地交，而萬物通也。上下交而其志同也。

【程傳】

小往大來，陰往而陽來也，泰之時，陰往而不復，陽來而不去。往來不定，非泰也。

則是天地陰陽之氣相交，而萬物得遂其通泰也。遂其通泰，猶成其通泰。在人，則上下之情交通，而其志意同也。內君子外小人，各處其位而不雜擾，君子、小人志意皆同。

【釋義】

天地和則交合。和者，陰陽各歸其位而有交合也。在泰時，三陰居上而不復來內，三陽處下不復往外，陽居內主生，陰居外主成，陰陽各得其位，界限分明，互不雜處，如此則萬物通泰而生生不息。

陰陽之志在於交和，陰下行，陽上行，上下交通，皆以生物為意，其志同也。

內陽而外陰，內健而外順，內君子而外小人，君子道長，小人道消也。

【程傳】

陽來居內，居內為主，三陽全來。**陰往居外**，居外為客，三陰盡去。**陽進而陰退也**。陽居內，主生息，為進。陰居內，生息便止，為退。**乾健在內，坤順在外**，乾健之道通達而順也。**為內健而外順**，修身不怠，內健；持守臣道，外順。**君子之道也**。君子在內，居要職。小人在外，居閒職。**是君子道長**，居要職，為百姓長，道光大，便長了。**小人道消**，居閒職，不能範式百姓，道晦斂，便消了。**所以為泰也**。既取陰陽交和，又取君子道長。交合誰為主？君子也。如陰陽相交之春雨，陽為主，則生生不息；陰陽相交之秋雨，陰為主，則凋零萬物。**陰陽交和，乃君子之道長也**。陰賓順陽，方交合生物。推之於人事，君子道長，天下安泰。

【釋義】

內陽，陽居內主生息。三陽居內，佔了滿盈，是為生息充盈，為泰之主動者。外陰，陰處外主順達。三陰處外，巽順著陽剛，生之途徑也廓掃乾淨。

泰把陰陽截得上下齊整，剛不雜柔，柔不雜剛，上下相交又互不侵擾，便各能安分盡職。陽行它的健，陰行它的順，各盡其道，相交又各由其門，思不出其位也。

擬之於人，有似君子：內有剛健之德，不逐物；外有謙卑之情，不驕人。擬之於朝堂，有似為政：親比君子，疏遠小人，內君子而外小人。內君子，君子居要職，給他為政的平臺，讓他為官一方；外小人，或居閒職，或勿許為官，只做百姓。如此，則君子之道自然長了，小人之道自是消了，皆只是截得上下分明。

《象》曰：天地交泰，後以財成天地之道，輔相天地之宜，以左右民。

【程傳】

天地交而陰陽和，則萬物茂遂，遂是成義，萬物生意順成，為遂。天地交合，生意暢達，物茂而得遂也。所以泰也。物安居其所，生意盈滿，不為外擾，為泰。人君當體天地通泰之象，「體」是近取諸身，非只是從外觀那個「通泰之象」，需在己身上求那通泰所以然，在己身上是如何，然後推己及人，方便可裁成天地之道，而成天下萬民之泰。而以財成天地之道，財猶裁。不裁成，則不適宜，道則不在己。裁猶量身定做，體貼此道在己，能反己則裁成。輔相天地之宜，栽者培者，傾者覆之；人不能生物，助天生物，人不能養物，助地養物，此是輔相之義。以左右生民也。左右不離，以「輔助」百姓生息。為政者制定好便民政策，所以輔助左右生民，非是要下地為農民幹活，此夫子不為稼圃之意。

財成，謂體天地交泰之道，西人觀物，主客對待地看物如何，思以如何宰割物，使物曲就於人之理性與志意。我們先人觀物，則物而體之己，體天地交泰在己當如何。而財製成其施為之方也。裁制天地生物之道，而成其輔相施為之方法：君子小人各安其所，各司其職，不相混雜。輔相天地之宜，輔相，皆為助義。天地通泰，則萬物茂遂，人君體之而為法制，此處「為法制」，乃為作制度，如定禮儀、刑罰、夏曆、政策等一切之規則。使民用天時，因地利，因，順也。為法制，目的便於民用天時、因地利，輔天地之宜也。輔助化育之功，成其豐美之利也。如春氣發生萬物，發生，萌發生長。則為播植之法；播種培植，輔助也。秋氣成實萬物，則為收斂之法；乃輔相天地之宜，以左右輔助於民也。民之生，必賴君上為之法制，以教率輔翼之，乃得遂其生養，是左右之也。

【釋義】

天行往下，地行往上，天地交通而泰。人君為「後」。人君觀天地截得分明，方有交泰之象，思治平之道，也當把君子小人截得分明——內君子而外小人，各司其職，如此則能「財成天地之道」。

財成，猶裁成也，反諸己而量身定做，非是簡單地搬運。天非君子，地也非小人，如何照搬？天地截得上下分明，如君子小人一般，則思不遠矣。君子小人不相雜，職責分明，社會便大治，萬物各得其宜，便是贊助、輔相天地生養人與萬物的功勞。

天地生物各有其宜，人君輔助天地促其成，如孟子「不違農時，穀不可勝食也；數罟不入洿池，魚鱉不可勝食也」之類，才是輔相天地以成物之宜。

左右民，在左在右，不棄不離，相助也，若左膀右臂之「左右」。左右民，

在民身邊，助民、恤民、親民、生育民也。凡治國者，必定長遠政策，接地氣，便百姓，不遺鰥老孤獨，這樣才能使治者如在民之左右，呵之護之，為民之父母而保育之。

初九：拔茅茹，以其彙，征吉。

【程傳】

初以陽爻居下，是有剛明之才而在下者也。以位言之。剛明之才處下，其德不可掩，故必徵而有往。時之否，則君子退而窮處；時否而上下不交，則君子退隱而獨處。窮，道不通達於世。時既泰，則志在上進也。時泰而上下交通，則君子徵進而仕，行其道也。君子之進，必與其朋類相牽援，如茅之根然，拔其一則牽連而起矣。類相茹則並進，君子互薦也。茹，根之相牽連者，故以為象。彙，類也。賢者以其類進，內三陽也。同志以行其道，三陽皆上行，志同也。是以吉也。同行則道盛，做事則順，順則吉。

君子之進，必以其類，不唯志在相先，相先者，進德不已又能賓然禮讓；不求勝人，但求日新其德。樂於與善，與善：君子切磋，共進於善。實乃相賴以濟。獨學無友非君子，親仁者必相賴以共濟。故君子小人，未有能獨立不賴朋類之助者也。自古君子得位，則天下之賢萃於朝廷，彙征也。同志協力以成天下之泰；君子道長也。小人在位，則不肖者並進，然後其黨勝而天下否矣，陰處內陽居外，小人之黨勝。天下否，陰內陽外。蓋各從其類也。君子小人皆茹彙而征也。

【釋義】

茅，杆勁直且潔白，以類君子。

《本草》：「茅葉如矛，故謂之茅。其根牽連，故謂之茹。」《周易經傳集解》：「茅之為物，潔白而叢生者也。可以縮酒而祭天地，可以包土錫命諸侯；生於山林藪澤之中，而用於宗廟朝廷之上。賢人君子之譬也。」

茹，牽連。拔茅茹，拔茅其根茹也，拔茅而其根鬚牽連其類。

彙通匯，類也。以其彙，征吉：因君子同類並進而上，則吉。初九被舉薦，下三陽皆牽連並進，茹彙進也。

何以拔茅成「茹」象？「以其彙」也。君子同類，故能牽連成茹。舉用一君子，天下君子皆可得用於朝，彙而茹結也。

征，上行也。初剛居正，體健，必徵而上行。征，也作「召」義，喻君子被舉薦而行其道。初九與其類牽連並進，君子之道長，小人之道消，故初

征則吉。

鄭玄：「茅喻君上，有潔白之德。臣下引其類而仕之。」茅喻君上，君上如北辰之德；臣下引其類而仕之，君子相互舉薦而茹進也。

《象》曰：拔茅征吉，志在外也。

【程傳】

時將泰，則群賢皆欲上進。三陽之志欲進，即為陽，又居健體，且處泰時，三陽皆欲進也。同也，茹彙也。故取茅茹彙徵之象。志在外，在外，平治天下。上進也。

【釋義】

拔茅出土，往行於外之象，志在外也。君子修身，志在推己及人而治平天下，剛健之德本自不可已，非終於修己者。在泰時，內君子外小人，道行天下，仕途坦蕩，君子若不能行己志，則可羞吝也。

九二：包荒，用馮河，不遐遺，朋亡，得尚於中行。

【程傳】

二以陽剛得中，上應於五；二陽五陰，相應也。五以柔順得中，陰柔、體順、居處得中。下應於二。君臣同德，是以剛中之才為上所專任，故二雖居臣位，主治泰者也，二有四德：「包荒，用馮河，不遐遺，朋亡」，能配於五之中德，為五所專信，故得以主治泰者。所謂上下交而其志同也。君臣交合志同。故治泰之道，主二而言。

包荒，寬容如天。用馮河，剛猛也，對治安肆之情。不遐遺，弘大周密也。朋亡，不結私黨也。四者處泰之道也。泰時，萬物各得其生，故傚之以包荒不遐遺，然習久於安泰，人慾易肆濫，又當以馮河之勇對治朋黨之私、收儲人心。

人情安肆，習於久安，則人慾肆溢，出離分內。則政舒緩而法度廢弛，舒則不約束，緩則荒於事。廢則不用，弛則不反。庶事無節。無節度，如八佾、雍徹之類。治之之道，必有包含荒穢之量，則其施為寬裕詳密，寬裕，包荒也；詳密，約束到位。弊革事理而人安之。革除弊病，理順事亂，則人心安之。若無含弘之度，有忿疾之心，季康子之流：「殺無道以就有道」者，疾惡過甚必亂。則無深遠之慮，深遠必寬宏也。有暴擾之患，暴，暴政；擾，頻擾；以暴政頻擾百姓。深弊未去，而近患已生矣，故在包荒也。用在寬也。

用馮河：泰寧之世，人情習於久安，安於守常，惰於因循，憚於更變，非有馮河之勇，不能有為於斯時也。泰時當慎於事而日日新也。馮河，謂其剛果足以濟深越險也。否在泰中，必當惕懼而自新其德，以馮河之勇來貞固其德、不改初心。自古

泰治之世，必漸至於衰替，制度馳廢為衰。替，滅也，廢也。蓋由狃習安逸，狃，習也。因循而然。因循安逸而漸至於出離其分。自非剛斷之君，英烈之輔，不能挺特奮發以革其弊也，挺、特皆為獨立，分別而言，挺為擔當，特為獨立。行道不改，雖千萬人吾往矣，挺特也。故曰用馮河。

或疑：上云包荒，則是包含寬容；此云用馮河，則是奮發改革，似相反也。不知以含容一作含弘之量，施剛果之用，乃聖賢之為也。含容而有約束，猶父慈必是嚴父。

不遐遺：泰寧之時，人心狃於泰，則苟安逸而已，惡能復深思遠慮，及於遐遠之事哉？治夫泰者，當周及庶事，周，遍、周到。雖遐遠不可遺。若事之微隱，賢才之在僻陋，皆遐遠者也，時泰則固遺之矣。泰時，人沉習於富貴，故無憂患反自之思，遺棄遐遠也。

朋亡：夫時之既泰，則人習於安，安處於政教廢弛。其情肆而失節。將約而正之，約以節度。非絕去其朋與之私，絕去朋黨構私、利益集團。則不能也，則不能制約人情肆而失節。故云朋亡。包荒、用馮河、不遐遺、朋亡，皆是程子有感於熙寧變法，心憂甚深，故言之必繁，諄諄之善念不敢斷絕。彼時承平日久，所謂泰寧之時也：不變則人心狃於泰，變了又專用朋黨，且逐利去了。自古立法制事，法，非獨指法規，也泛指一切政策制度。制事，以法度制約事，事按照法規去做。牽於人情，牽制於人情之私，則不能正法。卒不能行者多矣。若夫禁奢侈則害於近戚，限田產則妨於貴家，自家節儉，則近戚遠離；定制度限制田產，則對抗於富貴家族。近戚、貴家，皆指朋類。如此之類，既不能斷以大公而必行，則是牽於朋比也。牽制於朋比之私。治泰不能朋亡，則為之難矣。不與近戚、貴家為伍。

治泰之道，有此四者，則能合於九二之德，故曰得尚於中行，言能配合中行之義也。尚，配也。

【釋義】

九二剛中而應於五，臣子志欲上行，應於君上，得匹於五之中行也。

包荒：九二居中處柔，寬裕能謙下，有包荒之象。包為包容；荒，荒穢，喻無德之民也。二以中德柔謙而包納荒穢無德之民。包，非謂只是包縱不束，當兼有包納而治之。不治而包納荒穢，是惰政棄民，非仁也。如今日黑人在中國留學，享超國民待遇，犯事了又忌憚不約束，非包荒也。故此，包荒之後便有「用馮河」，約束以教育、以制度，一改泰時廢弛之狀。用馮河，也指貞固常德，不使廢棄。泰時，人心易於放逸，當以馮河之勇貞固常德。常德貞固，

則必有日新其德而能勤於政事、敢於革弊。

程子云「寬容詳密、弊革事理」、「含容之量、剛果之用」,便是「包」中有「治」。弊不革、事不理,只含容而無剛果之斷,非包荒也。

剛健居中,剛健則勇,中則公,能持守公道則勇也,有用馮河之象。無舟渡水、徒涉為馮河,勇也。用馮河之勇,果敢於革除舊弊而用新政。

遐,遠也;遺,遺賢也。剛明居中,明能識人,剛則不欲,能聚君子,不遺幽遠之士也。程子以為「遐」即為人也為事,皆無遺漏。

九二為剛明君子,與君子牽茹以進,和而不同,無朋黨之私,朋亡也。朋,「朋比」之朋,非「有朋自遠方來」之朋。朋亡,去朋比,西南喪朋,喪亡其私昵朋類。

「包荒,用馮河,不遐遺,朋亡」,四者皆所以配「中行」。二、五皆為中行相應,二、五之中行相匹配。尚,匹配也。九二有四德:「包荒,用馮河,不遐遺,朋亡」,故能得尚於中行,得匹配於六五之中行。能「中行」,則善處泰也。

《象》曰:包荒,得尚於中行,以光大也。

【程傳】

象舉包荒一句,而通解四者之義。舉一該四。言如此,則能配合中行之德,而其道光明顯大也。有德則光,明德也;推己則明,光明其德,明明德也;推己德為顯,顯明其德,則大。

【釋義】

二五匹配,二光大其包荒之容,公而不黨,勇而能明,親賢不遐遺,其道必亨暢矣。

九三:無平不陂,無往不復,艱貞无咎;勿恤其孚,於食有福。

【程傳】

三居泰之中,易講「中」,二五或三四,三四講的少。在諸陽之上,泰之盛也。九三為泰時最盛之陽爻,往上則衰。其上行又不可自己,故戒之無平不陂,處極盛當思反正。

物理如循環,在下者必升,居上者必降。泰久而必否,故於泰之盛,與陽之將進,而為之戒曰:無常安平而不險陂者,安不可常,繼之必險;平不可久,繼之必陂。謂無常泰也;無常往而不返者,謂陰當復也。陰復歸於內,否至而天地絕,則物之生息止也。平者陂,往者復,往者陰也,三陰將復於內,成否。則為否矣。

當知天理之必然，方泰之時，不敢安逸，常艱危其思慮，思艱慮危也。正固其施為，以正固執其所為，推之於一事一物，不敢稍有走失。如是則可以无咎。行己以正而能推之於事事物物，思艱常惕，則无咎。處泰之道，既能艱貞，以艱處泰，處泰而思艱，束縛其心，不使放馳。處泰之時，思艱以固志，若居艱時。在艱時，難以貞固，故子路有「君子亦有窮乎」之問。若志自中心出，自能於艱時安之若素，「不改其樂」也。則可常保其泰，不勞憂恤；行己不忒，則不勞憂恤。得其所求也，不失所期。為孚如是，為孚，猶為仁、為禮、為道。為孚如是，言行其孚信如此──常德不改則有孚。則於其祿食有福益也。祿食，謂福祉。善處泰者，艱貞若素為善處。其福可長也。蓋德善日積，則福祿日臻，德踰於祿，德過其祿福，則可安處也。則雖盛而非滿。如志在德不在祿，則祿福雖盛也不滿。如志在祿不在德，祿福雖少有，也有患滿之憂。自古隆盛，未有不失道而喪敗者也。福祿隆盛不以德，必敗。

【釋義】

有平則有陂，有往則有復：平泰去則陂否來，陽往消於外、陰復歸於內，循環不已，常道也。平往，為泰陽；陂復，為否陰。知其常道往復，於陂、復之艱，貞守其剛明之德──九三之德，待其泰平之時，則无咎──在己無過也。

勿恤其孚：處泰思艱，以艱處之，勿憂其德不為人所孚信，貞固剛明則自有孚信，無恤也。

食，食祿。能貞守其德，則於其福祿有增益。福祿自德中生，日積其善，則日積其福祿，無憂福祿能得否，但貞固其德即可無憂，恃德不恃福也。

《象》曰：無往不復，天地際也。

【程傳】

無往不復，言天地之交際也。天地交往於其邊際，陽越際往陰處來，陰越際往陽處來，四季變化，陰陽無往不復也。**陽降於下，必復於上；**泰也。**陰陞於上，必復於下；**否也。**屈伸往來之常理也。**屈，消也；伸，息也；往，外去而消也；來，內來而息也。**因天地交際之道，**交際，交往於邊際。**明否泰不常之理，**明者，明其理而順守之，知而不能行，不為明。**以為戒也。**

【釋義】

天地交際，否泰必有往復，泰時健進，否時貞固，坦然待之而已。際，交際，交會。三緊鄰於四，乃天地交會之地，故云際。

六四：翩翩，不富以其鄰，不戒以孚。

【程傳】

六四處泰之過中，以陰在上，陰性往下，又居上，必下行。志在下復，下復其正。過中則反，反覆其位。上二陰亦志在趨下。與上二陰志同。翩翩，疾飛之貌，四翩翩就下，與其鄰同也。五與上皆翩然就下，與鄰同也。鄰，其類也，謂五與上。夫人富，而其類從者，為利也。不富而從者，非求利也。其志同也。

三陰皆在下之物，居上乃失其實，實，性也。陰居下為其本性。或以為陰本虛，故不實，不取此義。其志皆欲下行，下行復本。故不富而相從，志同也。不待戒告而誠意相合也。衷心同也。夫陰陽之升降，乃時運之否泰，或交或散，理之常也。天地際也。泰既過中，則將變矣。三將過中，有「艱貞」之戒；四已過中而欲復。變者，變泰復否也。

聖人於三，尚云艱貞則有福，艱時貞固其常德。蓋三為將中，知戒則可保。將，尚未，故有戒。四已過中矣，理必變也，翩然而下，變也。故專言始終反覆之道。終則反覆其始，始終反覆也。五，泰之主，則復言處泰之義。

【釋義】

《詩·小雅·四牡》：「翩翩者鵻，載飛載下，集于苞栩。」鳥翩翩，有就下之象。泰時，三陽上行，三陰下來，翩翩以下也。六四柔居上，與初相應，本下應就初；且陰柔居上者，必浸潤就下，無往不復也。

陰根於虛，又善依附，本不能自固而蓄積，必畜陽而依傍之，而後能富，猶女子畜男之精而能孕子；然六四翩然而下，居高而思反，其志在下，無意於畜止上行之陽，不富也。象傳以為三陰之「不富」，以其不在正位，以「實」釋「富」。

五、六為四之鄰，與四同類、同志又皆同居於上，同志而鄰近，故三陰得以連類而下，猶三陽之茹進，皆不以畜富為志，以其鄰也。

三陰爻在變卦之際，翩然就下，怡然而樂復其位，中心願也。不約而同，無需敦促，故言「不戒」。三陰下復之意願誠而无妄，志意相合，自樂歸復，中心「以孚」也。

泰時，陰就下輔陽以成泰，故陰之翩然而下，其志堅固，衷心而出，不戒於外而內自有孚。

《象》曰：翩翩不富，皆失實也。不戒以孚，中心願也。

【程傳】

翩翩，下往之疾。願心所至，歸復疾也。不待富而鄰從者，待，倚持。待富，從

利也。不待富,非為富也。**以三陰在上,皆失其實故也。**皆,三陰;失實,陰不在正位。三陰失實,皆欲就下復本,故不待富而鄰從,以就其實也。**陰本在下之物,今乃居上,是失實也。不待告戒而誠意相與者,**三陰皆欲復下,不待告戒而同行,誠意在中,自能相助。與,助也。**蓋其中心所願故也。**同理心。**理當然者天也,**處下者復歸下,天也。**眾所同者時也。**泰極否復,三陰皆同,時也。

【釋義】

陰本處下而居上,錯失其位,故云失實。翩翩而下,動在己,復自中也;不富,志在復也,故云「中心願也」。中心願歸其正位,樂復而下,由己非由他,故不需戒,以其孚信在中,確然無疑,不戒以孚也。

六五:帝乙歸妹,以祉元吉。

【程傳】

史謂湯為天乙,**厥**後有帝祖乙,厥,其也。**亦賢王也;後又有帝乙。《多士》曰:「自成湯至於帝乙,罔不明德恤祀。」**明德,力行明政。恤祀,慎行祭祀。稱帝乙者,未知誰是。

以爻義觀之,**帝乙,制王姬下嫁之禮法者也。**降尊下嫁,以正夫婦。

自古帝女,雖皆下嫁,**至帝乙然後制為禮法,**自帝乙始,帝女下嫁之禮備。**使降其尊貴,以順從其夫也。**陰順陽,婦順夫。帝女嫁則從夫,不得以娘家之時為貴。六五以陰柔居君位,下應於九二剛明之賢。高而從下,貴而降尊,有帝乙歸妹之象。**五能倚任其賢臣而順從之,如帝乙之歸妹然,**降其尊而順從於陽,**則以之受祉,**之,降尊從陽也。**且元吉也。**高而能下,尊而能卑,其吉大矣。**元吉,大吉而盡善者也,謂成治泰之功也。

【釋義】

《乾鑿度》雲:《易》中帝乙為湯,《書》中帝乙為武丁。帝乙歸妹,為成湯嫁妹。

泰為正月卦,陽氣始通,陰道執順,陰陽交際諧和之時,舊時也多於此時婚嫁。湯之嫁妹,順通泰之道,乃立王姬下嫁之義,尊崇夫道,以正男女夫婦,帝乙歸妹也。

嫁娶之義立,則妃匹正;妃匹正,可率正於天下夫婦,則人倫之始得正;馴致其道,則王道之化行於天下。

祉,福祉也;以祉,帝乙歸妹,夫婦得正,以獲福祉。陰雖尊貴,若下嫁

於陽而能降其尊貴，執順居後，不敢倡先，貞守其正，則元吉。

六五元吉，降其尊，謙以順陽。

《象》曰：以祉元吉，中以行願也。

【程傳】

所以能獲祉福且元吉者，由其以中道合而行其志願也。二五中道相合，而能行其中心之志願，誠自中出也。有中德，所以能任剛中之賢，中德則行道不偏，故能任剛中之賢，志應也。所聽從者皆其志願也。非其所欲，能從之乎？不能同志而應，豈能從乎？

【釋義】

帝乙歸妹，願心所出，非逼於禮法，中心出處自合禮法，心有所欲而不逾矩，志願合於規矩，故得元吉。

降尊從卑，從善若流，無一絲勉強，內外合一，盡善盡美，圓滿大吉。

上六：城復於隍，勿用師。自邑告命，貞吝。

【程傳】

掘隍土積累以成城，由下而漸積於上。坤為土，以象城、隍。如治道積累以成泰。及泰之終，將反於否，如城土頹圮，復反於隍也。隍土而歸於隍，復反也。上，泰之終，六以小人處之，行將否矣。勿用師：坤為眾，有師象。泰終之際，君道傾覆，征伐不由天子出，故不可用師。非正出而用師，徒增益其亂。君之所以能用其眾者，上下之情通而心從也；眾心從上也。今泰之將終，失泰之道，上下之情不通矣，否絕也。民心離散，不從其上，豈可用也？下傾覆，豈可為用？用之則亂。眾既不可用，方自其親近而告命之，非邑之眾不可用，則告命其邑民。雖使所告命者得其正，亦可羞吝。泰山崩於前而方知之，可羞吝者，言未能見於幾也。邑，坤為國土，有邑象。所居，謂親近，大率告命必自近始。程子此解不恰，告命自邑，乃令不由君出。凡貞凶貞吝，有二義：有貞固守此則凶吝者，有雖得正亦凶吝者。「正」而不由道則凶。此「正」非大道之正，乃貞固之意，如小畜上九「婦貞厲」。此不云貞凶，而云貞吝者，將否而方告命，國將覆滅之際，告之以正命，命不可下達也。為可羞吝，將覆之際而告命，晚矣，故為羞吝。否不由於告命也。否乃天道如此，非告命之所致，故貞之可羞。

【釋義】

虞翻：「隍，城下溝，無水稱隍，有水稱池。」掘隍培城，取下成上，隍為城塹。《子夏易》：「塹隍以為城，取下以為上也。」城池傾覆，覆入隍渠，

上復歸於下，城復於隍，陰復歸位，泰極成否。復，回歸，城池傾覆，城土復歸於隍渠之中。復，也有傾覆之義，城傾覆入隍為「復」。

上六處泰卦之終，陰下行復位，如城自隍來，傾覆歸其下位也。城覆於隍，陽消而陰盛，泰時終也，君道傾覆，禮崩樂壞，秩序大亂。

泰以陽亨通為泰，泰終時，陰將歸於內，陽外出往於外，皆不得為用，故曰「勿用師」。師者眾也，用師，用眾也；坤為眾，用眾則用坤也。上六坤體，將為傾覆，豈可為用乎？故不可用師也。程子云，泰極而否，眾情不通，民心離散，君道傾覆，卑不為尊用，亦不可用師。

邑，大夫之邑。自邑告命，則命自邑來，大夫當國命也。上六傾覆，王道解，上下之情不通，令不出於君，臣道倡先，君道傾覆也。君道傾覆，大夫用命，居下者不受命，卑道崩析，故貞之則可羞。命，政令。

【補遺】

貞，此處非為「貞正」，乃是貞固臣倡先之道，故為羞吝。

《象》曰：城復於隍，其命亂也。

【程傳】

城復於隍矣，雖其命之，亂不可止也。程子解讀非是。城復於隍，禮儀崩塌，秩序大亂，祿自大夫出，陪臣執國命，命非正出，故云「其命亂也」。

【釋義】

城復於隍，君道傾覆，命自大夫出，其命亂也。

䷋否卦第十二　坤下乾上

【程傳】

否，否者，上下交通絕也。「否」字甲骨文即為「不」，一橫在上，下為植物根系，似是生意受阻，不得上行。《序卦》：「**泰者通也**，陽處內而生，陰居外而順，上下通也。**物不可以終通**，終通，始終交通。**故受之以否。**」**夫物理往來**，物之理有往必有來，爻之理有來內必有往外；來者，來內也；往者，往外也。三陽往外，三陰來內，否也。**通泰之極則必否**，否者，天地不往來，陰陽不往來，上下陰陽交通絕也。**否所以次泰也。**通極則不通。

為卦，天上地下。此處不取天地方位，而取天地之運：天之行往上、地之行來下，上下皆為動詞。**天地相交，陰陽和暢**，陰順陽而交，則和暢。陰不順陽而交，為戰，如坤之上六、屯之難生。**則為泰。天處上，地處下，**此處取天地方位，上下為方位詞。**是天地**

隔絕，不相交通，_{天地之位雖處正，然不交通，生意塞也。}所以為否也。

【釋義】

泰極則否來，陽往則陰來：三陽往消於上，三陰來息於下，陰陽各歸其正，各行其道，不相交通而隔絕，天地不通，萬物不生，否絕也。三陰居內，陰不生物，內無生意，也為否。

互卦艮巽，巽順於止物，否絕不生也。

否之匪人，

【程傳】

天地交而萬物生於中，然後三才備，_{天地人，三才也。}人為最靈，故為萬物之首。凡生天地之中者，皆人道也。_{人履天地之中，健而順為人道。但此處程子用「人道」代「仁道」，生生為「仁道」，萬物生生也是「仁道」。}天地不交，則不生萬物，是無人道，故曰匪人，_{人者仁也，仁者生生之謂也，無生生則無人道。}謂非人道也。_{無生生之道也。無則非也。}消長闔闢，_{消為退，長為息；闔為閉，為消；闢為開，為生。}相因而不息。_{因，依賴也。消因長，闔因闢，循環往復而不息，豈可斷滅乎？}泰極則復，否終則傾。_{否道傾覆萬物之生。}無常而不變之理，_{萬物皆非常生不變，否泰之道也復如此。}人道豈能無也？_{人道乃天地交合而成，豈能離天地之泰否循環之外乎？}既否則泰矣。_{已過為既。既否，否消亡而過，則泰來。}

【釋義】

泰時，天地交通，君子之道亨，泰之有人也。否時，天地不交，君子之道隱，否之匪人也。人，君子、仁也；匪人，無君子（君子不居內行道），無人（仁）道。天以生生為仁道，否時，天地不生生，則人世無，也無仁道，匪人也。

否時，陰內生而小人當道，臣弒其君，子弒其父，君不君臣不臣，君子之道晦而隱。有德斯有人，無德則匪人，否時無德，故否之匪人。匪人，無人道、無君子之道，人道不通也。

否之匪人，君子道斷也。

不利君子貞，大往小來。

【程傳】

夫上下交通，剛柔和合，君子之道也。君子行道之時，必有小人附和而勞其力，

乃能成功，故程子說上下交通、剛柔和合。**否則反是**，君子小人不交通。**故不利君子貞。**君子貞其道，乃行其道；否時君子道隱，故不利君子貞。**君子正道否塞不行也。**君子之道否絕，而不行於天下，故當卷而懷之。**大往小來，陽往而陰來也。**天道如此，人道則君子往而不復於廟堂之上。**小人道長**，在內則能長，處有為之地也。**君子道消之象**，在外則自消之，處無所為之地也。**故為否也。**

【釋義】

君子貞者，君子以健行為貞；所謂健行者，君子行其道也。否塞之時，君子之道隱，小人當道，君子豈能於否時貞固其道，為世所用乎？故不利君子行其道。

「大往小來」乃所以為「不利君子貞」。大，陽也，君子之道也；小，陰也，小人之道也。大往，陽往消而居外，君子道消，不為世用；小來，陰來息而處內，小人道盛，大行其道。陽往居於外，天地閉合不生，君子不可行其道，若貞固而不思權變，則不利也。

【補遺】

時則大往而小來，君子當與時消息，當隱則隱，見龍在田，不利君子貞也。

《象》曰：否之匪人，不利君子貞。大往小來，則是天地不交而萬物不通也，上下不交而天下無邦也。內陰而外陽，內柔而外剛，內小人而外君子，小人道長，君子道消也。

【程傳】

夫天地之氣不交，則萬物無生成之理。**上下之義不交**，上，天子也；下，諸侯也。上之義敬也，敬臣以禮；下之義忠也，事君以忠。忠、敬不相交，則無君無臣，天下無邦國之道也。**則天下無邦國之道。**諸侯者，天子之屏障也；諸侯僭越，不從天子，則無諸侯。**建邦國所以為治也。**所以為天子安治百姓也。**上施政以治民，民戴君而從命**，上以德表率於民，則民風從而擁戴其君，則政達命順，天下得治。戴君，擁戴而信從君。**上下相交，所以治安也。今上下不交，是天下無邦國之道也。**天子之令不能下達於諸侯，則邦國不聽命於天子，天下無邦國也。**陰柔在內**，生之道絕也。**陽剛在外**，主內者主生，陽剛在外，不主生生。**君子往居於外**，外三陽。**小人來處於內**，內三陰。**小人道長，君子道消之時也。**居內則長，處外則消。

【釋義】

否時人道喪，君子當退隱以懷其德，不可逆勢貞固。不利者，行不順也。

君不君、臣不臣，君臣上下不交，朝綱不振，臣道傾塌，禮樂征伐非自天子出，諸侯專斷，不聽命於天子，「天下無邦也」。

內陰險而示人以德，內柔附而示人以剛立，內小人而偽飾君子，陰居內而天地不生，小人居廟堂而天下不治。

【補遺】

陰柔所以依附他者，因自家無「則」可立，推之於治國，則朝堂秩序全無，禮崩樂壞，綱紀不存，無從約束群臣，內柔也。有此內柔，外必弒君犯上作亂，天下大亂，暴戾橫行，外剛也。就個人而言，如色厲而內荏者便是內柔，人乍喜乍怒，無常行無常德，皆屬此類，看似橫暴剛強，實則內柔無主宰，隨物便遷。

《象》曰：天地不交，否，君子以儉德辟難，不可榮以祿。

【程傳】

天地不相交通，故為否。否塞之時，君子道消，當觀否塞之象，而以儉損其德，儉與奢對，儉禮之周備，猶減也。德之本體豈可減損？君子日新其德，不可減損，君子自修豈可減損？儉損其德者，乃減損其德用也，減損其施及於人者，約束其與眾相處之行為。君子處否時，可不仕則不仕，可潛藏則潛藏，幽人以自保，免於刑戮。**避免禍難，不可榮居祿位也。**邦無道，榮居祿位，屈道辱身，恥也。**否者，小人得志之時，**處內居位。**君子居顯榮之地，禍患必及其身，故宜晦處窮約也。**晦處，韜光也；窮約，處窮而不變其道。約，踐約也，持守、踐約其道為約，約止於其身。

【釋義】

天地否塞，君子儉損其德，韜晦其光，以避為世所用而招致凶辱。泰時，邦有道，君子貧且賤焉，恥也；否時，邦無道，君子富且貴焉，恥也。君子處否，觀時變以消息，不榮以祿。

夫子言：「子曰：「奢則不孫，儉則固。與其不孫也，寧固。」奢則過禮，不巽順於上，如八佾、雍徹之類。儉則不及於禮，固陋簡約，然巽順而不敢違。君子處否之時，儉德巽順，不違逆於世，含德自保。

德擬乾陽，修己及人，以健進為本。君子處否時，修德不已，但約束「及人」之途，簡出晦藏，危行以自立，言遜以避禍，不敢為先，不居榮位，乾乾惕懼，遜居眾後，儉德也。

初六：拔茅茹，以其彙，貞吉，亨。

【程傳】

泰與否皆取茅為象者，以群陽群陰同在下，有牽連之象也。同志同位同命。泰之時，則以同徵為吉。陽同進則成泰，故以同徵為吉。否之時，則以同貞為亨。貞者，貞其守約也。否時不可進，但君子約守其道則亨。亨者，道亨於一身，非能亨達於世。程子以貞固其節，以固窮取貞義。始以內小人外君子為否之義，卦以此取義。復以初六否而在下，初六之道否絕，又卑處其下位。爻以初為君子。為君子之道，《易》隨時取義，變動無常。否之時，在下者君子也。取在下之義，不取在內之義。否之三陰，上皆有應，在否隔之時，隔絕不相通，故無應義。初六能與其類貞固其節，否時道不行於世，但不改其操守。則處否之吉，而其道之亨也。亨於其身，非能亨於其世。當否而能進者小人也，朱熹以為下三陰為小人：「三陰在下，當否之時，小人連類而進之象，而初之惡則未形也，故戒其貞則吉而亨。蓋能如是，則變而為君子矣。」君子則伸道免禍而已。伸道於一身而已，非能伸道於天下。否時，君子引其類而退，貞固其道，危行言遜，括囊以免禍。君子進退，未嘗不與其類同也。獨學無友，恥也；獨進無朋，亦恥也。

【釋義】

泰、否初爻皆有拔茅茹彙之象，然泰以「征吉」，否以「貞吉」。否時，君子以「順」為貞，儉德以順時，貞固其儉，慎其出也。

泰初爻無「亨」字，物處泰時，道亨物盛，不必言「亨」，亨在其中。否時則不然，君子處否，當儉德自隱，非能「亨」世。然君子修身，不容暫息，「道」亨於一身，不可須臾離，不可亨及於人。

初雖有四為應，然天地否塞，陰陽無相通之義，故征往則凶。初能牽其類而貞其順德，慎動安處，處下承君，得君乃與類並行，則吉亨，不可孤往也。

卦辭否之匪人，小人之道行，下三陰皆小人，故匪人也。初六爻辭則為君子處卑下，因爻生義，不盡同於卦辭，何以見之？象傳言「志在君」一語可判，「君」代表公，非為私，「志在君」乃為行公於天下，非志在祿位。

程子之說乃傳承孔子。文王有文王易，周公有周公易，孔子有孔子易，皆為自得，不必盡同。儒家文化非外求一個同「是」，而是內求自「得」其道；道雖通同為一，然得道因人因時皆有分殊之不同。

【補遺】

初六只言兩義：一為慎行，二為從眾，戒孤往獨行，貞固兩者則吉。

《象》曰：拔茅貞吉，志在君也。

【程傳】

爻以六自守於下，六為陰，言君子處微，當退隱待命，不可自進。明君子處下或為「處否」之道，身雖卑，然志在朝堂。《象》復推明以象或作「盡」君子之心。拔茅象君子之心，茅之根鬚茹牽而繫於杆，猶臣心繫於君。君子固守其節以處下者，處困而不改其志。非樂於不進，獨善也，君子隱以觀時變，與時進退，非以隱為志，如諸葛之隱於隆中，待時飛也。以其道方否，否絕不通。不可進，君子順道而行，不可逆時強進。故安之耳，暫處也。心固未嘗不在天下也。君子以濟世為道。其志常在得君而進，得明君之信任而行其道。以康濟天下，以康莊大道濟天下之困窮。故曰志在君也。否時，則志在傾否以助君。

【釋義】

拔茅茹彙，處卑以承順，從眾以應命。

君子處否，潛養其德，不宜妄動，其志在俟命，以承順君令為貞，非為隱而隱也。如天道否絕，陽也未嘗盡消，潛運而已。

初所謂志在君者，從君順命為公，非朋比為私。君有命則承令順動，無命則晦隱，處否之道也。

六二：包承，小人吉，大人否亨。

【程傳】

六二，其質則陰柔，陰柔則易於順附於上，而失己立身之道。其居則中正。居處中正則吉。否時，陰柔之質何以居處中正？包承也。以陰柔小人而言，則方否於下，否時居下處卑也。初二為方否之時。志所包畜者，小人其志在包畜其上者，盡順其上，非為自立。在承順乎上以求濟，順上之一切之所為而皆包畜之，以求濟其晉升榮身，為私利，非為公也。其否為身之利，小人處否以求利己。小人之吉也。大人當否，則以道自處，大人處否，不以榮己為利，危其行，以道自處。豈肯枉已屈道，枉己，不忠也；屈道，從俗也。承順於上？大人盡道以承上，小人枉道以承上。唯自守其否而已。自守其否，固窮也。處否時，君子道窮身困，貞固其否絕晉身之路，不敢私通以榮身也。身之否，身困而不能榮以富，身之否也。乃其道之亨也。泰時，君子之道亨己亦亨天下；否時，君子之道亨其身，非亨於世。或曰：上下不交，何所承乎？下承上之任，臣承君之命。曰：正則否矣，君子行其正大之道，則否絕於晉身之途，不能承君上之任也。小人順上之心，未嘗無也。小人順上則包承君上之任，未嘗斷息也。

【釋義】

六二柔居中正，又處卑位，有包承之象。

包，包納也，以下包上；承，承任也，以下承上。包承上之是，也包承上之非，皆承受之、順從之，無不服從，從人不從道，此皆小人之常行。小人柔順事上，否時，包承則吉。大人獨行其道，道不行則卷而懷之，不屈道媚上，從道不從人，羞於包承，故身否而道亨。

大人處否行否，不能行道於天下，然修身不怠，道窮於世而亨於身。否塞時，大人之道只能亨其一身，安身立命而已，不能惠及天下百姓，不亨於時也。

泰之九二有包荒，否之六二為包承。泰以剛中包荒上下，否以柔中包承於上。

二五正應，二居中守正，包承於五，順守其分，位之當者，故吉。否時，柔承剛、下包上，必全盤接受上之所令，包容之、承受之、實行之。二順上，只但順令，不問是非，小人處否則吉。

大人獨行剛正，不可包承其上而枉屈其道，其道窮而非能亨也。大人當貞守其否，不曲道，不媚世，簞食瓢飲，曲肱而枕，樂天順命，不能亨人，但足以亨己。

《象》曰：大人否亨，不亂群也。

【程傳】

大人於否之時，天地否絕，見松柏而後凋，以見其大。否時言「大人」者，嘉之也。**守其正節，**程子不言「節」，而言「正節」，尊貴之也。**不雜亂於小人之群類，**否時，君子小人不雜處。與小人雜混而處，非大人處否之道。**身雖否，**否絕於顯貴，窮處微賤也。**而道之亨也，**修己不怠，齊家正鄰里風俗，止此而亨，不可進仕為官。**故曰否亨。**否絕於顯貴則亨。**不以道而身亨，**否時，大人不以行道而富貴其身，小人則以其道身亨富貴。**乃道之否也。**君子道否絕於世，故不能以道亨身。此處「亨身」，乃是富貴，非指以道養君子之容止而「亨身」。**不云君子而云大人，能如是則其道大矣。**處微賤而修身不怠，不屈其道而求富貴，故為大。

【釋義】

否時，小人當朝，群陰牽茹而進，當位而行小人之道；君子側微，道否絕不行，當貞守其正，自晦其道，修己而已，不上進於仕途以亂小人之群類。

下三陰皆連類茹進，大人非小人之類，豈可雜入其類，亂其群乎？

六三：包羞。

【程傳】

三以陰柔，不中不正而居否，柔居否時，小人當以「包承」為正。三柔居剛位，妄動而諂媚於上，失包承之正，故以包羞言。又切近於上，非能守道安命，窮斯濫矣，離位出分為濫。極小人之情狀者也。其所包畜謀慮，謀己之私、慮己之私。邪濫無所不至，邪，不正；濫，逾分。可羞恥也。其志可羞，其行可恥。

【釋義】

三居處不正，陰處陽而妄動，不安己分；處否時，巧言令色，以上位為志，無所不用其極，其包則羞也。

小人包承，只是順上求利，尚有分寸，如李蓮英。包羞，則不擇手段，犯上作亂在所不惜，故程子以為「極小人之情狀」、「邪濫無所不至」。

六三本不中正，否時又居巽體之下、坤體之上，自失其正，對上無所不順無所不遜，無自立之處，包羞也。

《象》曰：包羞，位不當也。

【程傳】

陰柔居否，而不中不正，不中則不誠順於上，不正則所行邪僻，曲道事上。所為可羞者，處不當故也。三為剛位，柔居剛不當。處不當位，所為不以道也。不以小人當行之道，窮濫之謂。

【釋義】

六三當以承上為包，主動包上，諂媚順上之極，包而不承其責，位不當也。

小人處下，以包承為包之正；包承者，包順而承其責也；不能承其責而順上，縱容上之邪惡，小人之不忠也。

九四：有命无咎，疇離祉。

【程傳】

四以陽剛健體，乾為健體。居近君之位，是以濟否之才，剛居柔位而近君，剛則明智，柔則順臣，近君則有權勢。而得高位者也，足以輔上濟否，然當君道方否之時，否時，上下否絕，則君不信臣，故居高位而近君，則為君所忌憚。處逼近之地，逼近九五之尊。所惡在居功取忌而已。四之為五所惡者，乃居功自傲。若能使動必出於君命，否塞之時，陽卷而不行、動不由己，則為正。九四若有所舉動，皆聽命於君，則君之疑慮必大有消減。威柄一歸於上，動出於上，不敢自專，歸威柄於上也。則无咎，而其志行矣。

否時，志與上合則志行。**能使事皆出於君命，**皆者：君命則從事，不命則不為，處否之道也。**則可以濟時之否，其疇類皆附離其福祉。**疇類，同志君子。附麗，依附也。附離福祉，與福祉相伴而行也。**離，麗也。君子道行，則與其類同進，以濟天下之否，疇離祉也。**聽命則有福，同進則疇離祉。**小人之進，亦以其類同也。**否時，三陽三陰比鄰，同進退。

【釋義】

行自命出，有命也；聽命而行，不妄動，无咎也。疇，類也，同類之三陽；離，依附、附麗。疇離祉，同類君子與福祉相伴而行，皆有福祉。

否時，陽道否塞，陽不可自行而先，自行則有違於否道；君子當待命而行，不自任，故能行其道。《子夏易》：「上近至尊，下據其民，咎以專也」。專者，任己而獨行，則有咎。九四居近君之位，聽命而行，牽連其疇類皆順從上命，同行濟否，獲其福祉。

九四為剛健明照，陽處陰位，能聽命而行其志；有命則行其志，無命則卷而懷之，則无咎。四與疇類牽連同進退，故皆能附麗於福祉。

【補遺】

慎行、從眾，為君子處否之道。「有命」為慎行，不妄動；「疇」為從眾，非敢孤往也。

《象》曰：有命无咎，志行也。

【程傳】

有君命則得无咎，柔順君也。**乃可以濟否，其志得行也。**聽命而行，其志可疇。

【釋義】

奉君命而行其志，志行也。君子處否，慎動无妄為，故當待命而行，志不得與君命相悖，不可獨行於君命之外，如此處否則无咎。九四所以可以志行，乃附麗九五之休否，將轉否為泰。

朱熹以為，四之「有命」為「天命」，非為君命，謂四聽天之否泰而動就，順乎天理。愚以為，不必如此說，四為人臣聽命於五之君上，五承天休否，已是開泰而行其天命，不必四又自得天命而獨行之，如此，則不必言疇類相從，疊床架屋也無必要。

《子夏易》云：「五之休否，有命任己，卑以奉上，正以率下，其志得行，亦又何咎？」有命、卑奉、正率乃四居大臣之位當行之事，非獨否時如此。

來知德：「九四當否過中之時，剛居乎柔，能從休否之君，同濟乎否，則因大君之命，而濟否之志行矣。」四能「從」而「因」，皆能承君命而行，非敢擅行。

九五：休否，大人吉。其亡其亡，繫於苞桑。

【程傳】

五以陽剛中正之德，居尊位，**故能休息天下之否**，休息，止也。**大人之吉也。**九五居位行休否之任，故吉。大人當位，能以其道休息天下之否，其道，中正之道也。**以馴致於泰。**馴致，漸行而順致也。**猶未離於否也**，在否中行剛中，休否而未離於否。**故有其亡之戒。**其亡，否之亡也。**否既休息，漸將反泰，不可便為安肆**，便，馬上。安肆，安逸肆放，不知反己惕厲。**當深慮遠戒，常虞否之復來**，虞，憂。謂當常懷惕厲之心，則無憂。**曰其亡矣**，其，否道也。其亡矣。心有所念，則行有所戒。**其繫於苞桑**，心念否道之亡，則其休否之心堅固如繫苞桑。**謂為安固之道**，安固休否之道。**如維繫於苞桑也。桑之為物，其根深固；苞謂叢生者，其固尤甚，聖人之戒深矣。**不可因否之去而安然，當日日念之憂之，則能安固其休否之成。**漢王允、唐李德裕不知此戒，所以致禍敗也。《繫辭》曰：「危者安其位者也**，能以危懼之心，念居位之難，則位安。**亡者保其存者也**，能以將亡之心，思存續之險，則能存續。**亂者有其治者也。**能以將亂之憂，慮其治道之艱，則治安也。**是故君子安而不忘危，存而不忘亡，治而不忘亂**，善處幾也。**是以身安而國家可保也。」**常存憂患，乾乾惕厲，則身安而家國可保。

【釋義】

《九家易》：「否者消卦，陰欲消陽。故五處和居正，以否絕之。乾坤異體，升降殊隔，卑不犯尊，故大人吉也。」否卦三陰居內，漸盛而將消退陽，故云消卦。九五陽居正位，處中以和，以否絕群陰之消陽，使卑者不敢犯尊，柔者不敢犯剛，下者不敢犯上，大人居其位，行大人之當行，休天下之否，大人吉也。

休，停息也。休否，止息否絕，勿使之壯大。否時，陰以消陽為務。九五剛處中正，居尊位，剛中而明，有斷識之才，處至尊、行中正以聚君子同類，下之賢明牽連並進，共濟否難，故得以行其休否。

其亡其亡，將亡而未亡，當憂患隨之，念念不忘，惕懼戒備，以防否道之復歸也。桑樹根系牢固，苞桑乃叢生之桑，根系牽連，更為牢固。大人居尊位，行休否之事，當日日憂患否之將復，故當日日培育固本，猶緊繫於苞桑之根。

九五在變否之際，雖剛居中正，但也恒生憂患之念，敬懼克勤，以休否也。

《象》曰：大人之吉，位正當也。

【程傳】

有大人之德，剛中也。而得至尊之正位，居五也。故能休天下之否，有大人位有大人德，則可作制度以休否。是以吉也。無其位，則雖有其道，將何為乎？故聖人之位謂之大寶。寶，寶藏，用之不竭。九五可以用天下之資源，故為大寶。

【釋義】

大人居至尊之位，行剛明中正之德，德位匹配，天下賓服，於鼎革之際，修制度定禮樂，以承克天之明命而休止天下之否塞。

上九：傾否，先否後喜。

【程傳】

上九，否之終也。物理極而必反，故泰極則否，否極則泰。上九否既極矣，故否道傾覆而變也。變為泰。天地，大而言之，只是泰否循環往復。先極，否也；先極其否道，尚在否中，故曰「否也」。後傾，喜也。後傾覆其否道，出否，不在否中，故曰「喜也」。否傾則泰矣，後喜也。

【釋義】

五休否而否止，否未盡也；上則傾否而否亡，否盡矣，故九五有「其亡其亡」之戒，上九則無。上九剛明之才處否極，居休否之後，乃有力傾否者。

傾否，出其否也，消除否道乾淨。出否乃為人為，雖言傾否有時，當世運亦在於人為，不盡在天；人能弘道，非道弘人。猶鼎之初六出否：「鼎顛趾，利出否。」

先否，先馴至否極，欲奪之先與之；後喜，困極則否出，否出則泰來，泰來則喜。《子夏易》：「君子當其極，故先否也。困極以道通也。故後喜也。」即程子「先極，否也；後傾，喜也。」之義。

《象》曰：否終則傾，何可長也！

【程傳】

否終則必傾，豈有長否之理？豈有長久於否而不改之理？長、常通。極而必反，理之常也。然反危為安，易亂為治，易，變也。治，道順也。必有剛陽之才，而後能也。雖天有傾否之時，然無人能弘道，否終不可傾也。故否之上九則能傾否，屯之上

六則不能變屯也。屯之上六，柔居坎極，泣血漣如，自身不保，豈能變屯？

【釋義】

否極則道通，道通則泰來，泰否相終始，循環無已，否道何可常也！

䷌同人卦第十三　離下乾上

【程傳】

同人，《序卦》：「物不可以終否，故受之以同人。」否則上下否絕，非同志；同人則上下交而同志。夫天地不交則為否，上下相同則為同人。上為天，天健而上；下為離，離火炎上，上下皆志於上而志同。同人者，志同也。與否義相反，故相次。否者與人道絕也，同人則同於人道。又世之方否，必與人同力—作「同欲」乃能濟，同人所以次否也。

為卦，乾上離下。以二象言之，天在上者也，火之性炎上，與天同也，故為同人。兩卦皆以行上為志同。以二體言之，五居正位，為乾之主，主健。二為離之主，主明。二爻以中正相應，上下相同，上下卦同志相與。同人之義也。健而明，同志也。又卦唯一陰，眾陽所欲同，亦同人之義也。他卦固有一陰者，在同人之時而二五相應，天火相同，相與而志同也。故其義大。二爻相應而兩卦相明。

【釋義】

否之傾覆，需同心同力去傾否，人不同心，心不同理，則不能出否，故同人後於否。

泰為陽來而君子道通，否則匪人而君子道否，同人與君子同、同行於君子之道。為卦，離下乾上。內則君子之道光明，外則君子之道健行，內外皆君子，內外志同，故為同人。

二以中正之道柔順於五，五以中正之剛正應於二，二五道同而通，同人也。道同則人心同，人心同則志欲通；志欲通，則我同於人，人同於我，道同而人同。

同人之同，同在道，不在利，道同而利附之，形而上、下皆通同。

同人之道在於君子，君子行光明中正之道而大同於天下。

欲人同於己，必以大公之心以容物，必以謙退之心而不居，而後人方同於己。九五，剛明居正，大公之心也；六二，柔中文明，謙退之心也；二五正應，兼乎二者，同天下人之心也。

泰卦上下交而志同，小人志同於君子；否卦匪人，小人道長，君子道消；

同人，同君子之道，人同此道，心同此理。

【補遺】

天復以公，離照以明，公而明，先公後明，次序不可亂。不有公，則其照必私。公為天下，則其明照無所不及，公明及萬物也。

同人於野，亨，利涉大川，利君子貞。

【程傳】

野謂曠野，取遠與外之義。處城郭之外而遠也。夫同人者，與人同於大道。以天下大同之道，則聖賢大公之心也。則，取則、取法。周而不比也。常人之同者，以其私意所合，乃昵比之情耳。比而不周也。昵親比近，皆為私利。故必於野，廣大無親近之謂。謂不以昵近情之所私，而於郊野曠遠之地，既不繫所私，私無所繫而後見其大公之心。乃至公大同之道，無遠不同也，遠近皆同其大公之心。其亨可知。眾人皆由之，其道亨通可知也。能一作「既」與天下大同，是天下皆同之也。推其公心於天下，天下皆信從之。天下皆同，何險阻之不可濟？何艱危之不可亨？非獨行其道，與眾同行此道，故險阻艱危皆可涉濟。故利涉大川，利君子貞。君子貞固同人於野，則利也。上言於野，止謂不在昵比，言野，謂遠近皆同，非私昵親近者。此復言宜以君子正道。篤厚其公明之心。君子之貞，謂天下至公大同之道。貞於大公。故雖居千里之遠，生千歲之後，若合符節，推而行之，四海之廣，四海之廣者，東夷、南蠻、西戎、北狄諸邊民之內也。兆民之眾，莫不同。同於大公之道。小人則唯用其私意，所比者雖非亦同，所比者——西南得朋之類，非其正比，比者非道也，不應成為比也，然小人利欲所同。所惡者雖是亦異，「是」者，君子之道也。君子為小人所惡，君子雖是，小人不與同也，故言「亦異」。故其所同者則為阿黨，阿私之黨朋。蓋其心不正也。故同人之道，利在君子之貞正。只同君子之公明，利在公明也。

【釋義】

人，君子也。同人：同於君子、同行於君子。

野，古代城邦之外為野，荒野、曠野之謂，泛指教化未達之地。

同人於野，君子之道風行於野，推其公明之心於天下，其同人之道至為廣大，教化之外皆同於己，故能聚合天下人心，同由此道，眾志成城，而能利涉大川也。程子以為特言「野」，無私昵之意，示天下以大公之心。

孔子曰：「此言大德之好遠也。……和同於眾，以濟大事，故曰『利涉大川。』」（《二三子問》）

同人之利,利在其道公明,非同於私好也。蔣介石只同及大資本,毛澤東則同人於底層百姓,故能團聚眾力,使革命之道亨通,利涉大川也。

《彖》曰:同人柔得位得中,而應乎乾,曰同人。

【程傳】

言成卦之義,卦所以名為同人——柔處正得中,應乎乾。柔得位謂二,以陰居陰,陰居正位,二四上之位。得其正位也。五中正而二以中正應之,二五以中正相應。得中而應乎乾也。五剛健中正,而二以柔順中正應之,柔應剛,順應健,皆居正而得中。各得其正,其德同也,故為同人。五,乾之主,故云應乎乾。以五代乾三爻。象取天火之象,象曰:「天與火」也。而彖專以二言。

【釋文】

六二,柔得陰之正位,處下卦之中,為「柔得位得中」。五是剛得位得中,剛居正位,又處上之中。二五正應,又皆以中正之德相應,故言「應乎乾」,同人時,同德相應。二五同德同志,同人也。

同人之道,必有四德:剛、柔、中、正。同人之「同」乃是同於君子之道,故必以「剛正」為率,五剛而正也;然而剛而不柔,不能卑順而體貼下民;正而不中,則有過剛過柔之弊;五有二為輔,剛中有柔,柔而能謙,同人之道寬。

同人曰:

【程傳】

此三字羨文(羨,多餘)。

同人於野,亨,利涉大川,乾行也。

【程傳】

至誠無私,陽居實位、處中,誠而不偏,至公無私。可以蹈險難者,乾之行也。乾剛獨立,可以涉險;柔不可涉險,以其依附也。無私,天德也。天覆萬物,無所遺,無所偏,天德無私也。

【釋義】

乾行,健而無私之謂,天之行也。天行無跡,無跡則無所私係,故無私。天覆地載,萬物皆處其中,一皆以公而不偏。同人於野,以傚乾行之廣大,野人皆同於己之乾德。

配天之德,其德必至於同人於野,野人皆與之同心同德,尊仰而信從之,

故政令所下，無所不達，無所不順，則亨。以至誠至公之心，團聚至廣至大之民，何險不可涉乎？

文明以健，中正而應，君子正也。

【程傳】

又以二體言其義，下體離以文明，上體乾以剛健。文明以健者，離在內為本，故先言之。有文明之德，文在己而明及人。而剛健以中正之道相應，行以剛健，直道而往，不疑其行；又以中正，自本自根，不偏其所為。乃君子之正道也。文明以健也。

【釋義】

下卦為離，文明也；上卦為乾，健行也。以文明之德健行天下，天下響動，率而從之，無不文明，文明以健也。健字，本自有無私之義。健行，直往不顧，不偏斜，無有私情牽擾，方能往而不顧；若畏首畏尾，顧前慮後，則有私繫，不得健行。

「文明以健，中正而應」八字，一言以蔽之，君子正也。「君子正」，不獨為九五，也指六二柔中贊輔，剛中柔中，二而合之，成就君子之正。君子正德自有柔中，不柔則不能謙下，然柔不以剛行，也偏了，故文明以健，上下皆兼。柔中而能順剛，則為君子正。

唯君子能通天下之志。

【程傳】

天下之志萬殊，人各有志，欲望萬千，萬殊也。理則一也。四端之性則同，純粹至善，理一也。君子明理，故能通天下之志。君子明通達萬殊之理，則能通達天下之志，綱舉則目張。聖人視億兆之心猶一心者，通於理而已。億兆人之心皆聖賢之一心也，蘊而未發，向善嚮明而已。文明則能燭理，自家體貼文明，則能明照理之隱微。故能明大同之義；眾理皆歸於一理，故能明大同之義。剛健則能克己，剛健則不為私橈，能克己也。故能盡大同之道，盡己於大同之道。然後能中正合乎乾行也。程子以「理一萬殊」解讀「通天下之志」，道理如此，卻闊遠了。百姓皆欲安土樂業為「理一」，總綱；各人要求不同為「分殊」，細目。

【釋義】

通，通達，不阻隔也。君子與天下同心同情，必以道，而後可言「通」。道以廣大，故能通，若以利則狹隘，不能通天下之志。

君子能與天下人同其志欲，天下人也樂同於君子，孟子所謂「與眾樂樂」，

能「與眾樂樂」，其志必廣，其道必公。君子以剛正之公心，為天下之率，以柔正能盡天下之情，二者相合，為君子之德，以此通天下之人，則其志行而不阻隔也。

通天下之志必以公明。

【補遺】

剛中，為率天下之正道；柔中，是體百姓之情入微，柔中之情以裁成剛中之道，道正大而能旁通人情，上下交合，為通聖賢之必要法門。

《象》曰：天與火，同人，君子以類族辨物。

【程傳】

不云火在天下、天下有火，而云天與火者，同人者，有二也，故言「與」字。若言「火在天下」、「天下有火」，皆有一主宰，豈能有「二」而「同」乎？天在上，火性炎上，火與天同，故為同人之義。重在「同」義。君子觀同人之象，而以類族辨物，類族，同類同族，歸類也。族也當動詞解；類族，同類則族聚，義也通。辨物，較之「類族」又更細緻，在歸類中再一一細分，為辨物；如餐具之類中又辨杯子與碗碟，杯子當中又辨酒杯與茶杯。或如此理解：類大，族小，物更小，一層層往下。各以其類族辨物之同異也。若君子小人之黨，善惡是非之理，物情之離合，物同情則合，異情則離。事理之異同，凡異同者君子能辨明之，辨其類而明其理。故處物不失其方也。辨物是處物最大之方。處物，待物也。方，則也，或為方所。待此物，使此物不離其方所，義也通。

【釋義】

天與火並列，廣大與文明，同人之象。

同人卦象，天在上，火在下，日照當空，並生同行。有天未必有火，如夜與陰。特言「天與火」，明二者並行同志，皆上行而為同道之人，同人也。

不有「二」，如何有「同」？「與」者，二人志同也。

天與火雖為二，但火居天上，乃為至高之火，故能明照天下萬物，因其燭照之明，品物其分。萬物因其明照，物類之「文」，各以「明」之，天下文明也。君子觀此象，思及治理天下，也當讓人、物各歸其類，各安其位，明其文也。

古人「類族辨物」：君子小人，文章相別，不雜混處。則君君臣臣、父父子子，五倫之別、四民之分、善惡是非、物情離合、事理異同，皆各歸其類，各盡其性，各明其文，使不相雜，如此則天下一定，百姓安泰矣。

天地仁愛萬物，其至大至善者，莫如「類族辨物」：使類不相雜，也不私

一類，萬類各明其文，皆得其所，皆順由自性而安之也。

天與火：天覆之廣，不遺一類，火燭之明，不暗一物，君子同人之志，當同此德之廣大也。

初九，同人於門，无咎。

【程傳】

九居同人之初，剛居正而處卑。而無繫應，無繫於二，無應於四。剛居正，則無私繫無私應。處卑而無繫係應，必是其道廣大也。是無偏私，四為陽，故初上無繫應，為無私之象。同人之公者也，故為出門同人。出門之前，未曾預先計較公私之利弊，然才出門則與天下人皆同，故見其道廣大。心無私計，廓然而大公，物來而順應，無遠近親疏，出門皆同於己。出門，謂在外。在外則無私昵之偏，其同博而公，其同人之道博大而公也。如此則無過咎也。如此，則雖身微處卑，且無繫應，也无咎。

【釋義】

門，門戶也，同人於門，其同人之道，至為廣大也。天下人皆由門戶進出，誰能出不由戶，何莫由斯道也。

同人於門，乃極言初九之道廣大，無所不包容，無一絲私意偏頗，其道如門戶，天下萬物皆可共由之，不偏私一人一物。

其道廣大如門戶，行其道者又有何咎失也。

同人於門者，聖人也。同人卦於初始，篤厚同人之道廣大，以「門」言，同人無形跡，物皆可過之，凡有所過，皆能安之育之長之，天覆地載，何物不容！

【補遺】

按《二三子問》有殘簡「卦曰，同人於門，无咎。」孔子曰：「……小德……。」似是德小而同人於門，與大道之門解讀不同，與《象》「出門同人」也有較大的區別。《易》無達沽，隨時取義而已。

《象》曰：出門同人，又誰咎也。

【程傳】

出門同人於外，其道廣大，出門遇人，人皆同於己之道。是其所同者廣，無所偏私。人之同也，有厚薄親疏之異，親者同之厚，疏者同之薄。過咎所由生也。有厚博則有私心，心不立於道，咎也。既無所偏黨，誰其咎之？

【釋文】

出門合於眾，沛然而出，廓然而大公，物來而順應，無一絲計較設計，自

然合乎天理，包荒無遺，一派天然氣象。此聖人之所為，生而知之，與天地合其德，與日月合其明，與四時合其序，與百姓合其志同其心，出門便可與天下人同心同德，不思而得，無為而至，不學而能也。

六二，同人於宗，吝。

【程傳】

二與五為正應，故曰「同人於宗」。陰有依附偏私，故同人於宗人。宗，謂宗黨也。有宗親必有私黨。同族為宗，以同宗為黨，宗黨也。同於所繫應，所繫者宗，所應者私，則同於所私。是有所偏與，偏私而後相與。在同人之道為私狹矣，私則不廣，私狹也。故可吝。同人務廣大而私狹，故可吝。二若陽爻，則為剛中之德，乃以中道相同，不為私也。

【釋義】

宗，宗黨、宗族，此處言近親而有偏主之謂。二五正應，五為二之宗黨。同人於宗，德只及其宗黨，繫於私而不能同於公，其量狹小，故云吝。

同人乃同於陽、同於君子之德。六二陰雖居中正，但陰柔不能致廣大，其同人之量必狹小，同人於宗也。復次，同人必以陽之德為先。六二陰柔率先而同人，不守坤順之德，陰不能承同人之德而強為之，也必至於吝羞。

《象》曰：同人於宗，吝道也。

【程傳】

諸卦以中正相應為善，而在同人則為可吝，卦不同，正應之義也不同。故五不取君義。蓋私比非人君之道，私比於親近者，非人君至廣至大之道也。相同以私為可吝也。利同則私之，故可吝。

【釋義】

同人必以陽剛廣大之德當之，六二偏私以擔當同人之道，以私當公，以狹為廣，以陰為陽，不守順德，吝嗇之道也。孔子曰：「此言其所同唯其室人而『已』，其所同……，故曰『貞吝』。」《二三子問》為「貞吝」，非「吝道也」。孔子釋「宗」為宗室之人，同人之道不出其親族，故為吝。

九三，伏戎於莽，升其高陵，三歲不興。

【程傳】

三以陽居剛而不得中，重剛不中，是不能以「中正」制約其剛猛。是剛暴之人也。

過亢而剛，必肆為強暴。**在同人之時，志在於同。**同人之時，必有同志而後能成行，志在於同也。**卦惟一陰，諸陽之志皆欲同之，三又與之比，**比鄰於二。**然二以中正之道與五相應，三以剛強居二五之間，欲奪而同之；**欲奪五與二同，私欲同於二。**然理不直，**其理不能伸於天下，理不直也。**義不勝，**二五對應勝於三二比親，比不可奪應，理不直義不勝。**故不敢顯發，**顯發其同二之心、欲奪之志。**伏藏兵戎於林莽之中，懷惡而內負不直，故又畏懼，**內不正而外遇強敵，故畏懼。**時升高陵以顧望，**心不正則神不定，望前又顧後，顧望也。**如此至於三歲之久，終不敢興。**興，發動也。**此爻深見小人之情狀，**欲得又患失，不敢直抒其志，小人曲隱其心志，不敢示於人。**然不曰凶者，既不敢發，**行跡未見，凶兆未萌。**故未至凶也。**

【釋義】

陳夢雷：「離為戈兵，有戎象。二三四為巽木，有莽象。」三懼五之攻己，伏於五之下，為伏戎。三居下卦之上，高陵之象。三至於五，一爻一年，三歲之象。三切比於二，欲奪二五之正應，強與二同人，然出師名不正，又不能敵五，故伏戎伺機而不敢興。

三較二為高，居高陵而窺視二，三歲不敢興師，義與力皆不敵，其同人之道窮也。程子云「此爻深見小人之情狀。」

九三不中不正，「莽」、「陵」皆是荒野之處，伏、升其間，不安其位，身處荒野，德不能同人。三歲不興──強奪仇正，其道不行也。

《象》曰：伏戎於莽，敵剛也。三歲不興，安行也。

【程傳】

所敵者五，**敵視五與二同人也。**既剛且正，**指五，剛居正。**其可奪乎？故畏憚伏藏也。至於三歲不興矣，終安能行乎？**程子讀「安行」為「安可行也？」**

【釋義】

欲敵剛而畏憚之，義不勝而欲動，力不勝而潛伏，故伏戎於莽至於三年。

三歲窺伺而不興兵，處其位而不敢妄動。三有不正之心，不敢為不正之行，故雖有三歲妄動之念，而終不敢肆意行其妄為。

三處巽體之中，明體之上，雖重剛躁動，終能明察所處，巽順而安止。

【補遺】

三在刀尖處能收剎斂藏，欲行強暴而終安止，雖躁妄不安，卻能堅毅隱忍，關口處剎住不動，非為義，乃為利也。三能明察於利，知不利於己，故終不妄

為，而不至於凶。

九四，乘其墉，弗克攻，吉。

【程傳】

四剛而不中正，_{剛居柔，處不正。}其志欲同二，亦與五為仇者也。墉垣，所以限隔也。四切近於五，如隔墉耳。乘其墉，欲攻之，知義不直而不克也。_{坦蕩為「直」；義不能坦蕩於天下，為私人之義，故云「義不直」，其義不能置於光天化日之下。}苟能自知義之不直而不攻，則為吉也。若肆其邪欲，不能反思義理，_{反諸於正，思之在己，而行諸於一身。}妄行攻奪，_{妄行，不由理也。}則其凶大矣。三以剛居剛，故終其強而不能反。_{終，自始至終。終其強者，恃強而終不能反也。}四以剛居柔，_{剛居柔，能克制過剛之亢，過則思反也。}故有困而能反之義，_{反諸於正。}能反則吉矣。_{吉言順也，順義則吉。}畏義而能改，_{畏懼道義而不敢違也，故能改其妄動。}其吉宜矣。

【釋義】

同人諸爻皆以同人為志。四欲同於二，三五也欲同於二，故三五皆為四之敵。四攻五則義不勝，故四欲攻三同於二。

墉，城牆。下卦為離，離兩陽夾一陰，中虛外圍，似墉；三為二之墉。四與二相隔以三之墉，四乘墉而攻三，乘其墉也。乘，上居下為乘。四攻三又仇五，義不直、力不敵，弗克攻也。知不能克攻而反己，則事順而吉。克，克勝也。

《象》曰：乘其墉，義弗克也。其吉，則困而反則也。

【程傳】

所以乘其墉而弗克攻之者，以其義之弗克也。_{二五正應，同人之正也。四欲奪其正，故云義弗克。以邪攻正，義不勝也。}其所以得吉者，由其義不勝，困窮而反於法則也。_{反善則吉，雖遲不晚。}二者，眾陽所同欲也。獨三、四有爭奪之義者，_{三伏戎、四乘墉。}二爻居二五之間也，初、終遠，_{初，初九；終，上九。遠者，初為野、終為郊，皆遠於爭奪之所。初遠於五，與五無爭；終遠於二，無親比同於二之心，故也不與五爭奪。}故取義別。_{故初、終與三、四爻義不同，初、終與五無爭奪，三、四與五有爭奪。或者：初同人於野，終同人於郊。野與郊雖義近，然初與終所處之位不同，故其義也相異。}

【釋義】

以邪攻正，道窮而困，困而知反，則吉。則，矩也。九四之「則」在賓守臣道，反則，復善守分也。儒以善為根、為本、為則。

九五，同人，先號咷而後笑。大師克相遇。

【程傳】

九五同於二，而為三四二陽所隔，三伏莽、四乘墉，皆欲奪五之同人。五自以義直理勝，故不勝憤抑，至於號咷。自以為其義理受阻不能伸，故號咷。然邪不勝正，雖為所隔，終必得合，義利之間，義為大，自能相合。故後笑也。大師克相遇：大師之「大」，在「義」，也在「力」。五以義直理勝，又居擁五之資源，其師為「大師」。五與二正應，而二陽非理隔奪，隔二五之應，奪五之同人。必用大師克勝之，必大師而後能勝二剛。乃得相遇也。云「大師」、云「克」者，見二陽之強也。非大師不能克，故云「大師」、「克」。九五君位，而爻不取人君同人之義者，蓋五專以私昵應於二，而失其中正之德。五雖剛居中正，然私應於二，不能大中至正，義不當於人君。人君當與天下大同，而獨私一人，五私二。非君道也。又先隔則號咷，號咷，為私情而發，誘之於外，不能反己中正。後遇則笑，失則憂，得則喜，是憂喜皆繫於私，情不能自己。是私昵之情，非大同之體也。猶，非體大同之心也。大同之體，體大同之理。二之在下，尚以同於宗為吝，況人君乎？臣下尚以同宗為吝，況九五居人君之位，同於私應，豈不羞吝乎？五既於君道無取，君道廣大，當不繫於私。故更不言君道，而明二人同心，不可間隔之義。只言二五正應，義不可阻隔。《繫辭》云：「君子之道，君子行其道也。或出或處，或，有時也。出，為官行道；處，居家卷懷。或默或語，默，斂藏也；語，號令也。二人同心，其利斷金。」利，鋒利。義之所向不可阻，故利可斷金。金，銅或鐵。中誠相同，衷心誠也。二五皆處中位，五剛居正而實，故誠；二柔居正，故誠。二五皆中誠也。出處語默無不同，不期而應，不謀而合。同，同其志也。天下莫能間也。間，離散、離間。同者一也，志慮一也。一不可分，分乃二也。可分則有間也，有間則有二志也。一可以通金石，通金石，摧至堅也。通，斷也。志一則可摧志堅。冒水火，冒，犯、覆蓋也；冒水火，阻水滅火也。無所不能入，入猶通。故云「其利斷金」。其理至微，至微者，不可聽而得、視而得，反己而後得。故聖人贊之曰：「同心之言，其臭如蘭。」臭，嗅也；如蘭者，細體會而後能察其幽香。同心之言，一人心動，另一人便體察之，外人不可驟然察知，如嗅蘭，也言其無利欲之交：「芷蘭生於深林，不以無人而不芳；君子修道立德，不為窮困而改節。」(《孔子家語・在厄》)謂其言意味深長也。義交則意味深長，如蘭之香，漸入人心。

【釋義】

二五正應，五之同人，同於二也。九五處同人之時，親於私昵，其道不廣，欲同於二而受阻於三四，志欲不得伸，故先號咷。然二五正應，乃同人之正，

義不可阻，若五能用剛中之德，則能如大師克敵而同於二。大師克，九五克制三四之阻，二五終得相遇。

《象》曰：同人之先，以中直也。大師相遇，言相剋也。

【程傳】

先所以號咷者，以中誠理直，誠自內出，為中誠；直自理出，為理直。故不勝其忿切而然也。理不能伸，鬱結而忿生。雖其敵剛強，至用大師，然義直理勝，終能克之。故言能相剋也。相剋，謂能勝，見二陽之強也。二陽，程子以為三四爻。

【釋義】

「先」為「先號咷」的省略。同人之先：九五與二同人，之所以有先號咷者，中直而不得伸也。中為不偏，直為坦蕩，中正而不掩，中直也。

上九，同人於郊，无悔。

【程傳】

郊，在外而遠之地。城郭之外。上居同人外卦之上，以郊象之。求同者必相親相與，親，比親也；與，助也。上九居外而無應，居外，不居位也。終無與同者也。高而無民，無與同行者。始有同，則至終或有睽悔，睽，違也；睽悔，違其同人之心而有悔。處遠而無與，無與，無助者。故雖無同亦无悔。無人與之同，則無作為，也无悔。雖欲同之，志不遂，不遂其同人之志。而其終無所悔也。

【釋義】

上九居外卦之上，同人時而無人可同，同人於郊，獨往而无悔。

「於郊」與卦辭「於野」，皆指同人之道廣大，「郊」比「野」稍差池一些。上處同人之終，同人之道終了，故上九同人之道雖廣大，也無人與之同行。如孔子處春秋、孟子處戰國，其道雖廣大，但周禮衰微，天下諸國競於強力，無人與聖賢同道。雖然，道在茲，雖千萬人吾往矣，往而无悔，往而無憾。「同人於郊」，順道而獨往，无悔。

《象》曰：同人於郊，志未得也。

【程傳】

居遠莫同，居遠，遠離權力圈。上九不居位，遠離於六二，故莫願與之同志。故終無所悔。知其同人之道不行於天下，獨行而無怨悔。但行諸己，故不怨天尤人。然而在同人之道，求同之志不得遂，雖无悔，非善處也。上九當知其所處，故勿求同人，退而修身

待時，善處也。

【釋義】

同人之終，同人之道不行於天下，雖遠離是非，然無同志與行，同人而無人同行，故其志未得伸也。

【小結】

初九，同人之初，其道廣大，天下皆入我門。六二同人之道狹窄，但處中，能得其所願。三四強求人同己而不得。五剛居中正，有正應，雖有阻，同人之道終遂。上九處同人之終，道不行矣，故獨往而無悔。

䷍ 大有卦第十四　下乾上離

【程傳】

大有，《序卦》：「與人同者，**物必歸焉，**公心則人皆欲同之，公則人歸之。**故受之以大有。**」夫與人同者，物之所歸也，大有所以次同人也。

為卦，火在天上。明照天下，物物皆有其明，其明甚公也。**火之處高，**惟處高則不近照、不私照，故能及遠。遠者，言其公也，非我之私昵。**其明及遠，萬物之眾，無不照見，**德光所照，惠無不及，成大有之公。**為大有之象。又一柔居尊，**虛則容眾，無有我之私則有天地之大。**眾陽並應，**二應於五，下三陽牽連茹進，志同於二，四與上比近陰，眾陽並應，歸其公心。**居尊執柔，**執柔，用柔也；用柔則順由物類，遂成萬物而不有己，公也。**物之所歸也。上下應之，**上應於天，下順於人，天地之中，虛而納。五陽應一陰，上下應之。**為大有之義。大有，盛大豐有也。**陽盛大而物豐有也。

【釋義】

同人者，與人同行也，物與人、人與人同行，天人同行，同則道一而合，大有天下也。

大有，火在天上，明無不照，萬物斐然成章，各歸其類，各盡其性，各得自由，大富有也。

內卦為乾，三陽健行，生意亨通；外卦為離，明照天下，品物流形。天為公，離為明，明附麗於天，公則明，明則公，公明者，天地之道，大有也。

內剛健而外文明，文明得以銳進，銳進顯以文明，王道之盛也。

五陽一陰，互卦兌乾，柔居至尊而能虛己容眾，悅順於陽，五陽歸之，天下同心，大有也。

大有：元亨。

【程傳】

卦之才可以元亨也。乾下離上，如天之公明，如乾之健盛，豈有不亨？凡卦德，有卦名自有其義者，如比吉、謙亨是也；比卦、謙卦，其名即其義：人親比則事順而吉，行謙遜則道順而亨。有因其卦義便為訓戒者，如師貞丈人吉、同人於野亨是也；師卦以丈人吉為訓戒，謂不以丈人則不吉；同人以同於野為訓戒，謂不有同人於野之廣大之道，則不吉。有以其卦才而言者，大有元亨是也。內健外明也。由剛健文明，由，順由也。順由剛健文明之道。應天時行，明健皆為天德，時乃天之行，故以時行為義。故能元亨也。

【釋義】

大有者，非亨一己，乃所以亨天下，其亨至大至公，故為元亨。

大有之富，非獨富我一人，以居物為有，乃任物自有，物歸於物，人歸於人，天下歸於天下，物物皆逍遙自適，故萬物皆尊信於己。我無所為，無所有，而能成萬物之自為、成萬物之自有，無有萬類而成其大有。

為卦，離明在上，剛健在下，行健而高照，其道光明而無暗阻，得以暢通而元亨。

天公離明，公明之道行於天下，萬物歸之，大有天下，元亨也。

萬物所以皆大亨，順天嚮明而大亨，由道也。

下乾上離，天以明德為行，高照萬類，不遺一物，其明為大；生機自內，其健不可遏，其行為亨；大明高照，萬物咸亨，大亨也。

【補遺】

有者，富也，物豐盛而為富。物所以可以豐盛者，乃各行其自己，自生自長自成，各為豐盛而有己，故大有乃物皆豐盛於己、物皆亨通於己。

《彖》曰：大有，柔得尊位而大中，而上下應之，曰大有。

【程傳】

言卦之所以為大有也。眾陽歸一陰。五以陰居君位，柔得尊位也，以剛則不得尊位，因剛不能虛而容眾。處中得大中之道也，為諸陽所宗，此處「宗」義同「歸」。上下應之也。上下諸陽皆應六五之大中之道。夫居尊執柔，執剛則率眾，執柔則容眾。固眾之所歸也，而又有虛中文明大中之德，陰虛居中，中心實有此謙德，虛中也。六居離體，文明也。虛中又文明，文明大中也。故上下同志應之，眾陽同歸於一陰，無他志，同

志也。所以為大有也。

【釋義】

六以柔順而安處五之尊位，不以柔順，五陽不能同一志慮而附麗之，柔得尊位也。

六五之陰有明、公、寬三義，以成其「中」之大者：六居離體，為明；居尊之中，為公；柔居尊位，為寬。六五行此三義，至中不偏，明照群下，五陽上下應之，皆能附麗，為大中也。

從卦象看，一陰居大中之位，又處離體，大中而公則能附眾；離體燭照，能洞達五陽之才德，深明下屬，虛而能容，能盡下之才而信任之，故五陽能盡其剛健之性，行其所願，天下得大治，萬物賓然，大有也。

其德剛健而文明，應乎天而時行，是以元亨。

【程傳】

卦之德，內剛健而外文明。文明附麗剛健，剛健之行顯為文明，文明為剛健的制約。六五之君，應於乾之九二。五之性柔順而明，「而」字需深味：六五之陰柔順陽而明。「而」也作「且」解，柔順且明——五處離體，自有其明，不待順陽而後明；六五一陰納五陽，當能明斷是非、知人而任，固有其明也。能順應乎二。二，乾之主也，九二不獨兼有乾之剛健，又因處其中，兼有天之至公，故為乾之主。是應乎乾也。二為初、三之率，二、五正應，初、三也順從二，皆與五應，故言應乎乾。順應乾行，順乎天時也，天行即乾行。天以時為行，時即天也。故曰應乎天而時行。應乎天，必順乎天以時行。其德如此，其德：剛健文明、應天時行諸義。是以元亨也。

王弼云：「不大通，何由得大有乎？物通而後富有。大有則必元亨矣。」當說「元亨必大有」，王說反了。富有者不必善，富有者不必興盛。此不識卦義離乾成大有之義。王弼從通談有，此義可以。然王說富有必元亨，則誤。程子則從乾離談大有，大有先立善且亨。非大有之義便有元亨，由其才故得元亨。才，離乾，善也——剛健文明。大有而不善者，富而不仁者。與不能亨者，富而衰落。有矣。諸卦具元、亨、利、貞，則《彖》皆釋為大亨，恐疑與乾坤同也；不兼利貞，則釋為元亨，盡元義也，元有大善之義。

有元亨者四卦：大有、蠱、升、鼎也。唯升之彖誤隨他卦作大亨。升之卦辭有「元亨」，而升之彖云：「剛中而應，是以大亨。」故程子以為彖誤作「大亨」。曰：「諸卦之元與乾不同，何也？」曰：「元之在乾，為元始之義，為首出庶物之義，元為眾物之首。他卦則不能有此義，為善為大而已。」乾為諸卦之首，以代天之用，為萬物

生生之祖，他卦之「元」僅為大善，無有乾元「首出」義。曰：「元之為大可矣，為善何也？」曰：「元者物之先也，物之先豈有不善者乎？物以生為先，元為生物之先，生為善，故元為善。事成而後有敗，敗非先成者也。敗非先於成事者。興而後有衰，衰固後於興也。得而後有失，非得則何以有失也？程子舉「成敗」、「興衰」、「得失」，以明「成」、「興」、「得」諸善皆「先」於「敗」、「衰」、「失」諸惡，如「元」在「庶物」之「首」，故一定為善。至於善惡治亂是非，天下之事莫不皆然，必善為先。故文言曰：「元者，善之長也。」眾善之先、之首。

【釋義】

乾健離明，其德剛健文明。

離為文明：明照萬物，萬物文章明現，為文明。一物不能有「文」，物相聚則有「文」之別，物物之「文」匯聚，則成「文明」。萬物繁庶，各有章美，各安其位，各盡其性，生息繁茂，各得自由，文章以明也。

「明」附麗「健」，「應乎天」也；應天必「時行」，四季行於時，明照亦有時。順天不違，其亨若天，元亨也。

【補遺】

大有兼容並蓄，大小多少，皆容受之，即非整齊劃一，也非財富聚集在少數人那裏。毛澤東說：「鷹擊長空，魚翔淺底，萬類霜天競自由。」萬類自由，即物各歸其所，非隸屬於少數物類，此含有「大有」意蘊。

《象》曰：火在天上，大有，君子以遏惡揚善，順天休命。

【程傳】

火高在天上，照見萬物之眾多，故為大有。萬物在明照之下，各歸其類，各盡其分，居位不逾，秩序井然，大有也。大有，繁庶之義。繁庶而不逾分，大有也。盡繁庶則不得稱為大有，因大有卦象乃明照天上。君子觀大有之象，以遏絕眾惡、揚明善類，遏惡揚善，定秩序也。乾以善，離以明，有善而有秩序，大有之象。遏，阻也；絕，根除也。先阻之，而後根除之。以奉順天休美之命。分而言之，奉言執行，順言不違；合而言之，奉也順，順也奉。天之休美者，健德明照也。萬物眾多，則有善惡之殊。君子享大有之盛，當代天工，治養庶類。君子治養，定制度以遏惡揚善。治眾之道，在遏惡揚善而已。惡懲善勸，善勸，以善誘導。所以順天命而安群生也。

【釋義】

火在天上，萬物皆得以照拂，生機繁庶，各有文章，次序井然，大有之象。

君子觀此之象，思及治理天下，定制度使百姓安居樂業，生息繁庶，各得其所，各盡其力，上下秩序實然，揚善也；有壞此秩序者，當懲阻之，遏惡也。此便是君子順承天之休美使命。

順，承順；休，美也；命，使命。天降遏惡揚善之大命，君子順承之，順天休命也。

初九，無交害，匪咎。艱則无咎。

【程傳】

九居大有之初，未至於盛，處卑無應與，無應於四，也無比近而相與者。未有驕盈之失，故無交害，末涉於害也。離有刀火之象，初遠於上離，遠禍患也。大凡富有，鮮不有害，以子貢之賢，未能盡免，《莊子・讓王》篇載子貢見原憲，有恃富而驕。況其下者乎？匪咎，艱則无咎，以艱處之，不放其心，則无咎。言富有本匪有咎也，當不處於富有。人因富有自為咎耳。人富而常為奢，奢則逾禮，如八佾雍徹之類。若能享富有而知難處，知難以久處於富，則艱之。則自无咎也。處富有而不能思艱兢畏，思艱，以艱處之。兢，勤慎不怠也。則驕侈之心生矣，驕則傲上，侈則逾禮。所以有咎也。

【釋義】

剛居乾初，有進取之志，然上無交應，處卑而能獨立健行，思艱慎行而不盈其志欲，則無交接於害，自處无咎。

下卦為乾者，除泰之初九征吉，其他如乾、需、小畜、大畜、大壯、夬，其初九皆不可用。乾本有上行之志，離有柔附之意，易成相交之態，然而離為戈兵，且離火乾金，火能克金，皆有傷害之象，故交則有構害。

大有之初，戒其躁動妄交，當蓄養其潛德，固守根本，俟時而動，勿妄交。

「艱則无咎」，告誡之辭，大有之初，當正其始，富則思艱：艱難其志慮而持守之，勿為他人所害，勿為己所害，方能持守其富而終之。

《象》曰：大有初九，無交害也。

【程傳】

在大有之初，克念艱難，克，能也。念，念念不忘，造次顛沛皆念之，持守也。則驕溢之心無由生矣，所以不交涉於害也。

【釋義】

居大有之初，在己則驕逸之心未肆，在人則上無交援，故遠離於害。

九二，大車以載，有攸往，无咎。

【程傳】

九以陽剛居二，陽剛，有才；居二，柔中則不逾分。為六五之君所倚任。二五正應，有君臣之義。**剛健則才勝**，才質剛健，能勝其任。**居柔則謙順**，居處柔地，則能謙順。謙則不犯，順則聽命。**得中則無過**，居處得中，則無過於臣分。**其才如此**，剛居柔中。**所以能勝大有之任**，剛能任，柔能順。如大車之材強壯，能勝載重物也。如臣之順命而任重。**可以任重行遠**，不剛則不能任重，不柔則不能順命，任重順命，所以行遠。**故有攸往而无咎也**，任事而謙順，無往不行。**大有豐盛之時，有而未極**，剛進於二，富有也；未極，處柔中也。**故以二之才可往而无咎，至於盛極，則不可以往矣。**

【釋義】

大車，大器也。九二有大器，六五有大命，皆以大車喻之，大器者任大命。載者，載王命也，有大器方能承載王之大命。九二剛居柔中，剛能任重，柔能順命，中則不偏忒而能弘毅，故大車以載，委以重任。

有攸往：王有命，臣奉命而有攸往，能順王之命、承王之事，在九二則盡責无咎。

《象》曰：大車以載，積中不敗也。

【程傳】

壯大之車，重積載於其中而不損敗，積載於其中，任重而又在其材力之中，故能勝任而不敗事。**猶九二材力之強，能勝大有之任也。**

【釋義】

積中，承其任而豁如也。積而出離於中則敗事，積而不出於中則不敗，言其能遊刃有餘，大車之器也。

積，言積重、承重。中，言其任雖重，也在承受之「中」，能任其責。因在承受之中，故事成不敗。積，也可作積德業解，積德業於中則不敗事。中，可作中德解。

九二能順受其任，其所積乃為臣分之當，故不敗。虞翻：「體剛履中，可以任重，有應於五，故所積皆中而不敗也。」「大車以載」：能勝任；「積中不敗」，順君任重而積累財富，所積財富皆在臣分之中，故不敗。

易無達詁，以得之在己而順乎理為達。

【釋義】

積中不敗，所積皆不出離於中道，皆在臣分之內，不敢越分聚財，故不敗。或所積之德皆中德，中德不偏，故推之於所行之事，皆不至敗事。

大車載重，然若所載之物皆在大車之中，物不至於偏頗過甚，則皆為大車所能勝任，故不至於翻車。

九三，公用亨於天子，小人弗克。

【程傳】

三居下體之上，下體，內三爻為乾體。在下而居之上，下卦之上。處人臣而居眾臣之上。諸侯人君之象也。諸侯國君，故曰「公」。公侯上承天子，天子居天下之尊，率土之濱，莫非王臣，在下者何敢專其有？諸侯國所有皆為天子所有，故不敢專其有。專，獨佔。凡土地之富，人民之眾，皆王者之有也，分封制，土地皆為中央所有，諸侯不敢私有。此理之正也。故三當大有之時，居諸侯之位，有其富盛，必有亨通乎一作於天子，朝獻之禮，即亨通乎天子，年年有朝聘貢獻，處富貴而能守臣分，示臣不敢私有其富。謂以其有為天子之有也，諸侯所有皆為天子。乃人臣之常義也。臣任勞不敢居有，有皆為上之有。若小人處之，則專其富有以為私，不知公以奉上之道，不知其所有乃為公，故當奉獻天子。故曰小人弗克也。克，勝任也；小人不能勝任公侯之職，有則專之，見利忘義。

【釋義】

公，公侯；居三為下之上，故有公侯之象。用亨，公侯朝天子之禮，貢獻當地物品於天子，示不敢私有。小人弗克：小人不能當任「用亨於天子」之禮，小人富則專為私有，不知奉公順上，故不當使其處公之位。

「小人弗克」，如師卦上六「開國承家，小人勿用」之義。

《象》曰：公用亨於天子，小人害也。

【程傳】

公當用一本無「用」字亨於天子，公言公其心，不公則不可處公之爵位。若小人處之，則為害也。小人專其富為私有，害於用亨之道。自古諸侯能守臣節、忠順奉上者，節言節度其私，忠言公明也。其心公明而後可以言忠。則蕃養其眾，為王之蕃養也。以為王之屏翰，屏翰，為王之屏障敵寇而輔翼之，喻為重臣，能為天子禦敵保家。《大雅・板》：「价人維藩，大師維垣。大邦維屏，大宗維翰。」豐殖其財，為王之豐殖也。以待上之征賦。天子出征，諸侯隨之。若小人處之，則不知為臣奉上之道，為臣之道在奉上以公。

以其一本「其有」為己之私，民眾財豐，則反擅其富強，擅，獨攬。益為不順，增益其不順之心。是小人大有則為害，小人居大有，居上則凌下，處下則犯上，故為有害。又大有為小人之害也。大有者不必有善行，有善行者則可至於大有。

【釋義】

小人處公之位，積富為己有，不能順上以朝獻，有害於「用亨於天子」之禮，小人害也。

九四，匪其彭，无咎。

【程傳】

九四居大有之時，已過中矣，四已過一卦之中。是大有之盛者也。過盛則凶咎所由生也。過盛而不能善處之，則有咎；有咎而後凶隨之。故處之之道，匪其彭則得无咎，匪其彭，不有其彭，處其盛而不居也。謂能謙損，謙，讓而不居也；損，晦而不光也。不處其太盛，處，居有也。則一作故得无咎也。四近君之高位，一人之下也。苟處太盛，處太盛，謂居而有之，則凌上驕下，僭越臣位。則致凶咎。彭，盛多之貌。《詩‧載驅》云：「汶水湯湯，行人彭彭。」行人盛多之狀。《雅‧大明》云：「駟騵彭彭。」言武王戎馬之盛也。

【釋義】

彭，盛多之貌。匪其彭，言不處其彭、不有其彭也。臣有彭富，皆上之所賜，不敢居為己有，執謙順也。

四處近君之側，大有過中，勢過盛而逼於君；然剛居柔地，在離體而麗附於柔，乃善處剛者；彭盛而能謙出，故能不處其彭有之勢，謙損其盛大之態，斂含其鋒，賓守臣分，且居兌體之中，能和處而悅順於君上，故行己无咎。

【補遺】

彭，也作「旁」解，不專順於五則為有旁心。旁心，心不忠也。王弼：「彭，旁也。謂九三在九四之旁，九四若能專心承五，非取其旁，九四言不用三也。」九四處大有，過中而盛，過中則偏，過盛則不遜，故戒之匪其彭，勿有它念，當專一而忠，以奉事君上。

《象》曰：匪其彭，无咎，明辨晢也。

【程傳】

能不處其盛而得无咎者，蓋有明辨之智也。居離體之下而有明也。晢，明智也。知處其臣分為明智。賢智之人，明辨物理，處彭而近君，履險危之地；若能明辨君臣

之分，則无咎。**當其方盛，則知咎之將至**，不慎其處，則咎生。**故能損抑**，損而抑制其盛。**不敢至於滿極也。**履霜而知堅冰至，知幾也。

【釋義】

四所以「无咎」，能在大有過中之時，握盛多之勢，能辨析其臣分而處之，不居其彭，不旁心於五，則得无咎。

六五，厥孚交如，威如，吉。

【程傳】

六五當大有之時，居君位，**虛中**，虛則寬受眾，中則不偏於正，處正而能容眾，則有孚信。**為孚信之象。**人君執柔守中，行其柔中之道。**而以孚信接於下**，孚信皆為信，析而言之，孚在己之誠，如鳥之孵子，不息其誠；信在與人交接，與人言而有信，言出之於身所行也。**則下亦盡其信誠以事於上，上下孚信相交也。**

以柔居尊位，當大有之時，人心安易，若專尚柔順，則陵慢生矣，下陵慢於上。**故必威如則吉。**重其行止則威。**威如，有威嚴之謂也。**

既以柔和孚信接於下，眾志說從，說悅通。互體三、四、五為兌，五處兌之上，故能使眾人悅服也。**又有威嚴使之有畏**，柔居明體，寬而有容，明而察照，則有威嚴。**善處有者也，吉可知矣。**

【釋義】

六五附麗於九二，虛己正應，又在離體，附麗之誠出自衷心，故其「交」接於二，而有「厥孚」之象。五能以誠信交接臣民，則臣下當附麗之，上下交如也。

處君之道，寬固能容眾而使民孚信於己，但孚信當以威出，宜當慎其言語，正其衣冠，尊其瞻視，使上下有別，君臣不亂，眾能孚信而又尊奉之，則大吉。

六五柔居中，麗附於剛，其德中順；又處明體，乃文明之主。中順之德則寬以信眾，文明之主則明君臣之分，故威嚴自生。

《象》曰：厥孚交如，信以發志也。威如之吉，易而無備也。

【程傳】

下之志，**從乎上者也**。臣志以不逆君長為順。**上以孚信接於下，則下亦以誠信事其上，故厥孚交如。**君臣之信交接。厥，其也，指代君臣。**由上有孚信以發其下孚信之志**，發，發動也，先發而後動。君先發，臣隨順以動。為政，君先之勞之，感動於下而臣從之。**下之從上，猶響之應聲也。**上下一體，猶聲響本為一體；也可作發聲、響應解。

威如之所以吉者，謂若無威嚴，則下易慢而無戒備也，謂無恭畏備上之道。備，謂備上之求責也。臣子當「夙夜強學以待問」，以備君上之問。

【釋義】

交者以信。六五志在附麗於九二，虛己而處中，以孚信誠聘於二，志以信出，信以發志。五能以信交接臣下，臣下當以忠奉事於上，君信以禮，臣信以忠，交相孚信也。發志，也謂君上孚信能興起群下效忠之志，所謂一人正，天下皆正——拔茅茹也，茅勁直而君子茹進也。發，興起、激發也。

威如之吉，恐其忽怠而無戒懼之心，故威以畏之，嚴君臣之禮，故吉。易，輕慢、慢易、忽怠也。易而無備：戒慎之辭，恐其易而無備也：不臨之以威如，恐臣子忽慢君上、無視君上求責。

上九，自天佑之，吉，无不利。

【程傳】

上九在卦之終，居無位之地，是大有之極，而不居其有者也。不有其富。處離之上，明之極也。孚信於眾而能明臣分之所在，明之極也。唯至明所以不居其有，不至於過極也。明其分而知其所止。有極而不處，極，大有之極。則無盈滿之災，能順乎理者也。五之孚信，而履其上，為蹈履誠信之義。履五，即履踐六五孚信之道。五有文明之德，上能降志以應之，為尚賢崇善之義。其處如此，合道之至也，合臣道。自當享其福慶，自天佑之。行順乎天而獲天佑，故所往皆吉，無所不利也。

【釋義】

《繫辭》云：「佑者助也。天之所助者，順也；人之所助者，信也。履信思乎順，又以尚賢也。是以自天佑之，吉无不利也。」

「履信思乎順」：上九所行皆為六五所孚信，故當履信而思以順之。六五虛中孚信，上九剛履柔，履六五之信，當思順於五，賓守臣道。上處大有之極，不以大有為欲求，而以尚賢為志。

履信、思順、尚賢，上九有此三德，得天之佑。「信」，也作下臣與百姓孚信於上九。上九深孚眾信，當思順於六五，不可因其信而廣結民心，為一己之用，淪為不臣，如此，則非天之所佑。

上九能臣順於六五，居大有之富而不有其富，處上卦之極而無位。程子以為，上乃是居離之極，至明燭照，不處極滿之禍，故能賓順於五，順承天佑。

《象》曰：大有上吉，自天佑也。

【程傳】

大有之上，有極當變。變滿盈而為謙讓，故雖處極而不滿也。有，居而有之。有極，居有極富之位。**由其所為順天合道**，上文「有極當變」，變而不有其有。由其所為，由其不有其有。居極不有而思順遜於君，順天合道也。**故天佑助之，所以吉也。**君子滿而不溢，不溢於臣分。乃天佑也。《繫辭》復申之云：「**天之所助者，順也；**順天則天助之。**人之所助者，信也。**信孚於人則人助之。**履信思乎順，**履信，行信於世也。思乎順，順乎天，復反臣道也。**又以尚賢也，**不尚富為志。**是以自天佑之，吉无不利也。**」履信，謂履五，行五虛中之道以克盈滿之勢。五虛中，中心謙也。信也。思順，謂謙退不居。不居其大有而以為功，居則亢臣也。**尚賢，**志從道，不從大有之富。謂志從於五。**大有之世，不可以盈豐，**大有之時，自能盈豐；不處盈豐，乃為處盈豐之道。**而復處盈焉，**上處極，處盈也，當思尚賢而不處盈。**非所宜也。**六爻之中，皆樂據權位，唯初上不處其位，故初九无咎，上九无不利。不居利則无不利。上九在上，履信思順，思信於君而順之。**故在上而得吉，蓋自天佑也。**

【釋義】

剛處極上而能下順巽於柔，處盈極而能自謙損，賓守臣分，不有其有，天所佑也。

【小結】

大有者，虛處至尊，謙受不居而富有天下，若居之，非能大有也。

䷎謙卦第十五　艮下坤上

【程傳】

謙，《序卦》：「**有大者不可以盈，**大有者不可以自處盈滿。盈則驕盛：傲驕於上，盛凌於下，必生僭妄之心。**故受之以謙。**」謙恭於上，遜順於下，保其常也。**其有既大，不可至於盈滿，**自處大有則盈滿，非士之所為。**必在謙損，**謙損其驕盛之心。謙則不居，損則晦藏。**故大有之後，受之以謙也。**處大有以謙，示不敢居之。

為卦，坤上艮下，內止而外順，內止於敬，外順於禮，恭己而有禮也。**地中有山也。**尊而卑之，高而下之，顯而晦之。**地體卑下，山高大之物，而居地之下，謙之象也。**山以仁言，地以眾言；山與地平，德高而不敢特異於眾。**以崇高之德，而處卑之下，謙之義也。**

【釋義】

大有滿盈，不可常保，富貴而驕，自遺其咎，故處之以謙。仁德如山，謙居地下，盛滿不居，混同於眾。

為卦，艮下坤上，高大處下，貴以卑處，高以下賤，光而不耀，謙之象。坤者順也、眾也，艮者止也、仁也，外順而內止：行於外則順於眾，念生內則止於仁，謙也。艮內而欲止於分，外坤而行順於禮，亦謙之道。內貞固其道，艮也；外謙順時行，坤也，時易世變而不改其道，君子之德，唯謙道能恒常。

艮止坤順，止而順，止於臣分而順於君上，大臣之道。

謙：亨，君子有終。

【程傳】

謙，有亨之道也。謙乃篤厚於己而能順眾，故能亨行於眾而不與眾違。**有其德而不居，**居德，則耀德於外而無得於內，故有德者不居。**謂之謙。**謙者，德之居所；失其謙，則德無居所而失之。**人以謙巽自處，**謙以卑言，巽以順言，卑己而順巽於道，故卑而能自尊，順而不枉道。小人則卑而無自尊，足恭也，順而屈道，媚世也。**何往而不亨乎？**謙順於道，亨也。

君子有終：終其身不改其志，終其生不傷其身，由道則有終也。**君子志存乎謙巽，**行志於謙巽，或，以謙巽行志。**達理，**於理不違。**故樂天而不競；**通達天地謙順之理，樂與天同，故能行己而不與人競。德由己成，行之在己，何競乎人而後成？簞食瓢飲而不怨，樂天之象。**內充，故退讓而不矜；**艮仁，內充也。內充德則外自不競於人。德以行己為安，故不耀德而矜誇於人。**安履乎讓，**內艮，止而安也，安於仁；外坤，順而讓也，讓於禮。遜讓自內而出，無需勉強，安履乎讓也。安，乃是自內出，不假安排，能豁如而安泰，無一絲勉強。**終身不易；**能安履乎遜讓，仁禮在身如其性分，故道不離身，終身不易其道。**自卑而人益尊之，自晦而德益光顯，**自卑自晦皆是謙道，德高不敢為先，功成不敢居有，故天下人皆尊崇之。**此所謂君子有終也。**終始其德而不易。**在小人則有欲必競，**「欲」乃馳外之物，小人必與人競而後得。**有德必伐，**小人以德為聲譽，必耀德以伐，以競其利也。**雖使勉慕于謙，**勉慕：自外效法，義襲而取，終不能安止於性。**亦不能安行而固守，**安，自內出；行出於性，方謂「安行」。**不能有終也。**道不在己，在人也，不能有終也。

【釋義】

謙必行於眾，其道亨也；能行於眾，君子有終也。

艮而能止，坤而能順，君子內止於分，念不妄動，卑己而順於眾，亨也。艮止能守，故能謙，坤任能載，故能任事，恭謙而能任重，篤志以順行，亦無往而不亨。

艮止篤志，恒而不改，行以順眾，順以時行，君子行己有終。

坤為順體，有順眾之象；坤厚載物，也有任重、包容之義。艮有仁止、篤厚、恒常之義。君子有終，乃君子終始其道不改，有其德而有終，終善保其身，亦為有其終。

【補遺】

謙者，體坤而順後，體艮而履禮。順後則不敢先於眾，履禮則卑不過中，行此則無往不亨。

《彖》曰：謙亨，天道下濟而光明，地道卑而上行。

【程傳】

濟當為際。濟與際，皆指及物而交。**此明謙而能亨之義。天之道，以其氣下際，**陽氣下行而交於萬物，萬物得陽氣以生。**故能化育萬物，其道光明。**其光明照萬物。光乃己德，明乃惠物。**下際謂下交也。地之道，以其處卑，**卑也言承順，承順於天為卑，其道必上行也。**所以其氣上行，**上行，承於天。「上」也是顯出，德以晦藏，謙以顯行。**交於天，皆以卑降而亨也。**天下濟，為尊高而自卑降。地上行承天，也是卑降之義。

【釋義】

天道以「下濟」於眾物為其素行，乃其所以行其光明之道。

「濟」與「光明」皆以「及物」為義，不及物不能稱之為「濟」，其光不明照萬物，則不能稱之為「光明」。天道居尊高之位，而「往下」濟物、「往下」光明萬物，尊以就卑，高以處下，是天道之行謙。天之行謙，如水之潤下，無物而不受其恩澤。

地道處卑，其行必向上。所謂向上者，地道乃上行順應於天道，順應天是地之行謙。天道以生物而下濟，地道則以養物而上行，上下相交，陰陽和合，以成遂萬物。

天為君道，地為臣道。君道以定制度生養百姓，臣道以任重行君令，故臣道也需上行承順君，如地承順天一般。

「下濟」與「上行」對應，天道下濟，不敢居尊，地道上行，以謙德承天，陰陽交合，無往而不亨行，謙亨之道也。

天道虧盈而益謙，

【程傳】

以天行而言，盈者則虧，居盈則虧德。謙者則益，行謙則益德。日月陰陽是也。日以盛衰言虧盈，月以圓缺言虧盈，陰陽以周轉言虧盈。

【釋義】

盈滿者，虧損之，謙順者，增益之，天道行其公也。老子云：「天之道，損有餘而補不足。」

【補遺】

若從天道自家看，「天道下濟而光明」，便是「天道虧盈而益謙」。下濟、光明，皆以尊高之位而下往就卑，虧其盈滿，以增益其謙。天道本盈滿，然日日施於萬物，日日虧其盈滿，以增益其謙順。

天至高、至大、至健而能謙順、俯就萬物，使萬物生息而各得其性。至高、至大、至健皆是盈滿，謙順萬物是天「虧盈」之道。

「虧」是動詞，讓「盈」滿「虧」損了去，天以「虧盈」來行其道，「虧」處之以顯其謙。因天以「虧」道處「盈」，不居盈滿，更增益其謙道。

地道變盈而流謙，

【程傳】

以地勢而言，盈滿者傾變而反陷，地陷東南而成海為義，眾流歸之而成地之謙德。程子以水來喻地德，水流而下，性自有此德，固不居高也。卑下者流注而益增也。處卑則眾歸，眾流歸之而成其謙，流謙也。

【釋義】

地也以公平行其道，變盈滿者注入謙損者，如水之流高而就低。

【補遺】

天虧盈之道可見：陰的盈虧，陽之復藏，四季流行，日月更轉，皆為虧盈之變。天是健行，自家虧盈的；地為艮止，不能自家虧盈，它需承順天之後而虧盈，故地道的虧盈叫「變盈」，「變」已而順從於天，順應天虧盈之後而「變盈」。

「流謙」是地道「變盈」的結果：流者，地道以水流就下為其謙道之象，地道卑下，眾流歸之，成其謙道。水流萬物，不顯其德，讓萬類品物流形，萬物各盡其性而生生不息，地退隱在萬物之後，不居成物之功，亦能成其謙道，也為流謙：地道德澤於眾，不有自己。

鬼神害盈而福謙，

【程傳】

鬼神謂造化之跡。盈滿者禍害之，盈滿者自生暗鬼。**謙損者福佑之，**謙損者自生福佑。**凡過而損，**過中也。山損其過高，以合中道。**不足而益者，**不足於中也。窪益其過卑，以合中道。**皆是也。**

【釋義】

鬼縮、神伸，皆是陰陽變化，即程子所云「鬼神謂造化之跡」。鬼、神也指與人相關的有害盈、福謙的神通者：「鬼神依人，謙則福之，盈則禍之。」（《子夏易》）「害」、「福」便是有作意。若天下行施氣，其「虧」乃順其性而為，非做作。地之「流」順遜於天，流而下，也順其性而為，也非做作。不做作，便不似鬼神有痕跡。

人道惡盈而好謙。

【程傳】

人情疾惡於盈滿，而好與于謙巽也。與，助也。謙者下於人，巽者順於人，故得人助。謙者人之至德，人行必以禮，履禮以謙也，不由謙則悖逆於道。**故聖人詳言，所以戒盈而勸謙也。**夫子云：「如有周公之才之美，使驕且吝，其餘不足觀也已。」

【釋義】

人道，乃指君子之道，不可以「人情」解讀。人情皆欲盈滿，損不足以奉有餘，好上加好，錦上繡花，豈有惡盈之情？

君子之道則不同於情，故言人道疾惡盈滿而好謙也。人能弘道，非道弘人，「惡盈」、「好謙」皆是弘道。

「惡」、「好」都是以賢人君子的標準而言。若是聖人，只是「樂謙」，有「樂謙」在，「盈」自不生，何來「惡」它？

【補遺】

天道、地道、鬼神、人道，其益謙，皆是行公。道，只是公而已，唯謙能行其公。

謙尊而光，卑而不可踰，君子之終也。

【程傳】

謙為卑巽也，謙之卑乃山高而自處於下，謙順於人，非自枉其道而尊人。**而其道尊大而光顯；**自處卑而為人所尊大光顯也。**自處雖卑屈，**山高而卑處，自處卑屈也。**而其**

德實高不可加尚，是不可踰也。德者，得自於天也，行德乃行天之道，天之道豈可踰越乎？**君子至誠于謙，**盛德居內，誠在中，至誠也。**恒而不變，**艮止於內也。**有終也，故尊光。**有德不能恒，不能尊光也。

【釋義】

謙處於下而為人所尊尚，謙尊也。坤居上為眾，艮德高大而卑處眾下，故言謙尊。以謙下而得眾之尊崇，其德光大。

君子處卑，其德不可踰也。君子如艮，雖居下處卑，然仁德如天，不可逾越，其身不淫於富貴，其志不屈從於威武，其人格不可以踐踏，不可踰也。

不可踰，也可解作：艮止而不可踰，行止於德，不逾越德而行，以德為則，行不逾則，不可踰也。

能「謙尊而光，卑而不可踰」，則德得於內而遜出，規矩隨身，非勉慕而強為之，君子之終也。終者，君子身歿而德不離於身之謂，所謂「造次必於是，顛沛必於是」、「而今而後，吾知免夫，小子」。

《象》曰：地中有山，謙；君子以裒多益寡，稱物平施。

【程傳】

地體卑下，山之高大而在地中，外平易而內尊高。**外卑下而內蘊高大之象，**處卑下以讓名利於人，自尊高而當仁不讓。**故為謙也。不云山在地中，而曰地中有山，**道在庸中。**言卑下之中蘊其崇高也。**先說地後說山，以謙出為象，故先說「卑下」，而後說有「崇高」。若言崇高蘊於卑下之中，則文理不順。非謙出為先。諸象皆然，觀文可見。**君子以裒多益寡，**猶老子「天之道，損有餘而奉不足。」**稱物平施。**物大小各得其分，牛飲蛙飲，量各不同，皆止其分，在分上不多，在分上不少，為稱物。平施，按其稱物而平均施之，大者多得，小者少得，皆以其分為量。**君子觀謙之象，山而在地下，是高者下之，**使高者下。**卑者上之，**使卑者上。**見抑高舉下、損過益不及之義；**抑止尊高者，抬舉處卑者；損過多者，增益不及者。**以施於事，**以此法則施於事。**則裒取多者，增益寡者，稱物之多寡以均其施與，**使物多寡各稱其所分。**使得其平也。**平非平均之謂，乃各得其分而平也。

【釋義】

地中有山，抑山之高而與地平齊，平夷蘊高大，為謙象。

君子觀此，減損其多而增益其寡。裒，音 póu，損減也。君子損減其光而增益百姓之福。裒多益寡，各得其性，稱物平施也。

稱物平施，非平均一刀切。稱物，稱其物性大小而平均施之，有一個性「分」大小之度。「平施」，就物性大小而施為有度。《子夏易》：「不失其常乃平也。」「常」便是物的素常之性。大樹小草，小大有殊，平施自各不同，皆需「稱物」而施給，「稱」為適合之義，適合其物性大小，物大則所得多，物小則所得少，稱物也。若大樹、小草的養分給的一樣多，就非平施了。稱物平施，蘊含差等之共同富裕，讓萬物各得其性，各取所需，皆能自在地安生。

夫子云：「不患寡而患不均」，稱物平施也。

初六，謙謙君子，用涉大川，吉。

【程傳】

初六以柔順處謙，又居一卦之下，為自處卑下之至，謙而又謙也，故曰謙謙。能如是者，君子也。自處至謙，眾所共與也，謙能蓄眾。與，助也。雖用涉險難，二三四互體為坎，有涉險之象。用，行謙謙之德。亦無患害，況居平易乎？何所不吉也？初處謙而以柔居下，得無過于謙乎？曰：柔居下，乃其常也，但見其謙之至，故為謙謙，未見其失也。

【釋義】

陰柔處下，卑之又卑，謙之又謙，謙謙也。上無應與，無繫於外，無他適而能安處其卑，君子也。

初六為謙之始，《易》常於初始處立規矩、正端始。如屯之初「盤桓，利居貞」、訟之初「不永其事」、師之初「師以律出」、履之初「素履往」，皆敦正端始。謙道於初始，培固其本，故以「謙謙君子」為戒。

互體坎、震，坎有川之象。初六處卑居剛位則上行，故有涉川之象。用涉大川，謙謙之發用也。行謙謙之道，內止以謙，外順以謙，則可涉大川、濟大事，無往而不利。

謙謙君子，有艮止坤順之德，艮剛止能承大事，坤順讓能蓄眾，故有涉大川之用，謙謙而能順成其事，故吉。

《象》曰：謙謙君子，卑以自牧也。

【程傳】

謙謙，謙之至也。謂君子以謙卑之道自牧也。自牧，自處也。處卑而安，以卑順自養其德。《詩》云：「自牧歸荑。」《詩・靜女》：「自牧歸荑，洵美且異。匪女之為美，美人之貽。」牧，郊野之謂。

【釋義】

牧，養也。自牧，以德自養；卑以自牧，以卑遜自養其德。初自處謙卑，外無應係，故其謙德乃自內畜養而成，非勉慕他人而效為謙，如此方能修身不怠，謙之又謙，日新其德。

六二，鳴謙，貞吉。

【程傳】

二以柔順居中，是為謙德積於中。中，以在身、在內為言。謙德積於中，誠有此謙德。謙德充積於中，故發於外，睟面盎背者。發於外，顯德也，鳴也，見龍在田，見諸於文章。見於聲音顏色，聲清和、色溫潤、貌莊重，謙之見諸於聲色。故曰鳴謙。不可自己，自中出之，非炫耀其德。居中得正，居中能得正，如剛居柔中；六二乃是居中又得正。有中正之德也，故云貞吉。凡貞吉，有為貞且吉者，為貞，修其貞。有為得貞則吉者，得貞，爻位自能得貞。六二之貞吉，所自有也。處中正則自有貞吉。

【釋義】

鳴者，顯於外也；德充而文章自顯，鳴謙也。

六二柔順中正，能寬裕自處而不偏於正，有蓄德之象，故能內充滿而自顯於外，不鳴而鳴，見龍在田，天下文明。因其中而不偏，貞固其正，吉也。

二陰柔，陰柔易附於物，則有不能貞固之嫌，故戒之：貞守不失則吉。

姚信以為「鳴謙」乃和鳴于謙道：「三體震，為善鳴，二親承之，故曰鳴謙」。《說卦傳》：「震為鳴」。三四五互體為震，故三為善鳴者，三唱而二和，為和鳴也。鳴謙，二與三和鳴于謙道。和鳴而不失貞，則吉。此說與象辭「中心得」稍有差異。

【補遺】

積中而不可已，沛然而出，直行其道，率性而為，自然而然，無一絲造作，如鳥之鳴叫，只是自性，則為鳴。謙本是遜讓於人，而自處於幽，處幽而鳴，德光及人，謙德已成，非能掩者。德成之時，順之則可，若還要儉德自隱，則乃時不可為，時可為，順由而已，自然會鳴。

《象》曰：鳴謙貞吉，中心得也。

【程傳】

二之謙德，由至誠積於中，艮體有篤誠義，柔有謙義，二柔居正位，則其謙乃正出，誠而不妄，故有至誠。所以發於聲音，中心所自得也，非勉一為「勉強」為之也。

【釋義】

謙自內得，不勉而中，不假一絲強為。舜聞一善言，沛然而出，如江河之不可阻遏，粲然可觀，鳴得其中，鳴得其所，中心得也。

九三，勞謙，君子有終，吉。

【程傳】

三以陽剛之德而居下體，居下體，居艮體也。艮體處下，謙而能任重者，勞謙之象。為眾陰所宗，三為眾陰作止則，為眾陰所宗，宗其行有止也。履得其位，剛居正位，又處艮止之上，履得其位也。為下之上，下之上，諸侯之象。是上為君所任，為臣屬之勞謙，任重而順命，為君所信任。下為眾所從，為眾人長之勞謙，率先而謙下，為群下所信。有功勞而持謙德者也，任勞於上，不居其功。故曰勞謙。古之人有當之者，周公是也。勞而謙居臣位，周公之德也。身當天下之大任，上奉幼弱之主，謙恭自牧，恭乃自處，謙乃待人。夔夔如畏然，夔夔，戒懼敬慎貌，老子所言：「豫兮若冬涉川，猶兮若畏四鄰」。可謂有勞而能謙矣。既能勞謙，又須君子行之有終，行之有終，恒其德也。不恒其德，或承之羞，豈能終乎？則吉。

夫樂高喜勝，樂居高位，喜勝人一籌。人之常情。平時能謙，平時，不居高不有功之時。固已鮮矣，況有功勞可尊乎？雖使知謙之善，勉而為之，若矜負之心不忘，謝良佐告乃師，一年工夫克去一個「矜」字。矜，矜誇馳外也。則不能常久，不能常居其德。欲其有終，不可得也。唯君子安履謙順，安履，行於己則能安。安以居家為象，居謙順若居家，則可言安履謙順。乃其常行，猶素行、習行；習于謙順而不自察，如此豈有矜誇之態乎？故久而不變，貞固為久。乃所謂有終，有終則吉也。九三以剛居正，能終者也。剛居正，能立志不改。此爻之德最盛，故象辭特重。萬民服也。

【釋義】

勞，任重也。九三為艮體之上，艮之擔當，任責在三，勞而不居其功，有「勞謙」之象。謙卦唯九三為陽剛，眾陰皆依附，能任上之事、又承下之責，皆在三，三德高又能艮止於臣分，不居功為自有，勞而謙也。

勞見諸於事，謙見諸於人，敬事而禮讓，任重而不居，亦為勞謙。

三居正位體艮，正位則不失臣分，體艮則能貞固其德，處謙而能謙，為臣而能勞盡臣分，君子有終也。

《象》曰：勞謙君子，萬民服也。

【程傳】

能勞謙之君子，萬民所尊服也。為民所勞又不居其功，公天下之心，故為萬民所服。《繫辭》云：「勞而不伐，伐，誇功也，誇功則居功為己有。有功而不德，不以功為己有。德，得也，得功於己。厚之至也。地厚載物而不居其功。語以其功下人者也。論功而居於人後。德言盛，以德言之，謙為盛德也。禮言恭。以禮言之，則謙為禮之恭也。謙也者，致恭以存其位者也。」居位以勞謙，不以位而自尊高，故能存其位。有勞而不自矜伐，矜自內，伐自外也。有功而不自以為德，自內不矜，自外不伐，遜讓於人，不以己德所至而有功。是其德弘厚之至也。弘，寬；厚，重也。弘厚，寬而能任重。言以其功勞而自謙，以下於人也。不敢居功處人之先。德言盛，禮言恭。以其德言之，則至盛，以其自處之禮言之，遜於人後。則至恭，此所謂謙也。夫謙也者，謂致恭以存其位者也。致恭，恪守恭敬。存，守也。致其恭巽以守其位，故高而不危，處高而謙損其盛氣，故不危。滿而不溢，居滿而不矜誇，故不溢。是以能終吉也。存其位則終吉。夫君子履謙，乃其常行，非為保其位而為之也。而言存其位者，蓋能致恭，恭，敬處其位而不居以傲。所以能存其位，言謙之道如此。如言為善有令名，行善為了好名聲，則非為真善。君子豈為令名而為善也哉？君子為善，行其不已者，人自尊之而有善名也。亦言其令名者，為善之故一作效也。

【釋義】

三能承上之重任，擔下之過責，功成弗居，萬民仰賴其德光而中心悅服。

子路問政，子曰「先之勞之。」先勞為群下之表率，又益之以謙，則盡善矣，故能使萬民服。

六四，无不利，撝謙。

【程傳】

四居上體，上體，坤順之體。柔居正，處順體之下，順之又順：上順六五，尊君也；下順九三，敬賢也。切近君位，六五之君又以謙柔自處，九三又有大功德，為上所任、眾所宗，而己居其上，當恭畏以奉謙德之君，卑巽以讓勞謙之臣，上謙順於君，下謙讓於賢。動作施為，無所不利於撝謙也。以撝謙為志。撝，施布之象，如人手之撝也。動息進退，必施其謙，蓋居多懼之地，近君，用謙也。又在賢臣之上故也。進也謙，退也謙，無不用謙。

【釋義】

四不敢竊位蔽賢，輔賢以助其上進，體順而不違大臣進賢之分，所志在於行謙，撝謙也。

撝，輔助也。撝謙，輔助三而成其謙也。四陰柔居高位，才不及三，不能獨任大事者，當輔助三而成其事，事成而不敢居功，助三而成己謙，撝謙也。能守撝謙之德而不逾分，无不利也。

程子以四之進退皆必用謙，近五用謙，乘三用謙，用謙乃為其不過之中則。

【補遺】

四以行謙為志，念念如是，念念謙讓於下，以不蔽賢為己任，輔助下賢以進，有意為謙道，撝謙也。

《象》曰：无不利，撝謙，不違則也。

【程傳】

凡人之謙，有所宜施，不可過其宜也，如六五或用侵伐是也。唯四以處近君之地，據勞臣之上，乘三也。故凡所動作，靡不利於施謙，凡人用謙，剛謙取其中為宜；唯獨四，承五而乘三，用謙為宜，無需折衷於剛謙也。如是然後中於法則，四以用謙不違為則。故曰不違則也，謂得其宜也。撝謙則宜。

【釋義】

四之則，居位不蔽賢，撝謙是其分內之事，故有為于謙而不違則也。

四以陰柔居正位，乘剛而處三之上，又不能獨任大事，當輔助九三成其事，事成不敢居，賓守其輔助之位，撝謙而不違其則。

六五，不富以其鄰，利用侵伐，无不利。

【程傳】

富者眾之所歸，唯財為能聚人。五以君位之尊，而執謙順以接於下，執猶行也。眾所歸也，故不富而能有其鄰也。不富：不自（獨）富，散財也。財散則人聚，故曰有其鄰。鄰，近也。人皆親近之，鄰也。不富而得人之親也，為人君而持謙順，天下所歸心也。不以富己為道，以謙為道。然君道不可專尚謙柔，只以謙柔為尚。必須威武相濟，濟謙之偏柔而得中也。然後能懷服天下，懷萬民如子，故能使天下人皆信服。故利用行侵伐也。「利用侵伐」四字當追究，猶智者利仁，非志於仁。威、德並著，不富以鄰，德也；利用侵伐，威也。並著，猶並用也。著，顯揚。然後盡君道之宜，君道以

剛柔適中為宜。**而無所不利也。蓋五之謙柔，當防於過，**過謙則無威嚴，故防於過謙。**故發此義。**增益「利用侵伐」之義。

【釋義】

六五執謙，不以富己為志，尚公也，故能來遠人，公平處天下，雖遠也近，不富以其鄰也。有人來服，鄰也。以其鄰，以善待鄰人之法善待荒遠，不私於切近，故遠人來服，宛如鄰近之親也。

六五履至尊之位，雖執謙來眾，但不可不用威，當剛柔並用，威德並施，利用侵伐，則无不利。利用侵伐非五之常道，六五利用之以輔助于謙德，猶道之以德，輔之以刑。

「不富以其鄰」為主宰，「利用侵伐」輔助之而已，本末先後宜當慎察。

【補遺】

不富以其鄰，以公正臨治天下，四海皆一，雖遠猶近，如其鄰也。

《象》曰：利用侵伐，征不服也。

【程傳】

征其文德謙巽所不能服者也。修文德而不能巽順者，則征討之。**文德所不能服，而不用威武，何以平治天下？**陰陽並用，德威兼施。**非人君之中道，**只是謙順，非人君之中道，以其謙過也。**謙之過也。**

【釋義】

用謙而不能來服者，利用侵伐，行其威也。「利用侵伐」以佐「不富以其鄰」。

上六，鳴謙，利用行師，征邑國。

【程傳】

六以柔處柔，順之極，柔居正又處順體。**又處謙之極，極乎謙者也。**極則變，變則不謙。**以極謙而反居高，未得遂其謙之志，故至發於聲音；**謙應卑處而居極高，不遂其謙則鳴。**又柔處謙之極，**處極，謙而顯著其德，未得謙。**亦必見於聲色，故曰鳴謙。**處謙時，居高必顯，也為鳴謙。**雖居無位之地，非任天下之事，然人之行己，必須剛柔相濟。上，謙之極也，**非謙遜之極，乃謙時，處極高之位，以至於行將變謙。**至於太甚，則反為過矣，**謙不可鳴而鳴之，反為過矣。**故利在以剛武自治。邑國，**上卦為坤，坤為土，有邑國之象。**己之私有。行師，謂用剛武。征邑國，謂自治其**

私。朱熹以為：「陰柔無位，才力不足，故其志未得。而至於行師，然亦適足以治其私邑而已。」與程子近同。

【釋義】

上六居謙極，謙過極而無人應，故鳴謙以求應與者。

蓋謙極則綱紀廢弛，內政不舉，則遠人不應而不能來服也。欲來服遠人，當先治內亂，齊內以來外，故用師於邑國，以剛猛之道濟其廢弛之政，補謙極之過。

利用行師，寓意偏多，非一定如此，喻濟之以剛，如六五「利用侵伐」一般。

上六已處謙極，謙道過了，尚自不知，還自家鳴謙，以為治道必專以謙順，所以無人應。上六也不能行謙於自己邑國，不改其鳴謙，何能用之？如孟子時，王道不行，孟子尚且為之鳴放，他國皆用霸道，唯藤地小國尚可一試。

謙不可自鳴，鳴謙則非謙。處謙道之極，謙過極則反成偽謙，偽作謙而實不謙。偽謙而鳴，中心無謙，不能以誠服人，故有行師之舉。邑國，言其近也；偽謙則近人不服，故至於征邑國。

初二鳴謙得吉，上六鳴謙則利用行師，何也？所處不同。二柔居中位，謙積於中，充盈而出，非自為鳴謙，故吉；上處極上，不得於眾，自鳴其謙道，非充盈而出，故非真謙也。

《象》曰：鳴謙，志未得也，可用行師征邑國也。

【程傳】

謙極而居上，處謙卦之極，居尊高之位。**欲謙之志未得**，謙而居高，志未得也。且謙以來眾，上無下應，是謙而未能得眾，故云志未得也。**故不勝其切**，切，急切、焦慮也。**至於鳴也**。鳴者，廣而告之也。**雖不當位**，謙本晦隱而反至於鳴己，不當位也。**謙既過極，宜以剛武自治其私**，私，所屬邑國。**故云利用行師征邑國也**。

【釋義】

上與三為正應，三勞謙而不應於上，上未得志以至於鳴謙，反其謙道而行師征邑國。征者，征三之不來也。

【小結】

謙道以鳴謙始，也以鳴謙終。初始謙德已成，不鳴而自顯其德，鳴謙也。上六謙道窮，人皆不知己德，自鳴其謙，內美不足也。

䷏豫卦第十六　坤下震上

【程傳】

豫，《序卦》：「有大而能謙必豫，富而好禮，不逾分，中心樂，豫也。故受之以豫。」承二卦之義而為次也，繼大有之富、謙之不居也。有既大而能謙，則有豫樂也。富而能謙，與人無懟，心寬裕則安安而豫。豫者，安和悅樂之義。安，處富而豁如，不為富役，安富也；安，也言安於分，非因富而安也。和，與人無懟，謙也；悅，內寬裕，心不遷也；樂，與眾樂，不私其富也。為卦，震上坤下，震為動，坤為眾，動而眾從，上令而下順。順動之象。坤順附於震，順動也。動而和順，上下同志，與萬民和樂。順其性而動，物各安其所，動而和順也。是以豫也。以卦釋豫。九四為動之主，九四為主豫者，動為群範，動之主也。上下群陰所共應也，應九四之動，令下而無所不暢通，共應也。坤又承之以順，坤德順。承命順行。順者，順命而任其勞。是以動而上下順應，故為和豫之義。以爻釋豫。以二象言之，雷出於地上。雷者令也，雷出地上，令行也；令行則事成，事成則百姓安泰。陽始潛閉於地中，謙之九三上行於四爻位而為豫。或復之初上行至四而為豫。及其動而出地，順出也，五陰贊助，出以眾力，令出以民心。奮發其聲，鳴和也。通暢和豫，和豫，與眾樂也，獨豫不可言「和」。故為豫也。以象釋豫。眾豫也。

【釋義】

大有而謙，富而好禮也；富而好禮者，居上不驕，處下不卑，心寬體旁而有豫悅之容，故大有而謙必有豫。

為卦，坤下震上，坤以眾，震以行，豫者，與眾同行也。坤順震動，內順外動，以順為動，不順則不動，剛居大臣之位，處互卦艮上，艮止於順，順令則行，故豫者，臣之道也。

天動地順，天地位正而能和順，萬物皆正而順其性而動，豫樂也。天地順動，萬物順動，豫非一人之獨豫，普天上下，萬物同豫，兆民同樂，齊天豫樂也。

豫者，雷震奮萬物，順動而上行，天地齊豫。

豫：利建侯行師。

【程傳】

豫，順而動也。坤順震動，順令而動。君動而臣順，在君言動為先，在臣言順為先，臣之動隨順也。豫之義，所利在於建侯行師。建侯，共利也，順天下之心；行師，共患也，震天下以動。夫建侯樹屏，諸侯為天子安全之屏障，樹屏也。所以共安天下，建侯

以共安。安者，良治也。**諸侯和順則萬民悅服**，漸次之道：天子懷諸侯，諸侯安萬民，則天下運於掌。**兵師之興，眾心和悅**，兵者，凶道也，兵出則國庫消耗而百姓死難，眾心不和悅，上下不齊同，不可輕用師。**則順從而有功**，行軍以律則有功，下順上則有律。**故悅豫之道，利於建侯行師也**。悅豫之道，上動下順，利於行師。行師以聚民心。抗美建國一戰，雪百年恥辱，最能聚民心。**又上動而下順**，上動以出令，下順以從命，如此，則士卒不畏死；不畏死，則戰必勝而有功也。**諸侯從王**，封建制，天子出征，諸侯帥師隨從，諸侯從王也。王，天子也，謂能統三才也。**師眾順令之象**。師眾，諸侯也。**君萬邦**，君，君臨也。以明君之道臨治萬邦。**聚大眾**，天子封建以聚諸侯，諸侯行仁政以聚百姓。**非和悅不能使之服從也**。和則同志，悅則共情。情通而志合，上下一心，故能君萬邦聚大眾。

【釋義】

豫者，上動下順，君民齊樂，天下安泰。安天下必借眾力，借眾力則不能專利，當分利於天下，利建侯也。

建侯者，裂土以利分天下，與諸侯共享之，故豫時，利在建侯。既能分利，則諸侯也樂從，故行師有利。

為卦，四為主震，五陰順應，即為眾陰順陽之象，亦是陽順眾陰之意；震以時出，順時而動，眾心歸附則為時，五陰順一陽而動，利以時出師。

《彖》曰：豫，剛應而志行，順以動，豫。

【程傳】

剛應，得眾也。剛之令為群陰所順。**謂四為群陰所應**，四凡有動，則群陰順應而動，上下和悅共動。**剛得眾應也**。志行，謂陽志上行，動而上下順從，其志得行也。上下皆能隨剛動，剛之志必行：凡出號令，上下全體必將遵從，四之志行在此。**順以動豫**，順以動則豫：陰順剛動，民從君動，則必豫樂。**震動而坤順**，剛動而眾順；坤，眾也。**為動而順理**；上順天理，下合民心，動而順理也。順民心即順理。**順理而動**，理者，民心、天理也。**又為動而眾順**，眾順，坤順也，五陰順應，亦為眾順。**所以豫也**。齊同而動，志應而順，必有豫。

【釋義】

群陰順剛而動，剛應也。剛能得五陰順應，則其志行，上下齊同而豫。

四能以志行，必聚眾力而後可為。聚眾力者，以剛應群陰也。雷震必時以順天，能順遜於天，萬物順動而興，齊豫樂也。行政者令出以時，順天時從民意；民意順，則剛應而志行。

豫時，乃是建國安邦之際。建國行師必於此時，豫乃能上下齊豫，民心齊同，故能成大事建大業，順豫之時而動。

豫順以動，故天地如之，而況建侯行師乎？

【程傳】

以豫順而動，豫順，悅順也。衷心悅從，非強順之。則天地如之而弗違，如，依照，順也。謂能「豫順以動」，則天地也順之不違。況建侯行師，天且弗違，況人為乎？豈有不順乎？天地之道，萬物之理，唯至順而已。順者，本末不亂、上下不亂、先後不亂、尊卑不亂、君臣父子不亂、夫婦兄弟不亂。順者，禮也。禮者，天地之道、謙道也。謙道，乃天地齊豫之道也。大人所以先天後天而不違者，行跡未萌而行之，先天也，如履霜知堅冰；行跡既顯而順從之，後天也。亦順乎理而已。西方文化，讓天地順人、順己，無謙卑之道，故它必以人類邏各斯解構天地、宰割萬物。全不似我先人效法天地，順乎天理而動。中西文化，順、逆之別在此。

【釋義】

豫，上下齊豫也。上下能齊豫，必順天而時動，豫順以動也。豫順以動，天地不違，況君王建侯行師？必以順也。天以順民欲為時，順民欲，順動也。君王能順民欲，天地與之，民樂順之。

天地以順動，故日月不過而四時不忒；聖人以順動，則刑罰清而民服。

【程傳】

復詳言順動之道。增益日月、四時、聖人、刑罰，以詳明順動之理。天地之運，以其順動，地順天而動。地之動，乃是萬物順天而動。所以日月之度不過差，日月以太極之中為行之度。不過差，不過中也。四時之行不愆忒；愆忒，過錯也。四時錯行，陰陽失調，則萬物不生。聖人以順動，頒曆法、定制度、正君臣上下之類。故經正而民興於善，經，常經也。五倫正，常經正也。興，興起，動也。興於善，行在善處。刑罰清簡而萬民服也。清則公，簡則明。清簡，公明也。

【釋義】

天尊地卑，天健地順，天地以順動。天動地順，則日月動而不過其「中」，四時行焉而不錯逆也。

聖人順動而正君臣父子上下，君臣父子上下得正，則刑罰得正而平；刑罰得正，則賞罰公平而清明；賞罰公平，則民有所措而天下悅從。

豫之時義大矣哉！

【程傳】

既言豫順之道矣，然其旨味淵永，旨，理也；味，體之也。行諸於己，則見其旨味，非謂徒思之。淵永，深且長也。言盡而意有餘也，故復贊之云：「豫之時義大矣哉！」欲人研味其理，研者，思之在心；味者，體之在身。優柔涵泳而識之也。優柔，寬舒從容也，道理需在身心上反覆體貼，方能有得，故必「優柔」而後可。涵泳者，如身處在理之中，承豫之道也。時義，謂豫之時義。六十四卦、三百八十四爻，皆談時義，顯、隱之別。時即天，順時即順天，故動必以時，言順天時行也。諸卦之時與義用大者，皆贊其大矣哉，豫以下十一卦是也。豫、遯、姤、旅言時義，坎、睽、蹇言時用，頤、大過、解、革言時，各以其大者也。

【釋義】

豫之時，齊豫有時也，上下齊心乃為豫之時。必於豫之時而行大事，順眾而動也，故盛讚其時義之大。時義者，當其時而行其事，義而合乎宜也。

《象》曰：雷出地奮，豫，先王以作樂崇德，殷薦之上帝，以配祖考。

【程傳】

雷者，陽氣奮發，陰陽相薄而成聲也。薄，近也。陽始潛閉地中，及其動，則出地奮震也。始閉鬱，及奮發則通暢和豫，故為豫也。閉鬱散則和暢而豫。坤順震發，坤眾之物順雷震而發奮生生。和順積中而發於聲，積中，謂和順皆出於衷心之誠，非有偽飾。樂之象也。先王觀雷出地而奮，和暢發於聲之象，作聲樂以褒崇功德，地奮則生萬物，地之功德之象。其殷盛至於薦之上帝，盛大祭祀，必薦犧牲於上帝，祭天也。推配之以祖考。推其功德以至於祖考，皆配享之。上帝生萬物，祖考贊天地，故天地生物之功，祖考也與焉，故言「推配之以祖考」。殷，盛也。禮有殷奠，盛奠。謂盛也。薦上帝，配祖考，祖考配上帝。盛之至也。薦上帝、配祖考，皆指禮儀盛大，莊重其事。

【釋義】

「雷出地奮」若解讀為「雷出地而奮進」，「奮發則通暢和豫」，意思雖不差，然「出」、「奮」皆為雷之行為，萬物齊豫之象便沒了，不契豫之義。當解讀為：雷出則地奮——雷出，地奮進以和。內坤，地奮者，順動也。地何能奮進？能奮進者，萬物競奮也，萬物順雷之動而鼓舞奮進，故「雷出地奮」有天地萬物齊同豫樂、生生不息之象。

「豫」從「雷出地奮」生出，萬物奮出於地而天地齊豫也。

先王觀「雷出地奮」之象，作樂以崇德，以表彰先進；殷薦功德於上帝，列祖考以配享之，先王之出奮也。

作樂以和同上下，合乎豫樂。樂以襃崇功德，必有慶典、燕享與祭祀也。不曰作禮，而曰作樂，為何？禮以始作，樂以終成也。作樂為成事，崇德為事成功遂而有襃獎，故有燕享祭天告祖之事。作禮則不然，乃是作始建制，萬事伊始，要定規矩，作禮以定規矩。

初六，鳴豫，凶。

【程傳】

初六以陰柔居下，處卑而鳴豫，凶也。四豫之主也，而應之，是不中正之小人處豫，柔處剛不正，不在二不中。而為上所寵，初與四應，為四所寵。其志意滿極，不勝其豫，不能制於豫，為豫牽動於外，德不勝情。至發於聲音，輕淺如是，輕淺則無根。必至於凶也。鳴，發於聲也。

【釋義】

謙之二鳴謙得吉，豫之初鳴豫得凶，何也？

六二鳴謙者，能行其謙道，以謙為樂，謙自中心充盈而出，故能安處其謙而吉。初鋪張其豫樂，放而不知反正，必有僭越之弊，則凶。復次，凡豫樂自中心出，則能和平而安，以豫養德。初四正應，初得四而豫，其豫非自中心出，依附於四而有豫，則中心不安，有激鳴之象；內不安於分，外則鳴豫，其流弊則肆豫僭妄，八佾舞於庭、三家者以雍徹，皆是其類，馴致其道，必至於凶。

初六身處卑微而好鳴豫，窮欲極奢，凶之道也。爻辭只三字，詞短語厲，戒意深矣。

蘇東坡：「所以為豫者，四也，而初和之，故曰鳴。已無以致樂，而恃其配以為樂，志不遠矣。」豫非出於己而鳴之，猶威不自狐而假之於虎，依附作樂，出非中心。

六陰柔居剛，不中不正，處豫時而不能安止其位，而有此凶象。

《象》曰：初六鳴豫，志窮凶也。

【程傳】

云初六，特言「初六」，責其處卑而居不正。謂其以陰柔處下，而志意窮極，不勝其豫，不能約之。至於鳴也，必驕肆而致凶矣。驕易犯上，肆易僭禮；犯上僭禮，致

凶之途。

【釋義】

六處初下，柔不居正而妄動，鳴豫也。處豫之時，而不能自致於豫，恃其配以為樂；不安其豫，縱其樂欲而不能反，僭越而道窮。

六二，介于石，不終日，貞吉。

【程傳】

逸豫之道，放則失正，不束為放。失正，逾其分也。**故豫之諸爻，多不得正，**才一作「不」**與時合也。**豫一陽五陰，陰乃柔附之物，不能獨立也。才質不正而時處豫，則易於放肆所為而失其正也。**唯六二一爻處中正，**柔居正而處中，居正則不逾分，處中則行不偏。**又無應，**不繫於外，豫時而不繫於外，中心悅也。**為自守之象。當豫之時，獨能以中正自守，可謂特立之操，**別於眾爻，特也。立者，立於正也。**是其節介如石之堅也。**介，劃界以限隔。限隔不正於外，介也。**介于石，其介如石也。**守其限分不改。石以堅言，介立不遷也。**人之於豫樂，心悅之，故遲遲遂至於耽戀不能已也。**遲遲，時久則漸浸而不能已也。**二以中正自守，其介如石，其去之速，不俟終日，**去之速，改過之速也。未至一日則改之，今日錯今日改，不俟終日。**故貞正而吉也。**貞固其正則吉。**處豫不可安且久也，**安謂安於豫，安於豫則不由正也。久則習為素常，不可改。**久則溺矣。**溺者，陷於其中不可拔。

如二，如二之介于石。**可謂見幾而作者也。**作，反諸正也。**夫子因二之見幾，而極言見幾之道，曰：「知幾其神乎！君子上交不諂，**與上交接而不諂媚。**下交不瀆，**瀆，輕慢也。與下交接而不輕慢。**其知幾乎！**諂瀆，所以招凶之道；不諂瀆，則止於幾。**幾者，動之微、吉之先見者也。**凶吉之兆見於幾微。**君子見幾而作，**作正也。**不俟終日。《易》曰『介于石，不終日，**不待一日之終則改之。**貞吉。』介如石焉，寧用終日，**焉用終日。**斷可識矣。君子知微知彰，知柔知剛，萬夫之望。」**萬夫望者，眾仰觀而順也。**夫見事之幾微者，其神妙矣乎！**神言不思而合。**君子上交不至於諂，下交不至於瀆者，蓋知幾也。不知幾，則至於過而不已。**過中道而不已其咎誤。**交於上以恭巽，故過則為諂；**恭巽不違禮則不諂，過則足恭而諂。**交於下以和易，故過則為瀆。君子見於幾微，**幾微，介也，能行於介，則可見於幾微。**故不至於過也。所謂幾者，始動之微也，吉凶之端可先見而未著者也。**行跡未顯。**

獨言吉者，見之於先，豈復至有凶也？君子明哲，見事之幾微，故能其介如石，其守既堅，則不惑而明，**不惑於幾則明。**見幾而動，豈俟終日也？**斷，別也。其判別可見矣。**微與彰，柔與剛，相對者也。君子見微則知彰矣，見柔則

知剛矣，知幾如是，眾所仰也，故贊之曰「萬夫之望」。

【釋義】

二柔處中而居正，上無正應，不期慕於外，為能守分者，介于石之象。

凡豫樂，必約之以禮，使其豫樂適可而止，不逾於其分，介止之也。六二柔處中正，其介如石，故能約束其豫，不使肆妄，君子之見幾也。見幾，非謂見到幾微則能防範，乃是君子立於正，介守不遷，則可禦患於幾微。不終日，不待終日過則能速改。「其去之速，不俟終日」，能知反於禮，持守其介石之德，故吉。

《象》曰：不終日，貞吉，以中正也。

【程傳】

能不終日而貞且吉者，以有中正之德也。中正故其守堅，而能辨之早、去之速。爻言六二處豫之道，為教之意深矣。

【釋義】

處豫之道在中正。能中正則能約束自己，堅固其志，知幾明辨，不遠而返，不肆於豫，故不俟終日而知反也。貞者，貞固其中正之德也。中，自不偏也；正，貞則反也。

六三，盱豫悔，遲有悔。

【程傳】

六三陰而居陽，不中不正之人也。自處不正，本亂矣。以不中正而處豫，動皆有悔。動於不正，行必有悔。盱，上視也。上瞻望於四，則以不中正不為四所取，故有悔也。比親於四而不得四之信任，悔也。四，豫之主，與之切近，苟遲遲而不前，盱而不止，遲遲有悔。則見棄絕，亦有悔也。此盱豫悔第二義：遲而不親近於陽剛，則有悔。蓋處身不正，進退皆有悔吝。進不正有悔，進而遲遲也有悔。當如之何？在正身而已。君子處己有道，以禮制心，克己之私。雖處豫時，不失中正，故无悔也。

【釋義】

盱豫悔，爻象。三不安其分，望四而盱豫；悔，盱豫有悔生之因；遲有悔，告誠之辭：謂不速止盱豫之念，必馴至有悔。

三柔居剛，自處不正，盱豫之象。盱，xū，仰瞻於上。盱豫，以仰瞻於上為豫，逐物於外，中心無豫樂，豫不正也。欲念不正而行之不顧，悔必生；若

反己而察，則無悔。

縱放其盱豫，必有諂媚；若尚在仰慕，意念動而未見諸於行，克念則無悔。

《象》曰：盱豫有悔，位不當也。

【程傳】

自處不當，處不當，必有過分之念——盱上而羨。失中正也，是以進退有悔。

【釋義】

盱豫有悔者，自處不當其位，有盱豫之念而不能克止，馴至而諂諛，羞吝生而有悔也。若才有盱豫之念，便克制了，使不萌於行，何悔之有？

九四，由豫，大有得；勿疑，朋盍簪。

【程傳】

豫之所以為豫者，由九四也，順由九四陽剛道，則豫得而正也。為動之主，九四剛居震，為動之主者。動而眾陰悅順，為豫之義。四動以剛健之德，故眾陰悅從，豫也。

四，大臣之位，六五之君順從之，以陽剛而任上之事，陽剛能任事成事，成事則眾皆安而豫。豫之所由也，四能承任大事。故云由豫。

大有得，言得大行其志，以致天下之豫也。有得眾陰之助，四之志得以施行，天下皆豫。

勿疑，朋盍簪：四居大臣之位，承柔弱之君，而當天下之任，危疑之地也，獨當上之倚任，而下無同德之助，初為陰，非同德。下三爻皆非陽，也為無同德者。所以疑也。唯當盡其至誠，勿有疑慮，盡其誠，心無他念，則無疑也。則朋類自當盍一作「合」聚。夫欲上下之信，唯至誠而已。苟盡其至誠，則何患乎其無助也？簪，聚也。簪之名簪，取聚髮也。束髮以固之，簪也。朋盍簪，朋聚而其志合也。

或曰：卦唯一陽，安得同德之助？曰：居上位而至誠求助，至誠，必虛以待眾。剛居柔地，能寬也。理必得之。姤之九五曰「有隕自天」是也。四以陽剛，迫近君位，而專主乎豫，聖人宜為之戒，而不然者，豫和順之道也，由和順之道，不失為臣之正也。臣道所以為和順者，上和於君，下順於眾。如此而專主於豫，乃是任天下之事而致時於豫者也，致時於豫者，猶致時於天下共樂也。故唯戒以至誠勿疑。

【釋義】

由，順由也。由豫，由四而豫，眾陰順由四之道而大有得，故豫樂也。眾順四而悅豫，四得眾亦豫樂，齊豫也。九四得眾人之來，大有得也。大有，大

有於眾陰之助，四得其志行。眾陰得其安泰，皆有得而大。

勿疑，四得眾而行其志，朋盍簪而志合，勿疑也。朋，眾陰也；盍，聚合也。簪，聚發之物，取聚、固結之義。簪，喻指四的聚合之道，四以其道使眾陰來附，其道如簪之聚發。朋盍簪，朋友聚集於我，率由其道，如簪之固結。

簪，也可指「簪縷」之簪，達官貴人的冠飾。《子夏易》解讀「朋盍簪」：「智者為謀，勇者為力，皆相朋合，簪而來仕矣。」九四為近君之大臣，能行大人之德，故朋來者皆欲仕於九四之下——簪而來仕矣。

蘇東坡另闢蹊徑：「盍，何不也。簪，固結也。五陰莫不由四而豫，故大有得。豫有三豫二貞。三豫易懷，而二貞難致。難致者疑之，則附者皆以利合而已。夫以利合，亦以利散，是故來者、去者、觀望而不至者，舉勿疑之，則吾朋何有不固者乎？」豫卦，陰合陽志則豫。蘇東坡以為眾陰為利而來，利合則來，不合則散。九四當明此，行其道而勿疑，來則來之，散則散之，不疑其所行，安有朋而不來聚乎？

《象》曰：由豫，大有得，志大行也。

【程傳】

由己而致天下於樂豫，己，四也。由己，由己之剛陽之道、虛懷以來眾。以陽剛之道行於天下，則天下安而皆豫也。故為大有得，謂其志得大行也。

【釋義】

順由四之道而眾皆得豫，齊同而豫，得眾來歸己而大有，四之志大行也。

六五，貞疾，恒不死。

【程傳】

六五以陰柔居君位，當豫之時，沉溺於豫，不能自立者也。君不能自立，乃不能振朝綱。權之所主，眾之所歸，皆在於四。在五而言，四爻為權臣。四之陽剛得眾，非耽惑柔弱之君所能制也，耽於豫，惑於道。柔弱則不能制下。乃柔弱不能自立之君，受制於專權之臣也。故五貞而不知變，則為疾。居得君位，貞也；處中為貞。受制於下，乘剛也。有疾苦也。六居尊位，權雖失而位未亡也，故云貞疾恒不死，權者末也，位者本也，居其位而不能用其權，貞疾恒不死也。如衛靈公權柄旁落三大臣，而恒不死。言貞而有疾，常疾而不死，如漢、魏末世之君也。人君致危亡之道非一，而以豫為多。沉溺於豫，人君危亡之常道。在四不言失正，而於五乃見其強逼者，各觀象而言。中國文化之精髓乃是有一貫之道，而非一貫之邏輯。四本無失，故於四

言大臣任天下之事之義，於五則言柔弱居尊，不能自立，威權去己之義，各據爻以取義，故不同也。在四則言四為剛正之臣，在五則言四為權臣，各據爻象繫辭，非一定如此。易為變易，隨爻而變，皆立於己而說，非有一定之道理，處在上下爻皆不變，處在六十四卦也不變，絕非西方邏各斯，有一個概念不變，推至一切事物皆不變。若五不失君道，而四主於豫，和於上，順於下，為主於豫之道。乃是任得其人安享其功，如太甲、成王也。蒙亦以陰居尊位，二以陽為蒙之主，然彼吉而此疾者，時不同也。童蒙而資之於人，蒙以從正為義，故資於人則得正。宜也；耽豫而失之於人，豫以眾聚為樂，失人則失豫之義。危亡之道也。君當有主，非童蒙無主，故凶吉不同。故蒙相應，則倚任者也；童蒙依賴剛正，乃為蒙正。豫相逼，處豫時，主柔則臣相逼，不可若童蒙之倚任也。則失權者也。又上下之心專歸於四也。上下皆不歸心於五。

【釋義】

五居中，貞也；乘四之剛，生疾也；乘剛生疾而恒不死，貞固其中而不失其位也。

五乃為柔弱之主，不能立朝綱者，乘剛強之權臣，每日若生疾而不能安居，以其不能安居，故畏懼惕兢，恒能貞固其中，如履薄冰，故能免禍而不得死也。

《象》曰：六五貞疾，乘剛也；恒不死，中未亡也。

【程傳】

貞而疾，由乘剛，貞本應無疾，因乘剛而生疾，權臣在下也。為剛所逼也。恒不死，中之尊位未亡也。柔守中，故君道未亡也。

【釋義】

貞，全其君名也；疾，實處虛位也。何以至此？乘剛之故，權力下放也。恒不死，君權未亡，貞固其中而君道未盡失。

上六，冥豫成，有渝无咎。

【程傳】

六陰柔，非有中正之德，以陰居上，不正也。陰以卑順為正。而當豫極之時，以君子居斯時，亦當戒懼，況陰柔乎？乃耽肆於豫，昏迷不知反者也。耽則昏而失道，肆則迷而忘返。在豫之終，故為昏冥已成也。若能有渝變，則可以无咎矣。聖人救人之心未嘗無。

在豫之終，有變之義。人之失，苟能自變，皆可以无咎，故冥豫雖已成，能變則善也。聖人發此義，所以勸遷善也，故更不言冥之凶，專言渝之无咎。

雖寓勸善之心，但豫極自有渝變之理。

【釋義】

德為明，悖於德為冥，沉於豫樂而不知返，冥豫也。

上六陰柔而處順體之上，又居豫之極，極順其豫樂，沉湎而不知反，冥豫之象。冥豫成，則極其豫而或有渝變之反，故爻辭有「有渝无咎」，冀其思反。

有渝无咎，自反无咎也，處豫之極或能自反，改其故轍，不終於豫，則无咎。

《象》曰：冥豫在上，何可長也？

【程傳】

昏冥於豫，至於終極，不思反而至終極，馴致於堅冰而極也。災咎行及矣。行及於己也。其可長然乎？身將不免，豈可常乎？當速渝也。

【釋義】

豫不可極，豫極則昏冥。冥豫，極其豫也。處豫卦之上，當渝變之時，豈可長久乎？

行樂之人，都希豫樂久長，然沉湎於豫，昏冥不知反，災禍不自外來，自豫中生也，豫自內崩塌而災禍生，自然之理，豫何能就長？

䷐ 隨卦第十七　震下兌上

【程傳】

隨，《序卦》：「豫必有隨，眾隨陽剛則豫。故受之以隨。」夫悅豫之道，物所隨也，隨者，與之共也。隨所以次豫也。為卦，兌上震下，動而悅順。兌為說，震為動，說而動，主在下卦，悅從也。動而說，主在上卦，動而下悅隨也。皆隨之義。女隨人者也，順正也。以少女從長男，震以一陽居下，為長男；兌以一陰居上，為少女。隨之義也。又震為雷，兌為澤，雷震於澤中，澤隨而動，陰隨陽動。隨之象也。又以卦變言之，乾之上來居坤之下，隨變自否：否之上來居坤之初，為隨。坤之初往居乾之上，坤初往行至乾之上，為上六。來居，下居也；往居，上居也。陽來下於陰也。尊而就卑，貴而就賤，上下交通，與民和處。以陽下陰，貴而下卑，尊而下賤，高而下民。順陰、順眾、順民，體貼下情也。陰必說隨，為隨之義。能下之，故能信孚於民。凡成卦，既取二體之義，說而動、動而說，為二體之義。又有取爻義者，雷震於澤中，取爻義。復有更取卦變之義者，剛下來柔上往，為卦變義。如隨之取義，尤為詳備。

【釋義】

隨之為卦，三陰順三陽而隨動，少女順長男而悅動，澤順雷而震動，皆為隨正而動。

率隨者必先正己，故以陽正陰、以長男正少女、以震正澤；又以二五正應，二五皆居中正，率隨者與隨者皆不失其正，為隨之正。

互卦艮巽，艮為仁，順止於仁，隨正之謂也。

隨：元，亨，利，貞，无咎。

【程傳】

隨之道，可以致大亨也。順隨於正，亦不失己正，致大亨之道。**君子之道，為眾所隨，與己隨於人，及臨事擇所隨，**擇正而隨：事其大夫之賢者，友其士之仁者。**皆隨也。**眾隨、隨人、隨事，與下文「從善」、「奉命」、「徙義」、「從長」，皆為隨君子之道，否則不得以元亨言。**隨得其道，**隨人而得所隨者之正道：隨陽，得陽之道；隨長男，得長男之道。然隨人而得人之道，乃是得在己之正道，如隨君子則得在己之君子道，學君子之道，習之在己，成自家君子之道，二者一而二，二而一。得在己之道，得也。**則可以致大亨也。凡人君之從善，臣下之奉命，學者之徙義，臨事而從長，皆隨也。**隨正方為隨，隨邪不得為隨；從善、奉命、徙義、從長，皆所謂隨正者。**隨之道，利在於貞正，**貞正，得義則得利。隨人而就正於人，貞己之正也。**隨得其正，**隨正而得其正，以貞己之正。**然後能大亨而无咎。失其正則有咎矣，**隨邪則有咎，隨正而失己亦不得正也。**豈能亨乎？**

【釋義】

隨正而不失己正，為隨之元亨。

內卦為長男為震，像陽剛之極正者，有善長、大亨之義，以其為善之長，而能正人，能以其貞正而利施與。外卦為少女為澤，像極柔順者，能悅順於極正者，合於義而得利之正。

貞固於長善（震也）與順德（兌也），則无咎失。無長善，順非、隨邪則有咎。

陰柔而隨，易於隨人無己，但陽能為長善之正，陰柔隨之也不失其貞。《子夏易》：「動說而隨大，亨不失其正。」隨順震之大，亨隨其大善之長，則不失其正；陰隨之而亨，也不失其正，二五各正而應隨也。

【補遺】

雷震而萬物隨正，元、亨、利、貞也。

《彖》曰：隨，剛來而下柔，動而說，隨。大亨貞，无咎，而天下隨時。

【程傳】

卦所以為隨，以剛來而下柔，自爻言，上九之剛來居於初，下於二三之柔也。自上下卦言，震下居於兌，長男下居於少女，也為剛來而下柔。動而說也，陽動陰悅，或，凡動皆悅順。謂乾之上九來居坤之下，來居坤之初爻。坤之初六往居乾之上，往居乾之上爻。以陽剛來下於陰柔，是以上下下，剛居上而下處於柔之下。第一個「下」為動詞「下處於」，第二「下」指二、三兩陰。以貴下賤，貴者降尊下處於賤地，與民共處，以民心為心。貴下賤非是擺姿態，乃是與民同心同欲，思為民除疾苦。能如是，物之所說隨也。物，下屬與民。說隨，中心悅服而隨。又下動而上說，凡「動」皆出自民意，動於下為下動，乃民動也，民順上令而動。凡民之動皆能上合於君心，君民一心，居上者悅也。動而可說也，動而出自衷心也。所以隨也。甘心隨也。如是則可大亨而得正，上下皆正而通，大亨也。能大亨而得正，則為无咎。不能亨，不得正，亨、正為一體，正則有可亨處，亨則有可正處。也有亨而不得其正，正而不得其亨者，故需區別待之。不能亨，必是「正」於錯之時而欲「正」。如共產主義風，雖是正念，但不隨時，則不能亨。不能亨，故也反證其不得正。則非可隨之道，豈能使天下隨之乎？天下所隨者時也，故云「天下隨時。」隨時而動，隨也。隨時者，順天也。

【釋義】

乾之上九來居坤之初六，剛來也；陽卑處二陰之下，下柔也。居尊高之位，能自處卑地，惻隱民之疾苦，聽取民情，與民同呼吸、共甘苦，這方是真「下柔」。上剛若下得柔，以此「動」而施政於民，則政令無不體貼民情，故上有「動」而下「說」隨，動而悅也。

動，乃指政令之出、政府諸多施為。「動」以剛，且要「下柔」，動不以剛，則凡動皆不正，剛不下柔，則不能體貼民情，與民共疾苦。

隨之動有三義：動以順正、動以順民、動以順時。動不順正，必有災殃，如日寇納粹之動。動不順民，民必犯上，如蘇聯之改革。動不順時，必不能成事，如大躍進。三者具備，方為正動、動之正。順正而不順民，如共產主義風；順民而不順正，民欲必將泛濫無節制，如美零元購、衝擊國會山，則無任何領導力。

悅，乃自心中出。政令符合民意，眾皆中心悅服而隨從。剛來而下柔，乃是動自卑出，上之「動」自民情低處出來，非是「動」從自家利欲中出來，方是「剛來下柔」真義。

貞，貞固其正。隨之正，都是自上來的，上若「剛來下柔」，下之隨順便得其正。剛居上不能下，惰政蠹民，下隨自上便歪了，助長歪風，上下豈得其正？上若能貞固其「剛來下柔」之德，則政令暢達，上行其志，下得其利，上下和順，必大亨也。

无咎，剛下柔，上則无咎。民眾隨順能下柔之剛，能隨其正，也是无咎。

上動下悅兩個都要「隨時」。有上動下悅而不隨時的，大煉鋼鐵大躍進便是不隨時，上下雖抱成一團，皆錯天時，以至三年天災人禍。天是至大的制約，上下之行都得服從。

時，代表天，代表更大的時勢、趨勢，故改開便是順時趨勢而為。

隨時之義大矣哉！

【程傳】

君子之道，隨時而動，順也。**從宜適變，**義也。理隨事變為宜。**不可為典要，**典要，常則也。無常則不改之理。**非造道之深，知幾能權者，**平時處經，變時從權。**不能與於此也。**與，參與其中，即不能行「知幾能權」之變。**故贊之曰：「隨時之義大矣哉！」**常經而權變。**凡贊之者，欲人知其義之大，玩而識之也。**玩者，體之於心，從自家身心經過、體貼此理，玩也。識之：非腦子記得；乃是念念不忘，造次必於是、顛沛必於是，務必行無二過。**此贊隨時之義大，與豫等諸卦不同，諸卦時與義是兩事。**

【釋義】

隨者，變其常經以隨時之宜，而不失其正。

【補遺】

動而悅，本有隨時之義，凡上之「動」皆體自下情。政令隨順民情，固有隨時之義，此從內部發明「隨時」之義。「隨時」尚有外部大環境：如改開雖是上下意願皆同，內隨其時，但也需隨順國際大氣候，若不與西方關係緩和，雖有如此之主張，也不得施行。

隨時之義雖有內外之別，然動皆從內出，此為根本，大則為政，小則做事，皆如此。

《象》曰：澤中有雷，隨，君子以向晦入宴息。

【程傳】

雷震於澤中，澤隨震而動，雷以時動，澤隨雷而動，隨時之義。為隨之象。君子觀象，以隨時而動。隨時之宜，萬事皆然，取其最明且近者言之。向晦入宴息，

入夜則睡，乃最明且近者。**君子以向晦入宴息**：君子晝則自強不息，及向昏晦，則入居於內，宴息以安其身，起居隨時，適其宜也。《禮》：君子晝不居內，行道於外。宰予晝寢，孔子責之，晝居內也。夜不居外，安身於內。古代夜居外者，乃穿窬之盜。**隨時之道也。**

【釋義】

君子觀「澤中有雷」，思以隨時，以向晦入宴息，順由道也。日向晦薄暮，君子入居宴息，隨天時而動。

向，薄近也；向晦，日薄近昏晦，乃入夜之時。宴，內室。入宴息，入內室休息。

或以為向通晌，則向晦，乃晌午與夜晚。宴，宴食。君子晌午宴食，夜晚休息，食與息皆有時，也隨時之義。

初九，官有渝，貞吉，出門交有功。

【程傳】

九居隨時而震體且動之主，隨時、震體、動之主，皆有動義。九謂剛。居隨時，處隨時之初。震體，居震體之下。動之主，主動者。**有所隨者也。官，主守也。既有所隨，**隨時動也。**是其所主守有變易也，故曰「官有渝，貞吉」，所隨得正則吉也。隨**正而動，吉也。**有渝而不得正，乃過動也。**動過於正。**出門交有功：門**，天下人共由之途，「出門」猶出於正道。**人心所從，多所親愛者也。**親昵其所愛者，私之也。**常人之情，愛之則見其是，**愛之，則所見皆是。**惡之則見其非，**惡之，則所見皆非。好好惡惡。好其好，惡其惡。**故妻孥之言雖失而多從，**私情而好之也。所憎之言雖善為惡也。**苟以親愛而隨之，**親其所愛而隨之。**則是私情所與，豈合正理？故出門而交則有功也。出門謂非私昵**，程子以為「出門」，乃政不出於私庭，以「門」為共由之道，故為公。《雍也》：「誰能出不由戶？何莫由斯道也。」以「門戶」為共由之道（門為雙扇，戶為單扇），故程子釋「出門」乃是由大道，出於公心。**交不以私，故其隨當而有功。**隨公而行，有功。

【釋義】

九陽自上位，下來居初，剛下柔也。剛能下柔，則剛之施政必自民心，故云「官有渝，貞吉」。政自民意出，政得其正也，故必亨通而吉。

官有渝，乃是對應震卦陽爻之動；有渝，震動也。有渝，對應「出門交有功」，為施政做事。爻辭特言「有渝」，似指初次去某地上任施政之時。渝變，

乃是指革去舊弊、作新政，乃震之象；所以，有「震動」之渝變，革除舊弊也。

貞吉，以正施政，革去舊弊，故吉。初剛居正，以正處變，貞固其始；故此便有「出門交有功」，初始施政便以正出，無懼無功。

出門，施政便是出門。官處其位、行其事，便是「出門」。古代君子出門便是做官施政，不出門為居家，或尚在讀書未出頭之時，如諸葛臥居隆中。「出門」自「貞」，出門行正道，故「交有功」。「交」，與人相處、與事交接，皆是「交」義。「有功」，成事為有功。初九下於陰柔，政自正出，體貼民情，政令暢通，出門自然交有功。

程子解讀為，「出門」為「非私昵」，施政為公也。同人初九「同人於門」，「門」為共由之路，大公之道也。意思甚好，然此處似不必如此深推，因「出門」之上有「貞吉」，若「出門」解讀為公，則兩義重疊。

《象》曰：官有渝，從正吉也。

【程傳】

既有隨而變，隨正而變其施政之策。必所從得正則吉也。所從不正，則有悔吝。

【釋義】

新政一出自正，渝變其舊政之弊，故吉。

出門交有功，不失也。

【程傳】

出門而交，非牽於私，其交必正矣，正則無失而有功。

【釋義】

出門由正，施政於民而不失其正，政令順達，能成事者，故交有功。交，出門必交於人事，乃行事施政也。

六二，係小子，失丈夫。

【程傳】

二應五而比初，五為丈夫，初為小子。隨先於近，先隨於近者，近為初。柔不能固守，然陰柔不能固守其正。故為之戒云：若係小子，則失丈夫也。若心繫小子之私，則失丈夫之正。初陽在下，小子也；五正應在上，丈夫也。親於初，比也；應於五，應也。應大於比，隨應則正。二若志繫於初，則失九五之正應，是失丈夫也。失道義

之正。係小子而失丈夫，捨正應而從不正，其咎大矣。不從道也。二有中正之德，非必至如是也，在隨之時，當為之戒也。

【釋義】

係，依附，順隨。小子為初九，小子之道不可正人，不可隨。丈夫為九五，丈夫之道可以正人，故可隨。

隨時，常順隨人情，人情常喜比近而隨。初比近於二，二乃陰柔之質，依附於外，易係隨於近，二有係小子之患，故戒之云：如依附小子，則失丈夫之正應。

二雖陰柔，然居中處正，故能不偏其正，不係小子也。

《象》曰：係小子，弗兼與也。

【程傳】

人之所隨，得正則遠邪，從非則失是，無兩從之理。正與邪、君子與小人，介然有別，不可混同。二苟係初，則失五矣，弗能兼與也。兼相與也。所以戒人從正當專一也。專一，誠也。

【釋義】

隨者，中心悅隨，誠隨也。中心悅隨，則當誠而專隨，不得兼與而又隨它。

弗兼與，告戒之辭，欲兼則不得，不得則失正。與，相與也。處隨時，相與即是陰隨陽。弗兼與，不能同時兼隨初、五。正邪、是非不兩立，故兼不可並得。

六三，係丈夫，失小子，隨有求得，利居貞。

【程傳】

丈夫九四也，小子初也。陽之在上者丈夫也，居下者小子也。三雖與初同體，初、三同為震體。而切近於四，故繫於四也。比以近為正，隨以近為宜。大抵陰柔不能自立，陰以附陽為立，女以從男為歸。常親繫於所近者。所近之陽者。上繫於四，向上係附於四。故下失於初，捨初從上，得隨之宜也，上隨則善也。從上而隨則善。如昏之隨明，事之從善，上隨也。隨正也。背是從非，背棄正道而從邪道。捨明逐暗，下隨也。隨不正也。四亦無應，無隨之者也，近得三之隨，必與之親善。故三之隨四，有求必得也。以四無應繫之故；隨時，不隨人即隨於人。人之隨於上，而上與之，與之，允其隨己也。是得所求也。又凡所求者可得也。雖然，固不可非理枉道以隨於上，隨人必以順理、由道為本。苟取愛說以遂所求。枉道非理之隨也。

愛悅以隨，從私也。**如此，乃小人邪諂趨利之為也，故云利居貞**。居貞，自處於正也。**自處於正，則所謂有求而必**—本無「必」**得者，乃正事**，以正臨事，正事也。**君子之隨也**。君子以正臨事臨人，不因隨人而自失其正。

【釋義】

隨，以隨上為正、為大。四居上為丈夫，初居下為小子。丈夫近且正大，利之所在，隨之利正；小子遠且偏失，利之所失，隨之義失；況處隨時，係上為正理，三係丈夫而失小子，人情自然。

六三陰居陽位處下之上，在他卦為不中不正；在隨時，三居震體，又處震體之上，乃是動而必欲上者，繫於上乃是其性分所為，在隨時為隨正，三隨正而不失其貞，豈有不利？

三正隨於四，四也無私應，故三有求必得，隨正而得利，於義不失，故曰居貞不失己。

《象》曰：係丈夫，志舍下也。

【程傳】

既隨於上，則是其志舍下而不從也。舍下，舍邪媚之小人而不從也。舍下而從上，舍卑而從高也，於隨為善矣。

【釋義】

係丈夫，志從正也，舍在下之小人而從在上之君子。

九四，隨有獲，貞凶。有孚，在道，以明，何咎？

【程傳】

九四以陽剛之才，處臣位之極，若於隨有獲，則雖正亦凶。臣道不可專利，四若以隨己者為有獲，則專利於己，專利則雖正亦凶。**有獲，謂得天下之心隨於己。為臣之道，當使恩威一出於上，眾心皆隨於君**。不敢自有。**若人心從己**，居功為己有，則人心歸己不歸於上。**危疑之道也**，危疑，處危地而為上所疑。**故凶**。

居此地者奈何？唯孚誠積於中，積，養也；孟子云「我善養吾浩然之氣」。**動為合於道**，動，指言貌與施政舉措。動為合於道：動不逾矩，凡所動皆不敢逾越臣道。**以明哲處之**，謂明知其分而不逾，處之而安然。**則又何咎？古之人有行之者，伊尹、周公、孔明是也，皆德及於**—無「及」**民**，德及於民而歸功於上。**而民隨之。其得民之隨，所以成其君之功，致其國之安，其至誠存乎中，是有孚也**；上下皆孚信之。**其所施為無不中道，在道也**；在，不離也，行其道不息。道，臣道也。處其分內不失，在道也。

唯其明哲，明其臣分為明。哲，亦明也。故能如是以明也，復何過咎之有？

是以下信而上不疑，位極而無逼上之嫌，謙處也。四處臣位之極，位極也。勢重而無專強一作「權」之過，專強，專權而勢強。非聖人大賢，則不能也。其次如唐之郭子儀，威震主而主不疑，亦由中有誠孚，而處無甚失也，處，以臣道臨具體之政事。非明哲能如是乎？程子以為郭子儀不能極忠之道，臣道有歉然。

【釋義】

「隨有獲，貞凶」，告誡之辭。九，剛明也；四，謙柔也。四以剛明而能謙柔，則隨有獲且大，又處近君危疑之地，有獲雖貞亦凶。

隨者，隨上為志，能隨上則有獲。四之「有獲」，乃獲下之隨己。隨時，獲天下歸心於己，而不能順隨於上，則所獲雖貞，亦凶也。四處近君之位，其上有五，五有剛明之才，四當以隨剛明之五為正、為獲，不得以下隨己為獲。

然而，四陽居陰位，能賓守臣位；有剛明之才，能任其職，故上下皆有孚信。

在道：在者，不離也；道者，臣道也。四處臣道而無須臾離位，能任其責而處其分，在道也。

四能時時不離臣道，明其臣分，故以「在道」為明。行不由道，何明之有？能明其職分而不離其道，又復何咎哉？

《象》曰：隨有獲，其義凶也。有孚在道，明功也。

【程傳】

居近君之位而有獲，其義固凶。能有孚而在道，則无咎，明道而孚信於上，非諂諛而信於上，則无咎。蓋明哲之功也。明其功非在己，功歸於上，明功也。

【釋義】

不隨上而有獲，得下之隨己而有獲，非人臣之義，其義凶也。以人臣之道而獲信於上，有孚在道也。明其職分而有大臣之功，明功也。言職分、大臣者，不僭越於九五而有其功也。

九五，孚於嘉，吉。

【程傳】

九五居尊得正而中實，中實，處中而陽，內誠信也。是其中誠在於隨善，隨二之善也。其吉可知。嘉，善也。自人君至於庶人，隨道之吉，唯在隨善，而已下應二之正中，為隨善之義。

【釋義】

嘉，嘉臣也，以二有嘉德而言；二以中正隨於五，為五之嘉臣。五能得嘉臣之信，信隨二之嘉善，故能得嘉善之臣列於朝堂，盡天下之賢才而用之，君道吉也。

《象》曰：孚於嘉吉，位正中也。

【程傳】

處正中之位，由正中之道，處，居也。由，順也。在其位而行其職。孚誠所隨者正中也，篤誠而隨從者有正中之德。所謂嘉也，其吉可知。所孚之嘉，謂六二也。隨以得中為善，隨之所防者過也，過中正也。蓋心所說隨，說悅也。則不知其過矣。悅隨於人，不知不覺而過於中正。隨之所防備者，乃過於中，因悅隨於人，常因失己之德而易於過中。

【釋義】

二、五正中而應，所孚信者，有嘉美之德也。

上六，拘係之，乃從維之，王用亨於西山。

【程傳】

上六以柔順而居隨之極，極乎隨者也。處隨之上、兌之極，極乎隨也。拘繫之，拘執捆綁。謂隨之極，如拘持縻繫之。乃從維之，又從而維繫之也，繫之又繫，則固解不可解。謂隨之固結如此。固結，言拘繫，打結牢固而不可解，已非隨道。王用亨於西山，凡亨於山者，大略皆為祭天。隨之終，隨道已喪，因下之從上已固結不可解，上下同志，萬民一心，步調一致，已無所謂隨。王於此又推至誠（用亨）於天下，隨道終矣。程子此說諸儒皆從，如朱熹、呂祖謙、來知德、陳夢雷，余以為不然，詳見下解。隨之極如是。昔者太王用此道，亨王業於西山。太王避狄之難，去豳來岐，豳人老稚扶攜以隨之如歸市，蓋其人心之隨，固結如此，用此故能亨盛其王業於西山。用上下固結之心使王業亨盛於西山。西山，岐山也。周之王業，蓋興於此。上居隨極，固為太過，然在得民之隨，與隨善之固，如此乃為善也，施於他則過矣。

【釋義】

隨之道：下隨上、陰隨陽，自願而隨，不能用強，悅而隨上、隨陽也。上六陰柔，居隨之終，處無位之地，隨道之終，無人悅隨也。無悅隨，故自外而拘執之、捆繫之，又從而維繫之，強使之隨己，其道窮也。

處隨極之時，人心離散，若欲人隨己，當「王用亨於西山」——必以敬順

上帝之篤誠心，方能來附遠人，遠人將悅隨於己。若拘繫之而強使隨己，非中心悅從，隨道窮矣。

余按：「拘繫之，乃從維之」，《詩·白駒》云：「皎皎白駒，食我場苗。縶之維之，以永今朝。所謂伊人，於焉逍遙？」拘繫之白駒，是來我場而食我苗者，本固有隨我之心，只是處隨之終，隨心離散而不專，當拘繫而維之，且敬之以亨天之誠，使之心專隨於我。

上六，乃周公記武王誅紂之時乎？殷初滅，殷民大有不服者，故拘繫殷民而維之，又武王親用亨於西山，示至誠之道於殷民，欲其臣服於周而隨順天下之大道也。

或者，「王用亨於西山」，乃是解讀「拘繫之，乃從維之」。處隨極之時，欲使人隨己，則必極其虔誠，乃至於「用亨於西山」，欲固結其隨，以「拘繫」言其「用亨」之勉力也。

【補遺】

《周易乾鑿度》：孔子曰：「隨上六拘繫之，乃從維之，王用亨於西山，隨者二月之卦，隨德施行，藩決難解。萬物隨陽而出，故上六欲待九五，拘繫之，維持之，明被陽化而陰欲隨之也，譬猶文王之崇至德，顯中和之美，拘民以禮，繫民以義，當此之時，仁恩所加，靡不隨從，咸悅其德，得用道之王，故言王用亨於西山。」

與《象》「上窮」之義相反，上六被九五感化而隨從之。易之道非一定不移，莫一爻此時為此義，彼時或又成彼義，皆隨時變化，不主於一。此一時孔子對此爻有如此看法，彼一時孔子對此爻有另一種看法，皆隨時變易，非固執不變。這與西方確定不變的真理有本質之區別，蓋國人認為道在己，非在外，道在己則隨己之進德修業及所處之時之地而有改易。

《象》曰：拘繫之，上窮也。

【程傳】

隨之固如拘繫維持，隨道之窮極也。 程子以為，上六與其隨者固結不可解，已無隨道。因隨道乃隨者之自家悅從，可以隨可以去，若固結不可解，則隨而不可以去，則無隨道，程子以此解讀「上窮」，上六窮於隨道。

【釋義】

處隨之終，只能拘繫而隨，不能悅隨，上窮也——悅順之道不行於上六也。

䷑蠱卦第十八　巽下艮上

【程傳】

蠱，《序卦》：「以喜隨人者必有事，隨以衷心悅隨，若喜隨則有事。喜隨者，喜從在外也。逐於外則有事，蠱也。故受之以蠱。」積惰成蠱。承二卦之義以為次也。程子以為「喜隨」為豫、隨二卦。夫喜悅以隨於人者，必有事也。喜悅則心放而不收，隨人則惰不自立，心放而惰，事荒成蠱。無事，則何喜，何隨？蠱所以次隨也。

蠱，事也。事之常序亂了，為蠱。蠱非訓事，蠱字不可訓為事，蠱壞則有事。蠱乃有事也。有事與治事，皆為有事。

為卦，山下有風，風在山下，遇山而回則物亂，回即旋，風旋無序則亂物，是為蠱也。是為蠱象。蠱之義，壞亂也。序亂為壞。在文為蟲皿，蠱之構字有蟲有皿。文，字也。皿之有蟲，蠱壞之義。器皿久不用，則蟲居之，謂蠱。

《左氏傳》云：「風落山，落，在下也。風行山下，迴旋亂物。女惑男。」以長女下於少男，長女少男非正配，長女誘惑之，蠱也。亂其情也。長女主導情愛，亂少男之情。風遇山而回，物皆撓亂，風遇山，不得進又不願止，迴旋則所行失序，故亂。是為有事之象，故云蠱者事也。既蠱而治之，亦事也。既蠱，既已成蠱。以卦之象言之，所以成蠱也；以卦之才言之，所以治蠱也。

【釋義】

皿中生蟲，不可盛物，為蠱。《左傳》云：「於文皿蟲為蠱，穀之飛亦為蠱。」器生蟲不得用，穀生蟲不得食。《說文》：「蠱，腹中蟲也。」三蟲生於器腹之中——蠱，不可用也。

從卦序看，蠱前為隨，隨人便不得自立、反正，不用自家珍饈，懷珠不用，拖延惰政，則事敗而蠱生矣。國人革命隨蘇聯，陳獨秀、王明追隨蘇聯，自家不立，蠱壞了；建設也隨蘇聯了，也蠱壞了。共產黨人治蠱時，搞了山溝里革命，農村包圍城市，革命成功了；建設搞了特色社會主義，國家富強了，此皆是反本順正，自己立定反思，方剎住蠱壞。人喜隨人宴樂，放了心不自反，怠惰慣了、馳放慣了，豈不生蠱？故知，隨後有蠱，隨而不知反就有蠱生。

隨人便怠惰，怠惰便壞事，壞事則內亂，如三蟲內鬥成蠱。程子說，風遇山而回，物皆擾亂。風前行不了，做不得它自家分內事，己不正而行諸於人，必亂人事，故風回則亂。事壞了一定生內亂。

蠱，元亨，利涉大川。

【程傳】

既蠱則有復治之理。蠱、治互為根。**自古治必因亂**，因，因循、踵後也。**亂則開治**，開啟也。**理自然也**。萬事無不循環，自然之理。**如卦之才以治蠱，則能致元亨也**。蠱之大者，蠱者，治蠱也，非陷於蠱而不治，故其「大」必與「亨」關聯。**濟時之艱難險阻也，故曰利涉大川**。

【釋義】

蠱從字面上看，多為不好，卦辭卻大好。

卦辭之作疑為殷周之際，紂將亡，周欲齊平天下之時。卦辭者眼光深邃，穿過黑暗，所見皆光明，若洞見治後之元亨盛景，故發出「利涉大川」之號令。若是殷商中人，如微子、比干、箕子等諸人皆身處王室，與紂共命運，囿於蠱中，只看到子氏家族頹敗，看來看去都是腐的、壞的、灰暗的，自家命運也如此，遠遁的、被殺的、佯狂的，也是黑的、暗的、悲觀的，看到的都是蠱壞。

「元亨，利涉大川」，口氣有帝王氣象，看的他視野廣闊，前瞻性強。他從蠱亂局面穿過去，放眼看太平將至，故他只講大亨在前，要勇字當先，涉了大川，便一路平川的亨通，鼓舞人大膽去行大事。

程子解蠱，也落在「治蠱」上，與卦辭作者一般想法，只往前看，看涉了川見了亨。若只是在蠱中打轉，越看得悲觀，如何出蠱？君子行其所當行，雖處蠱亂之世，治蠱之心一日不可停息，艱阻在前，雖千萬人吾往矣。

自積極之態看蠱：內巽外艮，巽者謙遜於禮，艮者止於仁義：內以遜讓，外以仁義，謙讓而行止於仁義，天下人必來歸我，我又何處不亨通？故其亨為大，有所政令而無所不達，利涉大川也。

先甲三日，後甲三日。

【程傳】

甲，用甲，慎始也。**數之首，事之始也**，如辰之甲乙。甲第，科舉第一。甲令，第一法令。**皆謂首也，事之端也**。

治蠱之道，當思慮其先後三日，蓋推原先後，為救弊可久之道。先三日以準備、策劃，後三日以整頓、總結。**先甲謂先於此**，先於甲日。甲日之前三日。**究其所以然也**。**後甲謂後於此**，甲日之後三日。**慮其將然也。一日二日至於三日，言慮之深，推之遠也。究其所以然，則知救之之道；慮其將然，則知備之之方。善救則前

弊可革，革弊，治蠱也。善備則後利可久，利久，慮周也。此古之聖王所以新天下而垂後世也。定制度以新天下。

後之治蠱者，不明聖人先甲、後甲之誠，慮淺而事近，慮事不遠為近，只觀近之事。故勞於救世而亂不革，隨事而救弊，不能革除其根因。功未及成而弊已生矣。

甲者事之首，庚者變更之首。制作政教之類，則云甲，舉其首也。作制度。發號施令之事，則云庚，庚猶更也，有所更變也。

【釋義】

先甲後甲，臨事而慎，懼不慎而蠱壞生。

涉大川做大事，要有前期準備，如搬家前要打包，先甲三日也；後期還得整頓，如搬家後安排對象，後甲三日也。《子夏易》：「先甲三日者，辛、壬、癸也。後甲三日者，乙、丙、丁也。」古人以天干地支記曰：甲、乙、丙、丁、戊、己、庚、辛、壬、癸。先甲三日，即甲日之前三天：辛日、壬日、癸日。後甲三日，即甲日之後三天：乙日、丙日、丁日。

甲日那天過河，先甲準備，後甲整頓，當有卜日之舉，如今天要擇黃道吉日。

有說，先甲三日特指辛日，甲日之前第三天；後甲三日特指丁日，甲日之後第三天。鄭玄：「先甲三日，後甲三日。甲者，造作新令之日。先之三日而用辛也，欲取改過自新之義。後之三日而用丁也，取其丁寧之義。」先甲三日，「辛」同「新」，取自新改過，「用辛也」。後甲三日，取「人丁」之「丁」，族人皆已涉川，清查人口，宣告人丁安寧，「用丁也」。朱熹也取此說：「先甲三日，辛也。後甲三日，丁也。」其他如集氏：「先甲三日，殷勤告戒。後甲三日，丁寧宣布。」「丁」恐非「叮嚀」之「叮」。

《彖》曰：蠱，剛上而柔下，巽而止，蠱。

【程傳】

以卦變及二體之義而言。剛上而柔下，卦變：上是動詞，上往；下也是動詞，下來。謂乾之初九上而為上九，初九上行至上九。坤之上六下而為初六也。上六下來至初六。陽剛，尊而在上者也，陽當尊高在上。今往居於上；往而得正。陰柔，卑而在下者也，當卑處於下。今來居於下。剛柔各處正位。男雖少而居上，女雖長而在下，尊卑得正，上下順理，序正也。治蠱之道也。由剛之上、柔之下，變而為艮巽。蠱由否變而來：坤變為艮，乾變為巽。艮，止也。止在仁義上，即所行皆在仁義。巽，順也。順艮，即順在仁義上。下巽而上止，下能巽順，上能剛止於道義，上下齊心在道義

《伊川易傳》大義通釋

上，必能大治蠱亂。**止於巽順也。**程子解讀「下巽上止」為「止於巽順」，以為蠱以下亂上，故以巽順治蠱。**以巽順之道治蠱，是以元亨也。**

【釋義】

剛往行至上，柔下來居初，爻雖不正，然剛上柔下，陰陽得正，蠱得而治。內巽於禮，外止於仁，巽而止，外剛以立則，內巽以謙讓，亦可治蠱。

程子從好處解，男尊女卑，陽上陰下，序正則順亨，上下齊心於道義，自能治蠱。《子夏易》云：「時之蠱，而事繫之，不可以無制作也。剛升而上，柔來而下，剛柔兩得其情，大通而柔伏也。」「制作」乃平天下初始，革舊弊定制度，治蠱也。

朱熹從壞處解：「『巽而止，蠱』，卻不是巽而止能治蠱。『巽而止』所以為蠱。趙德莊說，下面人只務巽，上面人又懶惰不肯向前；上面一向剛，下面一向柔，倒塌了，這便是蠱底道理。」下面人只往上看，全巽讓，不奮進；上面人又宴息不為，政事便廢弛，成了蠱。在一人身上，在內巽隨人，在外懶做事，積弊橫生，便成蠱。

程子與文王孔子一脈相承，格局比朱熹高遠。朱熹處於南宋，看到諸多「無道極了」，心總是灰暗，他看蠱，看到蠱壞，照出所處之世灰暗來。

【補遺】

蠱壞雖在內，然秩序也壞了。上卦本是坤，蠱時，一味子順，不去作為，便壞得不可收拾，「剛上」則是克止了「順」不作為，重立規矩，規範責任，整頓秩序。

蠱，元亨而天下治也。

【程傳】

治蠱之道，如卦之才，少男長女序順。則元亨而天下治矣。夫治亂者，苟能使尊卑上下之義正，在下者巽順，在上者能止齊安定之，民止於善，齊民而安定之。事皆止於順，則何蠱之不治也？其道大善而亨也，如此則天下治矣。

【釋義】

蠱從泰來：泰是順隨極了，必生蠱，蠱生了要治，治蠱就在蠱中：「剛上而柔下」，便是治法，能理順剛上柔下，便元亨而天下治。

「剛上而柔下」，是動中生蠱，也是動中治蠱，一亂一治，都在其中。看的它亂，是蠱，如朱熹這般；看的它治，是亨，如程子這般。

－248－

元亨有兩因：艮上巽下，陰陽順也；陽往居上，居震上又處艮止，一震而天下奮作，止則息止蠱壞，積久之蠱得以清治。

利涉大川，往有事也。

【程傳】

方天下壞亂之際，宜涉艱險以往而濟之，是往有所事也。有事，治蠱也。

【釋義】

大川為界，川兩邊事異，乃新制、舊制之不同。「涉」過便是「往」，「往」乃弘道，自家主動。初九自下而往，上行過分界，行居至高，往治天下之蠱，開新面目，故他不居蠱，越界了作制，一新天下。

上九處變蠱之時，「變」便是「往有事」。有事，止蠱作制也。

先甲三日，後甲三日，終則有始，天行也。

【程傳】

夫有始則必有終，既終則必有始，蠱、治循環也然。天之道也。天道，只是四季循環不忒，人效法之，終始往復，不改其道。聖人知終始之道，故能原始而究其所以然，原始，追究其初始之因。要終而備其將然，「要」為推究之義。先甲後甲而為之慮，所以能治蠱而致元亨也。

【釋義】

先甲後甲，有始有終，終始循環，如天運而四時成，四時往復不已：蠱治則亨通，亨亡則蠱生；亨中戒其蠱生，蠱中看到亨治；原其始反其終，故云「終則有始，天行也」，順天之行也。

終則有始，本是天行如此，《象傳》更強調以天行之道終始於事，先甲後甲皆如此，故終則恒有其初始之心，終始皆本末一貫，敬事終始，不失其恒德篤厚也。

《象》曰：山下有風，蠱。君子以振民育德。

【程傳】

山下有風，風遇山而回，風不能直行其道，迴旋無所出，則亂物。則物皆散亂，故為有事之象。事不順，不由其序，有事也。君子觀有事之象，以振濟於民，養育其德也。篤厚民生養之本，又從而教育之，敦厚其俗也。在己則養德，於天下則濟民，君子之所事，無大於此二者。養德濟民一以貫之，本末順序而已。

【釋義】

山下有風，遇山而旋，旋則亂物，物亂為蠱。民在蠱亂之世，君子當振作之，救之於水火，革去怠惰舊習，使之從新君從新政，養之教之，使率皆從善。

【補遺】

互卦兌震，震有「振作」象，君子振作則民悅從，君子振民育德也。山主仁，君子之象，君子之德風，君子自壞了，則其教化之風迴旋亂民，故當自振作以育民。蠱言壞，當是自君子自家蠱壞，非可遷涉於百姓。民只是作他的事，做不成了都是自上來的，故蠱自上來，爻辭幹父幹母之蠱，皆明蠱壞本自君子。

初六，幹父之蠱，有子；考无咎，厲終吉。

【程傳】

初六雖居最下，成卦由之，蠱之所以成卦，乃順由初六之義。有主之義。居內在下而為主，子幹父蠱也。幹，能任事，義理上可訓為「治」。子幹父蠱之道，能堪其事則為有子，堪任治父之蠱，則方可謂人子。而其考得无咎，因能善治父之蠱，父雖亡於地下，則无咎也。不然則為父之累，故必惕厲，惕其厲，不可忽易，戒懼終始。言為父治蠱，當戒懼惕厲，不敢有絲毫之忽怠。則得終吉也。處卑而尸尊事，尸尊事，代父行志也。自當兢畏。兢通兢。兢於其事而畏惕之。以六之才，雖能巽順，體乃陰柔，在下無應而主幹，非有能濟之義。質柔難任大事。若以不克幹而言，不克幹，不能勝任。則其義甚小，故不言柔弱難任，而專言子治父之蠱。故專言為子干蠱之道，陰柔任重，嘉其恒能惕厲之心，其義甚大。必克濟則不累其父，不使其泉下之父因蠱而累其名聲。能厲則可以終吉。厲，言常具危惕之心。戰戰兢兢，如臨深淵，則為「能厲」。乃備見為子干蠱之大法也。幹父之蠱而常危厲之，則子為父治蠱之法全備矣。

【釋義】

幹，樹之主幹，枝葉依附之，喻能任大事者；作動詞，任治也。有子，稱許之，父有其子也，謂能為父治其蠱，善繼父志，可當孝子之名。

考无咎：克治父之蠱，父復得善名，故无咎。

厲終吉：未治之前為厲，既治之後為吉，言終當吉也。

初六陰柔卑處，才弱力薄，且上無應助，其治蠱之途險阻，危厲常伴，故當兢畏奮力，自任剛勇，不可一時忽怠而使父受蠱累也。

虞翻：「幹，正。」能治蠱亂之事，使復得其正，義也通。

《象》曰：幹父之蠱，意承考也。

【程傳】

子幹父之蠱之道，意在承當於父之事也，故祇敬其事，<small>如敬事鬼神而敬其事。</small>父亡，故用「祇敬」一語。以置父於无咎之地，常懷惕厲，<small>懷惕厲，敬事也。常者，不息其敬。</small>則終得其吉也。<small>治蠱之終而吉順。</small>盡誠於父事，吉之道也。

【釋義】

孝子以意承繼父志，當代父克治其蠱，但不必事事與父盡同，事變時異，必有損益。當推究父意，祇敬惕畏，克盡子責，「以置父於无咎之地」，意承考也。

九二，幹母之蠱，不可貞。

【程傳】

九二陽<small>一本「以陽」</small>剛，為六五所應，是以陽剛之才在下，而幹夫在上，<small>九三幹父。</small>陰柔之事也，故取子幹母蠱為義。<small>程子釋九二何以取幹母之義：應六五，承九三幹父。</small>以剛陽之臣，輔柔弱之君，義亦相近。<small>剛明輔弱主，義同幹母。</small>二巽體而處柔，順義為多，幹母之蠱之道也。<small>九二剛居柔中，順也；又處巽體，又順也，故言順義為多，以之幹母之蠱。</small>夫子之於母，當以柔巽輔導之，<small>幹母之蠱，當巽順慈母之道，故輔之以柔巽。</small>使得於義。<small>合幹母之義。</small>不<small>一本作「不母」</small>順而致敗蠱，<small>順，順其顏色也，非謂順其蠱事。蠱不得治，謂敗蠱。</small>則子之罪也。從容將順，豈無道乎？<small>從容言寬也。寬裕其懷而順承母意，以治母之蠱，豈無其法也。</small>以婦人言之，則陰柔可知。若伸己剛陽之道，遽然矯拂則傷恩，<small>不能從容而寬裕也。遽然，急促也；矯，糾正也；拂，不順也。</small>所害大矣，亦安能入乎？<small>入，言承順慈母之意，故能為母所接受。</small>在乎屈己下意，<small>在乎：治母之蠱，所在於。</small>屈己剛貞，下承母意。<small>巽順將承，巽順母意，以承治其蠱事。</small>使之身正事治而已，<small>雖屈己，不可屈道而離正。</small>故曰不可貞。<small>不可偏用剛。謂不可貞固，盡其剛直之道，</small>如是乃中道也，又安能使之為甚高之事乎？<small>盡其剛直，雖為中道，但不可行遠。</small>若於柔弱之君，盡誠竭忠，致之於中道則可矣，又安能使之大有為乎？且以周公之聖輔成王，成王非甚柔弱也，然能使之為成王而已，守成不失道則可矣，固不能使之為羲、黃、堯、舜之事也。二巽體而得中，是能巽順而得中道，<small>非剛猛而得中道。</small>合不可貞之義，<small>二巽體而中，能合於不專任剛之義。</small>得幹母蠱之道也。

【釋義】

九有剛明之才，能治蠱；但治母之蠱不得一任剛勇，以傷母恩。楊啟新：「子幹母蠱，易於專斷而失於承順，故戒以不可貞。」蘇軾：「二以陽居陰，有剛之實，而無用剛之跡。」當剛柔並至，不可專任剛，故言不可貞守其剛也。九居陰位又處中，能為「不可貞」，而非獨任其剛。

幹母之蠱，巽順而不離中道，不持剛而明也不失，能曲成其事。

貞，謂貞固其剛，專任剛也。九二剛居柔中而體巽，本非過剛，爻辭又戒之「不可貞」，敬慎之至也。

《象》曰：幹母之蠱，得中道也。

【程傳】

二得中道而不過剛，居柔處中，不過剛也。幹母蠱之善者也。以剛治母之蠱，可矣，但未盡善。

【釋義】

初戒勿柔，當奮進；二本剛明，又治母蠱，當用柔中。得中道，得益於中道，處得中道故能克治母之蠱。

九三，幹父之蠱，小有悔，无大咎。

【程傳】

三以剛陽之才，居下之上，主幹者也，剛居下之上，能任事，主幹者也。子幹父之蠱也。以陽處剛而不中，三為剛位。剛之過也。重剛而不中。然而在巽體，體順也。雖剛過而不為無順。順，事親之本也。又居得正，自處正也。故無大過。以剛陽之才，克幹其事，克，能也；幹其事，治蠱成也。雖以剛過，而有小小之悔，終無大過咎也。以治蠱而成，故大過咎也。然有小悔已，承意未能盡也。非善事親也。

【釋義】

剛居正而巽體，剛能任事，巽能承意，三雖重剛而不中，有過剛之弊，然體巽而處正，能任事治蠱，故小有悔而无大咎也。

《象》曰：幹父之蠱，終无咎也。

【程傳】

以三之才，幹父之蠱，雖小有悔，過剛也。終无大咎也。治蠱成也。蓋剛斷能幹，不失正而有順，居正而體巽。所以終无咎也。

【釋義】

任事而成，且能遜順，小有過，終无咎也。

六四，裕父之蠱，往見吝。

【程傳】

以陰居陰，柔順之才也。所處得正，_{四為柔位。}故為寬裕以處其父事者也。夫柔順之才而處正，僅能循常自守而已，若往幹過常之事，則不勝而見吝也。以陰柔而無應助，往安能濟？

【釋義】

陰柔居正，柔質非能幹事，以治父蠱，唯見其寬緩其事而不能克治，增益蠱禍，強而為之，則蒙羞吝，往見吝也。裕，緩也。裕父之蠱，緩其父蠱而不能克治。

四柔居正，陰柔本為雌伏，守成尚可，若往而從事，則力所不逮。往，言出離其正而往治，不見本事，徒見羞吝。見，被也。吝，此處專言力不足而欲治父蠱，則有羞吝。

劉彌邵云：「強以立事為幹，怠而委事為裕。事弊而裕之，弊益甚矣。蓋六四體艮之止而爻位俱柔，夫貞固足以幹事，今止者怠，柔者懦，怠且懦，皆增益其蠱者也。持是以往，吝道也，安能治蠱耶？」

《象》曰：裕父之蠱，往未得也。

【程傳】

以四之才守常，居寬裕之時則可矣，_{政寬而民裕也。}欲有所往，則未得也。_{往而有事，則離位而折鼎足，不能成事。}加其所任_{一本作「如有所往」}，則不勝矣。柔質之才，本不勝任，行出位之事，豈可成事乎？

【釋義】

陰居柔位，才質不足以治蠱，往而治之，則未能遂其志。往，往治父蠱，變其常道而離位也。

六五，幹父之蠱，用譽。

【程傳】

五居尊位，以陰柔之質，當人君之幹，_{處人君幹蠱之位，不治己蠱，則治先君之蠱。}而下應於九二，_{二五陰陽正應。}是能任剛陽之臣也。_{處兌體而居柔中，則能寬以任}

賢。雖能下應剛陽之賢而倚任之，然己實陰柔，_{六五本為陰柔。}故不能為創始開基之事，_{創始開基，言制禮樂定制度。}承其舊業則可矣，故為幹父之蠱。_{僅能修補舊秩，承其父業，不能創制也。}夫創業垂統之事，_{先王之業。}非剛明之才則不能。繼世之君，雖柔弱之資，苟能_{一本作「能信」}任剛賢，則可以為善繼而成令譽也。_{任賢為善繼，任賢有美譽。}太甲、成王，皆以臣而用譽也。_{太甲用伊尹，成王用周公，皆任賢而成王業之美譽。}

【釋義】

六五乃繼世之君，為新政之始，然陰柔居中，不可獨立治蠱，若能下應剛明之臣，柔而能用剛者，則能借臣之輔弼而幹父之蠱，用賢而得令譽也。

荀爽云：「體和應中，承陽有實，用斯干事，榮譽之道也。」體和，五處兌體，體悅而能和於眾。應中，五自中又應於二。承陽有實，承九二剛中有實之道。義也通暢。

五較四多一分用剛，較三多一分用柔，剛柔適中，只是他的剛非自家擅有，乃借賢臣之力，榮君尊位，善用下賢，亦為明君。

《象》曰：幹父用譽，承以德也。

【程傳】

幹父之蠱，而用有令譽者，_{用賢則有令譽。}以其在下之賢承輔之以剛中之德也。

【釋義】

五所以可以幹父之蠱，承以德也。承，承六二剛中之德。何以承之？寬柔居中也。

上九，不事王侯，高尚其事。

【程傳】

上九居蠱之終，無係應於下，_{不係五，不應三。}處事之外，_{自處政事之外。}無所事之地也。_{不居位行政也。}以剛明之才，無應援而處無事之地，是賢人君子不偶於時，而高潔自守，_{偶，合也。不偶於時，不合於時，不為王者用。}不累於世務者也，_{自高其道，潔身自守，不累於世也。}故云「不事王侯，高尚其事。」_{王，天子也；侯，諸侯也。不事奉王侯也。}古之人有行之者，伊尹、太公望之始，_{伊尹、太公初不事王事。}曾子、子思之徒是也。不屈道以徇時，_{徇時，逐波而流也。}既不得施設於天下，_{施設：施其籌劃抱負，行道也。}則自善其身，尊高敦尚其事，_{尊高其道，不屈道求用。}

其事者，隱者之志也。守其志節而已。士之自高尚，自高尚：篤守其道，自尊而不屈徇於世，貞固而不改。亦非一道：有懷抱道德，不偶於時，而高潔自守者；諸葛在隆中之時。有知止足之道，退而自保者；有量能度分，量能度分，自明也。安於不求知者；不求為人所知。有清介自守，不屑天下之事，獨潔其身者。老莊之類。所處雖有得失小大之殊，皆自高尚其事者也。《象》所謂志可則者，則，效法也。進退合道者也。

【釋義】

幹父、幹母之蠱，皆為臣、子分內事。上九不居位，下無係應，處無事之地，乃遠離於政壇，退居為順民，晦藏修其德，高尚其事而已，故「不事王侯」，義無承當干蠱之責也。

初至五皆言治蠱，唯獨上不言蠱。上九居艮之上，蠱治而亂止，治蠱之事已畢，功成身退，高尚其事。蠱之諸爻皆不言蠱壞，只言治蠱，大約為周初之事。及至上九之時，則天下平定了。

上九也可為周初隱逸之民，如伯夷叔齊，不事王事，自不去治蠱。

《象》曰：不事王侯，志可則也。

【程傳】

如上九之處事外，不累於世務，不臣事於王侯，蓋進退以道，用舍隨時，用舍：「用之則行，舍之則藏」，道行天下則用，道不行則舍而藏之。非賢者能之乎？其所存之志，可為法則也。

【釋義】

上九雖不為君治蠱，但能修德敬業，高尚其事，樂其道，不為時俗所遷，故其志可為眾人法則。

【小結】

卦辭、彖傳都是要放遠未來，作新制，專治紂王之蠱，舊惡盡除，開闢新天下。爻辭不同，都是子治父母之蠱，敬順為主，乃是周公治成王之蠱乎？

周易上經下・卷三

䷒臨卦第十九　兌下坤上

【程傳】

臨，《序卦》：「有事而後可大，故受之以臨。」臨者大也，<small>兩剛居內為大，以剛正臨坤眾，臨者大也。</small>蠱者事也，<small>治眾人事。</small>有事則可大矣，故受之以臨也。

韓康伯云：「可大之業，由事而生。」<small>大小之事集聚，而漸成大業。</small>二陽方長而盛大，<small>陽處初二之位，漸長而為盛大。</small>故為臨也。

為卦，澤上有地。<small>澤上之地，岸也，與水相際，</small><small>際，交也。</small><small>臨近乎水，故為臨。</small>天下之物，密近相臨者，莫若地與水，故地上有水則為比，<small>取地近水之義。</small>澤上有地則為臨也。<small>取水臨岸之義。</small>臨者，臨民、臨事，<small>臨民即臨民之事，民與事非二，不可有君之事，復又有民之事，君無私事，民事即君事，如此方可臨民。凡所臨皆是。</small>在卦，取自上臨下、臨民之義。<small>自上臨下，兩陽卻處卑下，謙以臨之也。</small>

【釋義】

澤水相比，近之象；坤眾，大之象，坤為民眾，民眾之事即大事；陽漸盛而臨於群陰，治眾之象。臨者，近也，大也，臨大事而治之，大事必有眾，臨大事則臨眾也。

為卦，兩陽居內，漸長而盛，且處兌體，內悅和也；三陰在外，為順為眾，體順而眾隨，內盛而悅和，外眾而順隨，處盛世而上下和悅，大亨之象。

臨之兩陽雖漸長而盛大，然初剛居正而處卑，二居柔中而處下，兩剛皆卑處其下而為悅體，故不宜解讀為陽剛以盛大之勢君臨群陰，如此驕盛，以治天下，豈能致大亨乎？朱熹以為：「臨，進而凌逼於物也。二陽浸長以逼於陰，

故為臨。」卦象雖如此，但為政如此，君臨逼百姓，何能服眾？臨下治眾必以寬，取兩陽卑處又居兌，義為永長。陽漸盛，也只取君子道長小人道消。

臨之卦象為澤上有地，地、水比臨，切比無間，象君、民相臨，親比無間。君臨治百姓事，當極其精誠，與民心心相通，同德共利，甘苦與共，民自當順悅。為政者，臨民事越勤、越敬、越無間隔，民也臨君也越親、越順、越無間隔，君道也漸長大。

岸上生物，水滋之也；君道漸長，民助之也。不臨，何以成之？

內悅外順，君民相臨；親比無間，臨事則治，自然而成，元亨利貞，臨之大者。

臨：元，亨，利，貞。

【程傳】

以卦才言也。<small>剛浸而長，說而順。</small>臨之道如卦之才，則大亨而正也。

【釋義】

兩陽漸盛於下，元也；四陰順隨於陽，亨也；以此為政，其義正順，無所不利，利貞也。

臨者兌下坤上，內悅外順，則政令通達；政令通達，則萬事和順；萬事和順，則國泰民安；國泰民安，即元亨利貞。

至於八月有凶。

【程傳】

二陽方長於下，<small>方長，其勢不已。</small>陽道向盛之時，<small>二陽生於下為「向盛」，三則盛極。</small>聖人豫為之戒曰：陽雖方長，至於八月，<small>陽始生於《復》，至《遯》始消，歷八個月。</small>則其道消矣，<small>道，陽之道。消，退也。</small>是有凶也。<small>剛道阻為凶，物將不生，陰將生也。</small>大率聖人為戒，必於方盛之時。<small>方盛而慮，預於幾。</small>衰則可以防，其滿極而圖其永久，若既衰而後戒，亦無及矣。自古天下安治，未有久而不亂者，蓋不能戒於盛也。<small>於幾時而戒備。</small>方其盛而不知戒，故狃安富而驕侈生，<small>狃，因襲而難改。</small>樂舒肆則綱紀壞，<small>舒與束對，舒，放；束，約。放而不束則肆。舒肆其樂，上下皆僭禮逾位，則綱紀崩壞。</small>忘禍亂則釁孽萌，<small>釁孽，爭端叛逆。</small>是以浸淫不知亂之至也。<small>浸，言其漸也；淫，言其僭也。浸淫，僭越漸浸於正，人習於此，故不知亂之已至。</small>

【釋義】

陽始生於《復》，至《遯》始消，歷八個月，故至於八月，兩陰起於下而

有凶也。凶者，在天為物不生，在人為事不順。事極順必至於不順，故為之早備，凶未至而先慮之。

陽自初浸漸至於二，陽方盛大；陽行於三位為滿，陽盛極於內，故聖人於將滿之時，慮其衰敗而備之，戒之曰：「八月有凶」。

凡事不預則廢，先慮之則能預；天道循環，盛衰相因，固當有此惕戒。

《彖》曰：臨，剛浸而長，說而順，剛中而應，大亨以正，天之道也。

【程傳】

浸，漸也。陽浸於陰，其道為漸，天道漸盛也。二陽長於下而漸進也。漸進，方有次序，天地之禮也。人道失其漸進之途，必有妖妄生，必背離仁道。下兌上坤，和說而順也。順自悅來，中心順也。上以和待下，下必悅順。以「和」治天下，即以仁民、安民之心治天下，故下必順服。剛得中道而有應助，二，剛道得中，五為其應助。五應助於二，二也應助於五。是以能大亨而得正，四陰應助二陽，大亨；二五中道而正應，得正也。合天之道。天之道，陰順陽也。剛正而和順，天之道也。天之道，以陽處正，陰順承之。化育之功所以不息者，剛正而和順而已。陽能剛正，陰自能和順。在人，上能剛正，民自能和順，民之不順必自上不能剛正。以此臨人、臨事、臨天下，臨者，先求諸己，正己而後臨人。《禮記・哀公問》孔子答哀公何為敬身：「君子過言，則民作辭。過動，則民作則。」君子行不正，民必傚之，故上臨下必先正己。曾子曰：「君子所貴乎道者三：動容貌，斯遠暴慢矣；正顏色，斯近信矣；出辭氣，斯遠鄙倍矣。」君子唯有先正己，而後臨人則見信而斯遠暴慢、鄙倍矣。莫不大亨而得正也。兌為說，說乃和也。夬彖云：決而和。

【釋義】

剛浸於陰而漸長，陽長大而漸逼於陰，君子之道長，小人之道消，治道順也。從人事言，剛所以漸長者，乃政令通而民悅順也。民所以悅順者，以君子下居於民，剛處中道而能順承民意，應民志也。君子順承民志，其臨必大，其道必亨。居中而行陽剛，其道正也；道正，乃由順於天。

臨卦，兩陽處漸盛之態，又居四陰之下，萬物順遂其道而生生不息，此為天之道。君子由之，謙臨其民，大亨以正。

至於八月有凶，消不久也。

【程傳】

臨，二陽生，陽方漸盛之時，故聖人為之戒云：陽雖方長，然至於八月則消而凶矣。八月，謂陽生之八月；陽始生於復，自復至遯，復為陰十一月建子，遯

為陰六月建未，陽之生長首尾共八月，故稱「八月謂陽生之八月」。**凡八月，自建子至建未**
也，建子，農曆十一月；建未，農曆六月。**二陰長而陽消矣，**遯卦兩陰在下，四陽在上，
小人漸盛而君子道消。**故云消不久也。**兩陰在下，九三之陽將不久消亡於內也。**在陰陽之**
氣言之，則消長如循環，自爻位言，爻在外卦為消，在內卦為長。**不可易也。**消長循環，
不可更改。**以人事言之，則陽為君子，陰為小人，方君子道長之時，聖人為之誡，**
使知極則有凶之理而虞備之，陽極盛則有陰生之凶。**常不至於滿極，**使君子道盛而常，
不至於滿極而轉衰。**則無凶也。**

【釋義】

天道自建子，陽始復歸，至建未，陰始復來，凡共八月。臨卦在周為二月，
自復至臨，陽已過半，故云陽之「消不久也」。自遯之後，陽退而陰進，生物
之機漸將閉息。治亂循環也復如此，盛治之中必有危機，故於臨之初時戒之「有
凶」。

凶者，不順也；在物，不能順長為凶；在人，事不能順成為凶。

《象》曰：澤上有地，臨，君子以教思無窮，容保民無疆。

【程傳】

澤之上有地。澤，岸也，兌澤、坤岸，澤岸互臨。**水之際也。**水際則為岸。**物之**
相臨與含容，無若水之在地，故澤上有地為臨也。君子觀親臨之象，則教思無
窮。澤岸相臨不間息，無時不臨，君子觀之，思教民無間息，無時不教思也。**親臨於民，則**
有教導之意思也。教之以孝悌，導之以仁義。**無窮，至誠無斁也。**斁，懈怠也。**觀含**
容之象，地臨水，周而無已，無不含容。**則有容保民之心。無疆，廣大無疆限也。**
無疆，地之德。含容之廣，恒繼之久，皆為無疆。**含容有廣大之意，故為無窮無疆之義。**

【釋義】

澤上有地，為臨象，蘊含無間斷、無間隙之義：水之潤地，地之蓄水，無
間斷、無間隙。君民相臨，君德澤於民，民順應於君，也當無間斷、無間隙。
在君，當無時無刻不與民相臨而親，思民之疾苦而為之去除，無一刻懈怠。君
子親民，當教思百姓而無窮盡之時；包容、佑護百姓，無所不承，無微不至，
如地之無疆也。兩陽卑居下處兌體，有謙退容保之象。

教思無窮，思教無窮也。以正臨民，示民以教；思者，思保也，思保此仁
教不中輟而無窮。或以為「思」為助辭：教思無窮，教無窮也，義也通。

無窮、無疆，皆為戒辭。無窮，言恒，教民以恒，天德；無疆，言廣大，

容保廣大，地德。

初九，咸臨，貞吉。

【程傳】

咸，感也。兩人同心為感，心志相通則能感，故咸者感也。陽長之時，感動於陰。陰感於陽，則與陽交合而順。四應於初，感之者也，感者為四：四感於初之道，下來而順從初。比他卦相應尤重。處臨之時，增益相臨而互感。四，近君之位。初得正位，初為剛位。與四感應，是以正道為當位所信任，忠上以其正，任下以其正，上下之志相合。當位者，四居下之上，位高權重，又自處得正。得行其志，獲乎上而得行其正道，是以吉也。為臣得上之令而行其志，順正也；不得其令，雖正亦不可擅為。

他卦初、上爻不言得位、失位，蓋初、終之義為重也。臨則以初得位居正為重。君子始臨以正，固本也。凡言貞吉，有既正且吉者，有得正則吉者，有貞固守之則吉者，各隨其事—作「時」也。

【釋義】

初、四對應，二者皆處正位；初乃剛處正位，能行其陽剛之正；四柔處正位，能履其陰順之正：初能正其行，四能順其正，故能相感而臨。四臨初以禮，初臨四以忠，共成其咸臨。

初貞固其守而能得四之信任，上下順也，故所事皆順而吉。上下順，雖是初順四之政令，也是四順初之陽剛之道而委任之。

初特言「貞」，告戒於初始當恪守本位，不可肆其志；不可因六四過柔、卑順於己，就妄自僭越；陽處剛位，有尚動之弊，故以「貞」守其德戒之，謂初當得令而行，勿擅為也。

《象》曰：咸臨貞吉，志行正也。

【程傳】

所謂貞吉，九之志在於行正也。應上且自正，初之行正也。以九居陽，正位也。又應四之正，四柔居正，且以順初為正。其志正也。自處於正又順令而行，其志正也。

【釋義】

初能行其正志，四能順初之正志，上下齊心，皆志行於正，故曰「志行正也」。

初、四皆居正位，四處順體，初處悅體，處相臨之時，上下相臨而順悅，志通而能行其正。

九二，咸臨吉，无不利。

【程傳】

二方陽長而漸盛，二較初，為陽盛。以健盛處柔中，謙而敏於事，順而不失其中，則行无不利。**感動於六五中順之君**，六居中，處順體，為中順之君。**其交之親**，中德皆同，且二剛居柔能順，五柔居剛能用剛，故交深親也。**故見信任**，見，被也。**得行其志，所臨吉而无不利也。**吉者已然，如是故吉也。二五皆中德而正應，其處已然為吉。**无不利者，將然，於所施為，無所不利也。**於其所處之正，行其施為，將無所不順而利也。

【釋義】

二五雖不處交位之正，然處中不偏，不離其分，即得正，故二五皆因中德而咸臨，是其已然之吉也。二為剛正之臣，五為寬順之君，君臣相得，上下相順，故其所將施為，則無所不利。

朱熹：「剛得中而勢上進，故其占吉而无不利也。」未及「咸」字，只及剛進而逼，其勢不可遏，意思差了。臨乃水澤相臨，互臨為上，水不潤土，小人不養君子，君子豈能臨眾？陽在悅體，陰在順體，悅順乃為「咸」動，非指一方如此。

初、二爻辭皆有「咸臨」，山澤通氣，本有咸義，然二有「吉」無「貞」，初有「吉」有「貞」，何以如此？二剛居柔地又處中，自能守分不僭，不若初之剛居剛，有重剛之戒。九二增了一個「利」字，蓋陽處二位，漸至於盛，又有中德，有利行正之義；且二之言利，也為二居陽盛之時，所行皆順，非初始能比。

《象》曰：咸臨吉无不利，未順命也。

【程傳】

未者，非遽之辭。強調「非遽」，言二非先順承五，乃是先觀五之親賢誠意否，而後方徐徐順命。程子釋「未」為「非遽」，義長且永。臣子豈不順命？順命也，只是非遽順命。《孟子》：「或問：勸齊伐燕，有諸？曰：未也。」《公孫丑下》。將勸而尚未勸，徐徐俟之而後勸。又云：「仲子所食之栗，伯夷之所樹歟？《滕文公下》。樹，種植。抑亦盜跖之所樹與？是未可知也。」非馬上可知也，俟後當可知也。若言不可知，則武斷。《史記》侯嬴曰：「人固未易。」人之舊習，固未可遽改也。知古人用字之意皆如此。今人大率用對「已」字，「已」、「未」世俗常以為意思相對，程子以為非然，故舉「已」，以明今人常錯用「未」字：「未」非指「沒有發生」，乃非遽也。**故意似異，**「已」「未」意思似乎相反。**然實不殊也。**「已」「未」二字實非反義詞。

九二與五感應以臨下，蓋以剛德之長而又得中，剛德之長，言九二之賢明可知，如「見龍在田」。至誠相感，非由順上之命也，二能正己，故五親賢來就二。是以吉而无不利。五順體而二說體，坤體順，兌體說，悅順相合。又陰陽相應，故《象》特明其非由說順也。非二順就於五，九二剛居中，五順就之，以明尊道。

【釋義】

初二兩陽皆非順上而得吉，乃是四、五順初二而吉，象曰「未順命」也適合於初。

「未順命」，非指不順命，而是非馬上就順命，乃為徐徐順命。用「未」字，表明九二不是馬上先順五之命，而只是行己之道，靜察五之誠意，然後徐徐受命。咸臨二字當深味，只言順命，則「咸」當處於何地？未惶急順命，高尚其義，以尊道也。若諸葛觀劉備三顧之意，徐徐應之，以觀其誠意，自尊其道。二行己道，不求祿位，五能謙卑，來順就二，君臣志同意合，自有吉，无不利也。

六三，甘臨，无攸利；既憂之，无咎。

【程傳】

三居下之上，臨人者也。處下之高位，為官長，故言臨人者也。陰柔而說體，陰柔處悅體，柔之又柔，常諂媚而自失其正。又處不中正，柔居剛也。以甘說臨人者也。自處不正又過柔，有甘臨之象。在上而以甘說臨下，為政，上下居正則事順，若上不能自正而率下，反曲媚從下，則不正之甚，豈能事順而得利？失德之甚，無所利也。兌性既說，又乘二陽之上，陽方長而上進，故不安而益甘，為陽所逼，不得不取悅於二陽。既知危懼而憂之，若能持謙守正，持謙，行謙也。至誠以自處，則无咎也。邪說由己，由己，自內生之，非外爍之。能憂而改之，復何咎乎？

【釋義】

巧言令色為甘。三柔質而處兌體之上，柔難自立，體兌則悅順於人，且下臨漸盛之二剛，屈己而媚人，自有甘臨之象。

臨人不正，有所利皆不正，无攸利也；若憂之而自反惕懼，則无咎。

三居處不正，又為剛所迫，不安之甚，內不安者，外必依附於人；然三居下之上，居上而取悅於下，非心所甘願，故其順正非悅順於內，面諛而順也。三陰柔尚虛而無實行，口甘舌惠而實不至，居臨時而失其所正臨，憂懼日生，豈能事順而有利乎？若三能憂之思反，不遠而復，誠實篤順而正其所臨，則終

无咎。

虞翻：「動而成泰，故咎不可長也。」六三之「動」本是柔處剛而不安於位，虞翻釋為「動而成泰」，陰變陽爻，與上六相應而亨泰。

《象》曰：甘臨，位不當也。既憂之，咎不長也。

【程傳】

陰柔之人，處不中正，而居下之上，復乘二陽，陰處陽上為乘。是處不當位也。既能知懼而憂之，知懼則思反，憂之則思改。則必強勉自改，復歸其陰順之正。故其過咎不長也。能復也。

【釋義】

柔居剛而處下之上，為陽所迫，行不由己，居處不當而為甘臨。既憂之，能復其正，咎不長也。

六四，至臨，无咎。

【程傳】

四居上之下，與下體相比，與兌體相比近。是切臨於下，臨之至也。臨道尚近，近於所臨，方能體察物情，故其施政則自民情出。故以比為至。比為近，故為至。四居正位，而下應於剛陽之初，處近君之位，守正而任賢，柔居正，守正也；應初，任賢也。以親臨於下，是以无咎，所處當也。當，正也。居正而能行正，所處當也。

【釋義】

至者，至誠也；至臨，以至誠臨之。臨以順悅，陰順陽悅，初四正應，皆各居其正，陰陽皆悅順其正，故初、四相臨，皆盡其至誠，以順正而臨其悅正，至臨也。

四處於澤岸之交，兌坤相比，最為切近之臨，為臨而無間者，誠無間之象；四又自處於正，能盡柔之道而順承於初，居高處尊而能卑順於低微，是能舉賢才而不竊居其位，臨之至也。三也處於澤岸之交，但居位不正，又乘二剛，不得言「至臨」。

至，也作「來」、「下至」解，四居上位，來而下至臨於初，尊高而能卑順，顯其慕能近賢之至誠，至臨也。

《象》曰：至臨无咎，位當也。

【程傳】

居近君之位，為得其任；以陰處四，為得其正；與初相應，為下賢；下賢，

謂能敬賢而舉薦之。**所以无咎，蓋由位之當也。**陰居柔，位當也。上能順五，下能舉賢，在位盡責，位當也。

【釋義】

陰居正位而能親賢，不竊居其位，至臨以處其位，位當也。

四居近君之位，身負天下重任，下情由他進於上，國策由他布於下，日理萬機，為上下交通之門戶。細體民情是他分內之職，下情稍有不達，國策稍有偏差，百姓就遭殃，不至臨於上下，豈能周備？四材質陰柔，無大能，故薦賢是其至重之職分，順從天下剛明之才，需做得徹底，敬賢若渴，也需至臨。

六五，知臨，大君之宜，吉。

【程傳】

五以柔中順體，以陰柔處中，居坤順之體。**居尊位，而下應於二剛中之臣，是能倚任於二，不勞而治，**任賢，則不親為臣事，不勞也。**以知臨下者也。**知守君臣之分而能行君之道，知臨也。**夫以一人之身，臨乎天下之廣，若區區自任，豈能周於萬事？**周慮而備處也。**故自任其知者，適足為不知。**任己一人之智，而不能任天下賢才，不智也。**惟能取天下之善，任天下之聰明，**任，猶用也。**則無所不周。**事無所不成。**是不自任其知，則其知大矣。**任眾智，知大也。**五順應於九二剛中之賢，任之以臨下，**信任九二，即六五臨下之道。**乃己以明知臨天下，**任下賢剛明之才，即任己之明也。**大君之所宜也，**大君者，包容天下賢才而任用之，以明知臨也。**其吉可知。**君者不私用其智，吉也。

【釋義】

知，智也。六居五之尊位，以中順之德，虛己用公，不用私智，故能倚任於剛明之才，垂衣裳而治，智臨也。

《中庸》：「唯天下至聖，為能聰明睿知，足以有臨也。」聰明睿智，謂能用眾之智，非私任其智也。

大君，行道之君也。道至為廣大，六五虛中，故能用天下人之力而大其智也。宜，適宜也，唯行中道之大君適宜於知臨天下。

《象》曰：大君之宜，行中之謂也。

【程傳】

君臣道合，蓋以氣類相求。氣以德配。五有中德，故能倚任剛中之賢，成大君之宜，成知臨之功，蓋由行其中德也。由，順由。人君之於賢才，非道同德合，

豈能用也？

【釋義】

中，謂不偏私而能用公。包容天下賢才而用之，大君之宜，能用其中也。

大君臨下，以中正為本，特言「行中」，以匹配「大君」。天道即以「中」為大德，人君行中，效天以行其道也。

人君稍有偏私，失其中道，上失以寸，下偏以丈，禍患便橫生；故大君只宜行中，不得有一絲偏私，始終履「中」不偏，慎以始終，方能有吉。

上六，敦臨，吉，无咎。

【程傳】

上六，坤之極，順之至也，坤體順，又處最上，順之至也。而居臨之終，敦厚於臨也。居高就卑而臨，敦臨也。與初、二雖非正應，然大率陰求於陽，又其至順，體順而在順極，至順也。故志在從乎二陽，尊而應卑，高而從下，應下兩陽，應卑從下也。尊賢取善，敦厚之至也，故曰敦臨，所以吉而无咎。義正，吉也。陰柔在上，非能臨者，宜有咎也。以其敦厚於順剛，是以吉而无咎。六居臨之終，而不取極義，臨無過極，臨本是居上臨下，志在下行，故無過極之義。故止為厚義。處至高而下行臨卑，必止於敦厚義。上，無位之地，止以在上言。止，只也。

【釋義】

上處極高之位，居順體之極，故能卑順於初、二，敦臨也。尊而能卑，曲順剛明，其德无咎而吉。

敦，極言其厚德，不居高，能卑下。坤土厚德，六處坤之極，自有敦厚之象。吉，是從德上講，未必言事之「順」吉。六能行其順德，德無虧欠，无咎也。

象曰「志在內」，六五已臨九二，上六又臨之，蘇軾以為，敦之為敦，上附益五又臨之，六五為臨吉，上六又復臨之，敦篤其吉。其說甚好，附益在後。

《象》曰：敦臨之吉，志在內也。

【程傳】

志在內，應乎初與二也。志順剛陽而敦篤，其志順從剛陽，而能敦篤其順正。其吉可知也。

【釋義】

志在內，上之志在順從內卦二陽。志，謂自願臨陽，非有正應如此。

外卦三陰皆是順體，四、五皆順於陽，上與四五當志慮相通，也當順於初、二，連帶之效應，非自然正應，故說在內之志為自為，非天然如此。

與四五相較，上遠離初二，又非正應，卻能志順於初二，非德之敦厚者不能，所以它有敦臨之象。

䷓觀卦第二十　坤下巽上

【程傳】

觀，《序卦》：「臨者大也，物大然後可觀，二陽盛大於上，大可觀也。大則公，公則可觀，觀德不觀物。故受之以觀。」觀所以次臨也。

凡觀視於物則為觀，為觀於下則為觀，如樓觀謂之觀者，為觀於下也。人君上觀天道，仰以承之，奉天也。下觀民俗，俯以就之，仁民也。則為觀；人君奉天愛民，上下通達，則為遍觀。修德行政，修其德，推之以行政，本末一也。為民瞻仰，則為觀。則為可觀。風行地上，巽風上，坤地下，風行地上也。遍觸萬類，風行之德，遍觸萬物，周而不遺一物，無私偏也。遍，不遺也。周觀之象也。不遺為周。二陽在上，四陰在下，陽剛居尊，為群下所觀，仰觀之義也。有德風，則仰以承；無德風，為千夫所指；是故，君子慎其所觀者。在諸爻，則惟取觀見，隨時為義也。

【釋義】

君臨天下，必有可觀者，故繼之者觀也。

觀者，群陰觀陽之勢高而盛，下民觀上之德尊而巽，勢高、德尊皆為大，是謂可觀者。居上者所以為大，剛德臨於上，君子風行於下，民仰觀君子之風，移風易俗，巽順而化，則教化行、政令通。

君子之德，不言而信，不令而行，百姓觀之，翕然化成，故教化不尚言，尚行也。《詩》云：「予懷明德，不大聲以色。」是故君子篤恭而天下平，成教化於觀，行教於天下也。

君子行諸己，百姓仰觀默成，教令有所不行，垂衣裳而天下治。

觀卦，群陰觀陽，二陽居天位，為眾陰仰觀。

【補遺】

己自立而人自化，行為眾之表率，口舌之訓導已是次一等。中國式治理在居上者「行」有可「觀」，己行正則天下順，不在滔滔於言，君子立則立此，行則行此，自立腳跟，不在往教，不致力於輸出，修好自家，來與不來，人所自擇。

治理者德盛可觀，民心自會巽順，政令自會順暢，而成大觀之世。

觀：盥而不薦，有孚顒若。

【程傳】

予聞之胡翼之先生曰：「君子居上，為天下之表儀，表，表率；儀，儀則。必極其莊敬，臨之以莊。則下觀仰而化也。觀於上而化於下，觀於人則化於己，觀而傚之也。化，下變化氣質。故為天下之觀，當如宗廟之祭，始盥之時，盥，音 guàn，薦祭品之前的潔手。此時神尚未下臨，故必極其虔敬以降神。不可如既薦之後，則下民盡其至誠，顒然瞻仰之矣。」

盥，《說文》：「盥，澡手也。從臼水臨皿。」謂祭祀之始，盥手，酌鬱鬯於地，傾倒祭酒，用以降神：神聞酒香而降臨。酌，傾倒。鬯酒，祭祀之酒，鬱金之汁調和而成，用於祭祀、待賓。鬯，音唱。求神之時也。薦，謂獻腥獻熟之時也。獻，獻祭品於祖神；腥，生肉；熟，熟肉。盥者事之始，人心方盡其精誠，嚴肅之至也。俟神之時，故必極其莊肅精誠，若非是，則神不降。至既薦之後，禮數繁縟，則人心散，而精一不若始盥之時矣。猶夫子所言：「禘既灌而往者，吾不欲觀之矣。」灌祭酒於地之後，神已降臨，主祭者易於心散而不莊敬，其精一之誠不若灌地之時。

居上者，正其表儀，凡舉動皆一循於禮。表，外表也；儀，儀則也；表儀，外表皆符於儀則。以為下民之觀，當一作「常」莊嚴如始盥之初，端正儀表，自內而外，見其精神之誠。莊，正於外；嚴，斂於內。外莊而內斂，莊嚴也。勿使誠意少散，聚精於內，不使少散，如始盥之初，誠敬一也。如既薦之後，則天下之人莫不盡孚誠，百姓肅然而敬順之。顒然若瞻仰之矣。顒，音 yóng，仰望以敬也。

【釋義】

觀，上觀君子之禮。禮主敬，至敬者莫如祭祀，所以可觀者。《祭統》云：「凡治人之道，莫急於禮。禮有五經，莫重於祭。夫祭者，非物自外至者也，自中出生於心也，心怵而奉之以禮。」故需「內敬於己，外順於道」，內心必以齋敬，以順神之降臨。

是故，祭祀之盛，「莫過初盥降神」之刻——以極敬心態奉迎神降，此正是內外交匯之刻、敬畏（敬，精一也；畏，心怵也）並存之時，「盥而不薦」也。始盥之時，主祭者莊敬至極，可觀者必大；卦辭者取「盥而不薦」為說，概最能於此觀君子莊敬之風，教化於是乎風行矣。盥，淨手也，取去雜念之義。淨手使精神聚斂，告戒祭者，心念不可馳散，手足不可妄動，必精誠純一，方可感格來神。

「盥而不薦」之時，主祭者之莊敬必實實在在，不可生一絲雜念它想，有孚也；九五陽處中正，副其實也。莊敬自有孚出，百姓顒然仰觀，默受其化矣。

《子夏易》：「薦者，養之道，故盡其敬，竭其情，則能備物矣。所以假外物而成孝子之心也，非禮之本也，故不在於薦矣，觀其誠信顒若而已。」不薦：禮之本者，不在於薦何物於先祖，觀其誠信而已，故言不在於薦物也。「不薦」對應下文「有孚顒若」，似可互應，重在「盥」以誠敬，不在「薦」以何物，可備一說。

大觀之於教化，無所施教而教化自生、默成，下觀上之效，盥而不薦也。

《彖》曰：大觀在上，順而巽，中正以觀天下。

【程傳】

五居尊位，以剛陽中正之德為下所觀，剛居五，剛中也。其德甚大，故曰大觀在上。觀，觀德也；觀大德、大德可觀，大觀也。下坤而上巽，是能順而巽也。順、巽皆以「順」立義，但二者有別，巽風自上，順柔自下，巽又以剛承天下之任，為萬民之先導。巽而不改其剛，否則不可為下民之先導。柔順則不同，柔順於上，以上之道為己道。五居中正，以巽順中正之德為觀於天下也。中正為五之德，又處巽體，故兼有巽順義。

【釋義】

剛德居中正，大觀在上也。順而巽，分而言之：順，民之德，言其承順也；巽，君之德，言其遍及也。君德如風，遍及萬民，萬民順而承之，政令亨通，事無不成，天下大治。

「順而巽」，也可作九五之德看：五處巽體，上巽順於天，下順從於民，君子處中而裁成之，用天之道而順民之意，行中正也。

君子行天道，必有裁成，以天道裁成民意。

觀盥而不薦，有孚顒若，下觀而化也。

【程傳】

為觀之道，嚴敬如始盥之時，精誠不散。治天下能如此，初心不改，制度穩定，百姓便無顛沛之苦。此也為老子治大國若烹小鮮之義。則下民至誠瞻仰而從化也。居上者能恒其德，下民自能從化。不薦，薦犧牲之前。謂不使誠意少散也。薦腥熟之後，敬意有所馳散，故以「不薦」言其誠敬之實。

【釋義】

觀其淨手未薦之時，其孚信敬誠之態，下民觀而從之化也。不薦者，言持

其精誠不散之義，未薦犧牲之時。

下民觀君上「不薦」之誠，慎終如始，純粹如一，則信而感化之矣。

虞翻：「君德有威容貌。」唯有敬，方能收斂身心，去其不孚誠之態，使孚信精誠不雜，以感召神靈，故云「有孚顒若」。

觀天之神道，而四時不忒；聖人以神道設教，而天下服矣。

【程傳】

天道至神，至神：生物不測，恒健不已。**故曰神道。**天道顯明，而不知其所由，神也。**觀天之運行，四時無有差忒，**四時主生；無差忒，生生之德恒常也。**則見其神妙。**見，顯也。**聖人見天道之神，體神道以設教，**體神道：如神道在體，行神道於己一身，效法之。**故天下莫不服也。**踐行生生之德，覆載萬民，天下莫不順服。**夫天道至神，故運行四時，化育萬物，無有差忒。至神之道，莫可名言，**名言者：指而名之，又能言說之。道在身，不在口舌，不可名言也。**惟聖人默契，**默，不言而行，或默察於己；契，體之在身，以契合於天道。**體其妙用，設為政教，**聖人默契神道，推之於政教。**故天下之人涵泳其德而不知其功，**由之而不能知之。涵泳其德，其德如水之涵泳於人，無所不包。**鼓舞其化而莫測其用，**鼓舞者，百姓順由聖人之政教而興起仁義之風，如被雷所鼓，如被風之舞，順由而動也。**自然仰觀而戴服，**戴，推崇於上而擁戴也。**故曰「以神道設教，而天下服矣」。**

【釋義】

天行四時而無一絲差忒，仰見其精誠不散而不可測度，名之為神。

聖人設置神道，祭祀天地鬼神，以效法其精一不散之誠，百姓觀之，教從中而生，萬民感而化之，順服於上也。

【補遺】

四時輪迴，萬古不變，無一絲差忒，以見天的敬誠無一刻稍馳歇鬆散。祭天者，效其精純敬一，終始一道，以之設教於民也。

《象》曰：風行地上，觀；先王以省方，觀民設教。

【程傳】

風行地上，周及庶物，周，周遍也。觀風吹及眾物，思德遍及萬民。**為由歷周覽之象，**由歷：起始與歷程，言時之終始。周覽，言觀之遍及。大風起，與所經歷，遍觸萬類，似先王省方周覽萬民。**故先王體之為省方之禮，**體之：先王行風觸萬物之義，自當澤被萬民而無遺。**以觀民俗而設教也。**天子巡省四方，觀視民俗，設為政教，如奢則約

之以儉，儉則示之以禮是也。因宜而制約之。**省方**，省察地方，以觀民情。**觀民也**。
設教，定規矩。**為民觀也**。王慎其行止，為民所觀仰，設教也。

【釋義】

風，天之行；風行地上，萬物遍受天之恩澤，仁澤之大而可觀也。先王觀
「風行地上」，思巡省地方，體察民情，定制度以紓民困，周遍而無不及，民
仰觀此而仁愛之教設也。

方為土，坤象也；教為風，巽象也。

初六，童觀，小人无咎，君子吝。

【程傳】

六以陰柔之質，居遠於陽，遠離於五也。是以觀見者淺近如童稚然，只可觀
位高權重，不能觀德，故為淺近。故曰童觀。陽剛中正在上，賢聖之君也。近之，則
見其道德之盛，所觀深遠，初乃遠之，所見不明，如童蒙之觀也。小人，下民
也，所見昏淺，下民所見者，乃為何以利吾身、何以利吾家，非思以利天下，故為昏淺。不
能識君子之道，乃常分也。不足謂之過咎，觀如其分，不為過也。若君子而如是，
則可鄙吝也。

【釋義】

柔暗處遠，居處不正，只可觀利，日用而不知，不省不察，未能觀道，童
觀也。

百姓未受聖教，其觀固是，又何咎乎？君子則不然，修德進業，側立朝堂，
政教本應嫻熟，若其所見如童稚，則不能稱職居位，可羞吝也。

《象》曰：初六童觀，小人道也。

【程傳】

所觀不明如童稚，乃小人之分，小人分內，應有此觀。故曰小人道也。童觀，
小人觀物之道也。

【釋義】

君子懷德，小人懷土；懷德者觀道，懷土者觀利，童觀以觀利，小人道也。

六二，闚觀，利女貞。

【程傳】

二應於五，觀於五也。五，剛陽中正之道，非二陰暗柔弱所能觀見也，故

但如窺覘之觀耳。窺覘之觀，雖少見而不能甚一作「盡」明也。少見，見之窄淺。二既不能明見剛陽中正之道，則利如女子之貞。雖見之不能甚明，而能順從者，女子之道也，在女子為貞也。二既不能明見九五之道，能如女子之順從，則不失中正，乃為利也。

【釋義】

來知德：「闚，與窺同，門內窺視也。不出戶庭，僅窺一隙之狹者也。」

六二陰柔體順、居中正，觀不出戶牖，止於窺觀，不能見其廣大，其守分固如此，宜也；然二能守正，順從於五，利女貞也。闚觀窄且暫，君子之道弘大而恒，非女子所能觀。

《象》曰：闚觀女貞，亦可醜也。

【程傳】

君子不能觀見剛陽中正之大道，而僅一作「僅能」窺覘其彷彿，彷彿，不明也。雖能順從，乃同女子之貞，亦可羞醜也。君子明道而從：不明而從，非從理而順，從人未從道，故可羞。

【釋義】

闚觀視短見淺，見顯赫之外表而從「人」；非明「道」而順從於正，故君子丑之。

六三，觀我生，進退。

【程傳】

三居非其位，柔居剛。處順之極，居順體之上，順之極也。能順時以進退者也。三陰處陽位，本不能安分，必有所動而進退，然居順體之極，故能順時以進退。若居當其位，六處柔，則居當其位；柔性靜伏，故無進退之動。則無進退之義也。觀我生：我之所生，生：動作在己者。謂動作施為出於己者，觀其所生而隨宜進退，所生，所生之因由也；隨宜，猶隨時。所以處雖非正，而未至失道也。隨時進退，求不失道，求之在己，當努力而為。故无悔咎，以能順也。陰以順陽為正，三上正應，三能順上九也。

【釋義】

觀時，群陰皆觀九五之陽，因故，三與上不取相應義。三欲觀五，然隔四，故自觀而觀我生。我生，我之行止舉措也。觀我之行止舉措，何為重要？進退也。三處順體之極，故言其「進退」，乃進退以順，順時、順矩也，進退以時，進退不失矩，順也。

六處陽位，動而能進，柔居順體，進以柔順也；故其退，也能謙而順。能進能退，進不僭越犯上，體順也；退不尸居廢事，履健也。居剛，有健之性，體順，由順之性，進退可觀也。

觀我生，觀自己進退之所以、所由、所安。「視其所以，觀其所由，察其所安。」雖是觀他人，亦是自觀也。告之自己進退當不失矩。

六三雖處順體，但陰居陽位而不處中正，有躁動之弊，故宜反省而自觀，審慎其進退之道，而篤行之，觀我生也。

《象》曰：觀我生進退，未失道也。

【程傳】

觀己之生，而進退以順乎宜，進退不失時、不離矩，順乎宜也。故未至於失道也。

【釋義】

進而能順上九，退而不失位，未失道也。

六四，觀國之光，利用賓於王。

【程傳】

觀莫明於近。近則既能觀其儀容舉止，又能觀其政教之所自出。五以剛陽中正，居尊位，聖賢之君也；四切近之，觀見其道，故云觀國之光，國家之制度、政教、風俗、文物、建築可見者，皆為國之光。觀見國之盛德光輝也。五剛明居中正，國以賴之，故觀五即觀國之光，推而見之也。不指君之身而云國者，在人君而言，豈止觀其行一身乎？非只觀其威儀自處。當觀天下之政化，當觀其施政化於民。則人君之道德可見矣。修齊治平皆可見。四雖陰柔，而巽體居正，巽體居正，言能順正也。切近於五，觀見而能順從者也。四處高而能順，臣德也。四觀五之道德而能順從之。利用賓於王：言賓者，賢能之人當禮遇如賓客。夫聖明在上，則懷抱才德之人，皆願進於朝廷，輔戴之以康濟天下。輔戴，輔助於王而擁戴之。康濟，以康莊之道濟世。四既觀見人君之德，國家之治，光華盛美，德光所及，華也；盛德所在，美也。所宜賓於王朝，效其智力，上輔於君，以施澤天下，故云利用賓於王也。古者有賢德之人，則人君賓禮之，君待臣以禮。故仕進於王朝，則謂之賓。臣之以禮，賓也。

【釋義】

九五剛明中正之德，國之光也。四履臣位之極，為巽體之下，居高而能順巽上者，可以觀九五之光。既觀其盛德之光，則欲賓側於其廷，輔贊其王

道之業。

《象》曰：觀國之光，尚賓也。

【程傳】

君子懷負才業，志在乎兼善天下，然有卷懷自守者，卷道懷之，不用也。自守者，行道於己。蓋時無明君，莫能用其道，不得已也，豈君子之志哉？故《孟子》曰：「中天下而立，中天下而立，君子處要位也。析而言之：中天下，大公之道行於天下；立，行其道為立。定四海之民，定者安也，百姓懷居而安，定也。四海：四方邊民之中，即東夷、西戎、北狄、南蠻之中。四海之民，中原華夏之民。君子樂之。」行道安民，君子之樂也。既觀見國之盛德光華，古人所謂非常之遇也，不遇明君，則不能見其盛德光輝。所以志願登進王朝，登進者，循序以進也。臣子觀見君王，有登階之禮，夫子所謂「拜下，禮也。」故「登進」也謂以臣道觀見君王。以行其道，既賓守臣道之登進，則行臣道。故云「觀國之光，尚賓也」。志願賓列於朝堂。尚謂志尚，其志意願慕賓於王朝也。慕，期慕也。賓，賓列也。

【釋義】

君子以賓於有德君王之朝為尚。九五剛明居中正，能敬賢如賓，其德可觀，故四以尚賓於九五為志。

九五，觀我生，君子无咎。

【程傳】

九五居人君之位，時之治亂，俗之美惡，繫乎己而已。一人正則天下正，君王乃是政教之源、風俗之所繫。觀己之生：居至尊之位，行率天下，故慎其獨也。若天下之俗皆君子矣，皆效法於己，有謙讓之風。則是己之所為政化善也，乃无咎矣；若天下之俗未合君子之道，則是己之所為政治未善，不一作「未」能免於咎也。

【釋義】

四陰仰觀於九五，九五也自觀其進退施政，自觀其道也。九五如何能自觀其道？觀民之化。若民有禮讓之風，則我之政教可以化民為善，故得以觀我生也。

君子无咎：觀我不失君子中正之德，則无咎。君子篤於親，百姓興於仁，而有謙讓之風。即使君上為聖人，百姓也不能化為君子，道不相同也：百姓懷利而安，君子懷德而安，故「君子」乃指九五，非若程子所言「天下之俗皆君子」。

王申子云：「陽剛中正，居尊位以觀天下，此君子之道也。天下皆仰而觀之。在五又當觀己之所行，必一出於君子之道，然後可以立身於無過之地，故曰觀我生，君子无咎。」

初至於五，觀之道漸次展開：初為童觀，蒙學也；次以婦觀，家道也；三為我生，修己也；四以國觀，成人也；五以我觀，平治天下也；皆歷然有次。

《象》曰：觀我生，觀民也。

【程傳】

我生，出於己者。己之威儀施政。人君欲觀己之施為善否，當觀於民，所謂「本諸身，征諸庶民」。民俗善則政化善也。民俗與政教原為一體，本末而已。王弼云：觀民以察己之道，民風如施政之鏡，觀之則知施政之效。是也。

【釋義】

我之生，即君王之施政，親民安民也。觀民之安否，即觀我施政之善否。君王與民休戚與共，觀我即觀民也。

上九，觀其生，君子无咎。

【程傳】

上九以陽剛之德處於上，德高而尊尚之。為下之所觀，而不當位，是賢人君子不在於位，而道德為天下所觀仰者也。觀其生，觀其所生也，謂出於己者，德業行義也。既為天下所觀仰，故自觀其所生，若皆君子矣，則無過咎也。苟未君子，則何以使人觀仰矜式，是其咎也。

【釋義】

九五「觀我生」，自觀也；上九「觀其生」，下民觀之。

上九處尊高而無位，有剛明之才，無官職不任事，在體制之外，「貴而無位，高而無民」，與君子德高不居位不同。不居位而德高者如孔、孟，卑處在下，然上九非卑處，似尊為賓師，如道衍之於朱棣，只是道衍德不匹位。

觀其生，天下人觀上九如何自處。上九若能行君子之德：居高而能謙，處無事之地，行不言之教，則無招禍之災，自然无咎。若不能，處此危疑之地，動之不當則有悔，甚而招致災殃。

上九陽處陰位，又居巽之極，與乾之上九卦體不同，故他能晦光賓順於九五，不耀其德而成其德，為天下觀也。

《象》曰：觀其生，志未平也。

【程傳】

雖不在位，然以人觀其德，用為儀法，儀範天下，則可為天下人效法。故當自慎省。陽處尊高必為所觀，故必自慎。觀其所生，觀其生，為人觀他。常不失於君子，常，恒持守也。則人不失所望而化之矣；觀者自化也。不可以不在於位，故安然放意無所事也。放任其欲意。是其志意未得安也，故云志未平也。平，謂安寧也。安寧，安處其位，不為外所動。

【釋義】

有剛明之才，且居尊高而不在位，欲施展其抱負而常不得，則易於志氣不平。若為君子則能安處其位，尊高而處，行其不言之教，則為大得其志也。

䷔噬嗑卦第二十一　震下離上

【程傳】

噬嗑，《序卦》：「可觀而後有所合，觀而思齊，合也。故受之噬嗑，噬嗑，以規矩齊整之，以己合於人，使人合於己，皆噬嗑之用。嗑者合也。」齊異同，合上下也。既有可觀，德可觀。然後有來合之者也，來而效齊也。噬嗑所以次觀也。觀而思齊，來合於我，噬嗑也。

噬，齧也；強力也。嗑，合也；齊同也。口中有物間之，間上下也。齧而後合之也。師旅、刑罰以強合。卦：上下二剛爻而中柔，剛以明斷，柔以順眾。外剛中虛，初、上為剛，外剛也；陰處二五，中虛也。人頤口之象也；中虛之中，又一剛爻，為頤中有物之象。《子夏易》：「分剛於柔，分柔於剛，象交得其情也。」陰陽交合而上下之情通。口中有物，則隔其上下，君民相隔。不得嗑，必齧之，則得嗑，故為噬嗑。噬口中之物，以剛治內。

聖人以卦之象，推之於天下之事，在口則為有物隔而不得合，合，上下應也。在天下則為有強梗或讒邪間隔於其間，使政府與百姓有間隔。故天下之事不得合也，當用刑罰，小則懲戒，以小懲以戒勿再犯。大則誅戮以除去之，然後天下之治得成矣。

凡天下至於一國一家，至於萬事，所以不和合者，皆由有間也，無間則合矣。以至天地之生，萬物之成，皆合而後能遂，遂，成事也。上下不一心則不能成事。凡未合者皆有間也。若君臣、父子、親戚、朋友之間，有離貳怨隙者，離貳，離德生二心；怨隙，因怨而生隙。蓋讒邪間於其間也，讒，不正之說；邪，不正之行。間

隔於有隙之中，離其隙而擴大之，則不得合也。**除去之則和合矣。故間隔者，天下之大害也。**

聖人觀噬嗑之象，推之於天下萬事，皆使去其間隔而合之，則無不和且治一作「治」**矣。**去間則和同而為治。**噬嗑者，治天下之大用也。去天下之間，在任刑罰，**任，用也。**故卦取用刑為義。在二體，**明震之體。**明照而威震，**明照無私，以公行法。**乃用刑之象。**

【釋義】

噬嗑，咬而合也。為卦，上下皆剛，中虛而間剛，如硬物卡在頤中，上下有間而不得合，必大力噬而後嗑。

噬嗑之時，需用雷霆之力方能齊同天下，其道乃可暢通，故它專講刑獄。但噬嗑也非一味只用剛猛：震下離上，明麗附於震，「剛猛」、「公明」相附麗兼相用，雷震以剛猛，明照以道義，懲之以明，如此，天下才能服膺。且明照在上，萬物皆得照覆，邪惡無所隱匿，有除惡務盡之勢；自下又以霹靂手段，陽從初發動，從根鏟起，雖有梟頑強橫之徒，也必畏罪儼服也。

人咬物時，上頜恒不動，下頜上動而與上頜合。噬嗑下卦為震，上為明離罩著，震動而上，上與明合，凡有震動皆依附於明，明以動也。不明，則凡動皆昏愚，剛猛行於明道，剛猛不失其正，且上下皆剛，合天下以剛正，亦不失其正也。

互卦艮坎，艮以止，坎以艱，噬嗑以止天下之艱。

噬嗑：亨，利用獄。

【程傳】

噬嗑亨，卦自有亨義也。明動以行，明德以感天下，上下皆合於正，道通其間，自有亨義。**天下之事所以不得亨者，以有間也，**間者，隔於上下之間，使君臣上下不得同心同欲也。**噬而嗑之，**用剛明也。**則亨通矣。**上下嗑，道通而一也。

利用獄：噬而嗑之之道，宜用刑獄也。量刑以公示天下不私，懲處以平天下之怒。**天下之間，**間，有強梗而間離上下。**非刑獄何以**「何以」一作「不可以」**去之？不云利用刑，而云利用獄者，**用刑乃判獄後的處罰，無需明照，用獄則需明察獄情。卦有明照之象，利於察獄也。**獄者所以究察情偽，**究其源，察其實，則情偽畢現。**得其情則知為間之道，**為間之道：除間之道，也可解為作間之道，意思全然不同，但上下義皆通。**然後可以設防與致刑也。**設防，設立制度以防其間。致刑，致其懲處。

【釋義】

離炎上，震上行，上下志願相通，上照以明德，下動以正順，明正相依，君民相合；內以正行其所為，外以明臨照萬民，事無不成，天下亨通。

噬嗑時，剛在頤中，不除則上下不得合，故當為民除害，拔盡姦邪，利用獄也。

【補遺】

噬嗑乃天下初定之時，然頑囂未除，必得出重拳方可鏟平，建國初三反五反之類。推而廣之，凡事物新成，皆有噬嗑之為，如男女初相遇，面對新環境，事情新上手，面臨新崗位，磨煉新技術，僑居新處所，皆有噬嗑之為。

《彖》曰：頤中有物，曰噬嗑。噬嗑而亨，

【程傳】

頤中有物，故為噬嗑。有物間於頤中則為害，物間於中，上下不得合，不能進食以養育身體，故為害。**噬而嗑之，則其害亡，**間亡也。**乃亨通也，**進食順暢，亨通也。譬之上下情通，君民同志，則天下亨通。**故云噬嗑而亨。**

【釋義】

有物間於頤中，必噬嗑而後可安；有強梗間於天下，必除而後平。

噬嗑除間，必用剛猛，剛明附麗，明斷而剛，剛斷而明，剛明兼用，不恃剛強，噬嗑以義，亨乎利而通乎義，噬嗑而能亨者也。

剛柔分動而明，雷電合而章，

【程傳】

以卦才言也。卦才，上下卦各有其才質，噬嗑之卦才「動而明」。**剛爻與柔爻相間，剛柔分而不相雜，**以象君子小人分而不雜，治道之時。**為明辨之象。**明於道，則有善惡之辨；不明乎道，豈可辨乎？**明辨，察獄之本也。**明於道，則能辨於是非；辨於是非，為察獄之本。**動而明，**凡動皆有明照。離明、震斷，明而斷也。或雷震以正，又以明照，正以明也。**下震上離，**智照其動；本明，則其動由乎正。**其動而明也。**

雷電合而章，宋衷曰：「雷動而威，電動而明，二者合而其道章也。」道，噬嗑道也；章，噬嗑之道章顯發用。章，也指文章，文明之章顯。**雷震而電耀，相須並見，**宋衷：「威而不明，恐致淫濫；明而無威，不能伏物。」伏服通。當相須並見而顯其用。**合而章也。**志同為合，相須互助而章顯其用。**照與威並行，**明照實情，姦邪無所隱遁，如此行威則得正。**用獄之道也。**能照則無所隱情，照以公明，故幽隱顯。隱情，也謂隱其私情。**有威則**

莫敢不畏。威以明懲，故邪僻畏。**上既以二象言其動而明，故復言威照並用之意。**分，則重在凡動皆明。動為陽動，陽動而不雜於私欲，不雜於小人之陰，凡動則明也。合，則重在雷電並用。

【釋義】

三陰間三陽，剛柔分也；下震上離，動而明也。離為電，震為雷，雷電相依，雷電合也。雷電合，明照天下而行其威，去邪存善，萬物皆得正居位，懼其威服其明，章然有序而不亂，雷電合而章也。

【補遺】

噬嗑必「動而明」，而後始能「合而章」。動而不明，所動非義，其所合皆為霸道，非能合而章也。動而明，所動合乎義，其所合皆為王道，故能合而章。

章者，一為雷電合而噬嗑之道章，言噬嗑能流行發用；一為雷電合，去除間梗，萬物皆得其序，章顯其文明——萬物各顯其文章。物各歸其位，方能章顯其文章之美，天下得以文明也。

噬嗑之道，唯合以正，正物之序，天下才得文明。

柔得中而上行，雖不當位，利用獄也。

【程傳】

六五以柔居中，為用柔得中之義。用柔則順乎理，得中離體則公明。**上行，謂居尊位。**陰柔上行至五位。**雖不當位，謂以柔居五為不當。**五為剛位，柔居之不當也。**而利於用獄者，**用獄需究察而後用刑。**治獄之道，全剛則傷於嚴暴，**治獄本在反善，全用剛，何能教天下人反善？主張性惡，則治獄全用剛，用剛乃為不寬容，不信服刑者能反善。**過柔則失於寬縱，**過柔則失律。五為用獄之主，主獄者。**以柔處剛而得中，**柔能寬仁，剛能明斷，中則不偏私。**得用獄之宜也。**以柔居剛為利用獄，利以用獄。

以剛居柔為利否？若剛居柔，則主用柔，故不利用獄。**曰：剛柔質也，**剛居柔則有柔質，不利治獄。**居用也，**居用，以居爻位之剛柔為用，如柔居剛，則以剛為用。爻本身之剛柔後於爻位之剛柔。**用柔非治獄之宜也。**

【釋義】

柔居六五尊位，上行也。

噬嗑概由否卦所變：天下否塞之時，邪僻間隔其間，上下不通，故必用以噬嗑而後可合。否之初六上行至五，變乾為離，柔中附麗，寬明也；五之剛下

來至初，變坤為震，行獄也。

六五，陰處陽，柔居剛，雖不當位，然文明以中，察斷枉直，不失情理，故利用獄；且以柔居剛，剛柔相濟，剛斷而不失其明察，威猛而不失其寬仁，亦為察獄於中正。

用獄之道本是用剛，用剛之道又貴在寬明：不寬無以顯其明，不明無以見其寬。柔居中，寬也；處離體，明也。能寬且明，行仁而得其中。

《易》以居位大於爻之性，剛居柔位則具柔性，柔居剛位則具剛性，剛柔之位大於剛柔之爻性。六爻之位乃為爻之時運，人處時運之中方能行其道，剛柔處正位方得其用。

《象》曰：雷電，噬嗑，先王以明罰敕法。

【程傳】

象無倒置者，疑此文互也。程子以為當為「電雷」。《御纂周易折衷》云：「蔡邕石經本作電雷。」然《象》云「雷電合而章」，雷電之辭當是習常之語。**雷電相須並見之物，**須，待也、助也。**亦有噬象。電明而雷威，先王觀雷電之象，法其明與威，**法，效法。**以明其刑罰，**凡刑罰之懲處皆斷在公明，不枉獄也。**敕其法令。**敕，猶敕也。敕其法令，整頓其法令，令其公且明。**法者，明事理而為之防者也。**

【釋義】

懲罰在於公怒，非為私憤，明罰也。敕，整頓也。明罰敕法，明其懲罰以整頓刑法。雷電，雷懲所以明而當，以電照之故；見威在明中，象明罰。先王觀此象，思明罰敕法。

天下新定，必用明行威，噬嗑以安民。新中國建立，制度草創，鎮壓反革命三反五反，皆用噬嗑之道；不如此，則利益分歧、意見各異，上下志欲不能一統，百姓不能安居。

初九，屨校滅趾，无咎。

【程傳】

九居初最下，居初，僅指爻位；最下，最為卑下，乃以身份言。**無位者也，**位，官位也。**下民之象，**處下而無祿位則為民。**為受刑之人。當用刑之始，**當，處也。**罪小而刑輕。**刑，用刑。**校，木械也，其過小，故屨之於足，**屨，戴也。**以滅傷其趾。**人行以趾進為先，校滅其趾，懲其微始。**人有小過，校而滅其趾，**小惡而懲其進，戒其動止於趾。**則當懲懼，**懲處而使之懼。**不敢進於惡矣，**止其惡長。**故得无咎。**惡止而善反。

《繫辭》云：「小懲而大誡，懲小而教深。此小人之福也。」言懲之於小與初，防漸也。故得无咎也。杜其漸長，能不遠而復，无咎也。

初與上無位，初九與上九。無位，不居官位。為受刑之人，餘四爻皆為用刑之人。初居最下，無位者也。上處尊位之上，過於尊位，尊位之上不可更有爵位。亦無位者也。王弼以為無陰陽之位，陰陽繫於奇偶，豈容無也？然諸卦初上不言當位不當位者，初、上兩爻不言當位或不當位。蓋初終之義為大。初、終之義大於爻位之正否。初終、初上義皆同，皆指最上最下兩爻。臨之初九，則以位為正。初臨以正，以位言之也。若需上六云不當位，陰不可居高而言。乾上九云無位，爵位之位，非陰陽之位也。

【釋義】

屨，音 jù，麻、葛等製成的鞋；校，木製刑具，在手為梏，在足為桎。屨校，腳上套上「校」具。滅趾，斷腳趾。或說，滅趾為沒趾，校具遮蓋腳趾。《子夏易》：「屨校，以木禁足，如履屨也。懲而戒之，校足沒趾而已。」

按，周代肉刑繁多。《史記‧周本紀》記載了周穆王時的肉刑：割鼻、刺面一千則，挖膝蓋五百，割生殖器三百，砍頭兩百。按此，剁腳趾僅為小懲。滅趾當為肉刑，斷腳趾也。

趾者，行所先也；滅趾，滅傷其趾，於其行之始而止其邪妄。屨校滅趾，桎梏其行，懲處初邪，止其妄動於初，正始也。

九體震，剛處陽，尚動而亢志於進，有過動之象，過則邪妄矣。當於初始之微，則滅其趾，止其亢進而妄，小懲以示大誡。邪動於初始之微而滅止之，不遠而反，復由乎正，故无咎。

卦爻辭差異大，從卦象看，卦之初、上二爻如人之上下頜，當是噬嗑之懲處者，爻辭初、上卻是受刑之人，以其居處無位。觀卦象觀爻象，所觀不同，文王有文王之易，周公有周公之易，自不盡同。易道在己為修身成道，在人則為認知中的道。

《象》曰：屨校滅趾，不行也。

【程傳】

屨校而滅傷其趾，則知懲誡而不敢長其惡，故云不行也。滅傷其趾，不行其惡。古人制刑，有小罪則校其趾，蓋取禁止其行，禁止其惡生長。使不進於惡也。懲微戒著。

【釋義】

履校滅趾，懲其小惡，使不漸長至大，遏其馴順之勢，大惡將不行也。

六二，噬膚滅鼻，无咎。

【程傳】

二，應五之位，用刑者也。四爻皆取噬為義，初、上除外。二居中得正，是用刑得其中正也。用刑得其中正，柔居中正。則罪惡者易服，故取噬膚為象。噬膚，言治獄易，能服其心。噬齧人之肌膚，為易入也。滅，沒也，深入至沒其鼻也。二以中正之道，其刑易服，然乘初剛，是用刑於剛強之人。刑剛強之人，用刑於剛強之人。必須深痛，深入而擊其痛處。故至滅鼻而无咎也。中正之道，易以服人，與嚴刑以待剛強，義不相妨。用刑雖嚴，與中正之義不相悖逆，故不相妨。

【釋義】

二至五皆有「噬」字，皆是居位而為用刑者；初上無此字，居處無位，為受刑者。

孔穎達云：「乘剛而刑未盡順，噬過其分，故至滅鼻，言用刑太深也。刑中其理，故无咎。」六二柔乘初九之剛，乃刑於剛猛，然柔居中正，故能用刑公明，受刑者雖服其罪而未盡順也，故雖有噬膚之易而不免有滅鼻之傷。

噬軟柔之肉，咬噬得深，以至沒鼻，噬膚滅鼻也。噬燉爛之大塊，一口深咬，鼻子貼沒在肉中，以至不見，為滅鼻。

噬膚也可釋為用刑剛猛：六二柔乘剛，施刑於剛猛之罪人，使其服罪，不得不稍過。陰柔乘剛本宜如此，故其行無過咎。六二所治對象比初九罪重，噬膚滅鼻，可能暗喻割鼻（劓）肉刑。

爻辭可斷成：「噬膚，滅鼻无咎。」噬膚，治獄公平，如噬膚之易，雖施之劓刑，亦无咎也。

《象》曰：噬膚滅鼻，乘剛也。

【程傳】

深至滅鼻者，乘剛故也。治強以剛，不免滅鼻。乘剛，乃用刑於剛強之人，不得不深嚴也。深，切其弊；嚴，制其剛。深嚴則得宜，乃所謂中也。二用刑於剛猛之人，嚴深乃得其中。

【釋義】

二柔居中正，斷獄得中，猶噬膚之易，然不免深嚴而滅其鼻，乘剛之故也。

六三，噬腊肉，遇毒。小吝，无咎。

【程傳】

三居下之上，用刑者也。六居三，處不當位，自處不得其當，而刑於人，則不服而怨懟悖犯之，怨恨怒懟、悖逆不順而犯之。如噬齧乾臘堅韌之物，而遇毒惡之味，反傷於口也。用刑而人不服，反致怨傷，是可鄙吝也。然當噬嗑之時，大要噬間而嗑之，噬間，咬其間梗之物。間，間隔上下之物。雖其身處位不當，而強梗難服，至於遇毒，然用刑非為不當也，位不正，當小有過當處。故雖可吝，而亦小噬而嗑之，非有咎也。

【釋義】

臘肉，鄭玄：「小物全體。」朱熹：「臘肉，謂獸臘，全體骨而為之者，堅韌之物也。」朱震：「鳥獸全體幹之為臘，噬之最難者也。」臘肉，即全體醃製的野生鳥獸，個頭小，肉薄骨多，風乾後格外乾硬難啃，喻積年疑獄而不服者。

六陰柔為肉，居處剛為臘。三之上為離體，肉遇火，也有制臘肉之象。遇毒：臘肉過久則味不正，為毒；斷獄而遇到陳獄難斷者，則有反噬。

六三柔居剛，不中不正，「柔替剛位，以之刑物，如噬臘之難也。」（《子夏易》）施刑本有小不當處，又才質柔者遇疑獄積年之犯人，刑人不服，如噬臘之難，反至怨恨，遇毒之象。

噬嗑之時本以用強為義，六三又遇疑獄多年不決的犯人，不服為當然耳，故雖是用刑有不當之處，也是小羞吝，非有過咎也。

《象》曰：遇毒，位不當也。

【程傳】

六三一本無「三」以陰居陽，處位不當，自處不當，故所刑者難服而反毒之也。

【釋義】

遇毒，非臘肉有毒，乃是以不當之位而遇臘肉，處獄過中，所刑者難服，宜有此毒，當自省處獄之當否。

九四，噬乾胏，得金矢，利艱貞，吉。

【程傳】

九四居近君之位，當嗑噬之任者也。任重，臣之分也。四已過中，是其間愈

大而用刑愈深也，故云噬乾胏。

胏，肉之有聯一無聯字骨者，乾肉而兼骨，至堅難噬者也。噬至堅而得金矢，克艱而磨煉出金矢之德。金取剛，剛則不欲，無私欲之謂。金之性為不敗、不變，如不欲也。四雖處近君之位，臣道之剛直不變也。矢取直。四處明體，直見肝膽，忠直無隱私，猶矢也。九四陽德剛直，為得剛直之道，雖用剛直之道，利在克艱其事，臣之道，為君克艱解憂，是其責也，能任其責則利在其中。而貞固其守，則吉也。克艱需剛毅之德，而陽處陰位，不易於持守，故戒之「貞固其守則吉」。

九四剛而明體，離體明也。陽而居柔，剛明則傷于果，剛居柔地，故曰剛明則傷于果斷。故戒以知難，利艱。居柔則守不固，柔順於外，不易自守。故戒以堅貞。堅固其守。剛而不貞者有矣，處位不當則不能貞固。凡失剛者，皆不貞也。在噬嗑，四最為善。

【釋義】

乾，音幹。乾胏，帶骨之乾肉，強梗難啃者。二為膚，三為臘肉，四為乾胏，噬嗑的硬度隨爻位上升而增大，噬嗑力也隨之變強。四為頤中最硬者，喻治國之最艱難者，需用力噬咬才能嗑合。

金取剛，矢取直，金矢喻剛直，謂噬乾胏而得以申其剛直。四剛而體明，明者言其公而不私隱也，不隱則直，剛直也，然若不噬乾胏，也未得見其剛直之行。

四為離體又居柔，離者附也，柔者順也，臣附君則柔順，故四也具臣之順德。

利艱貞，克艱而貞守其正，則利在其中。艱，噬乾胏也，利，利獲金矢之德。利艱貞，告戒之辭：陽處陰位，易於放弛，處乾胏艱時，當貞守其德，克艱而申其金矢之德，則吉。四處臣位，有剛明之才，明其職分而任其勞，當以克艱為己任。艱，也作以艱難處之。

四處艱危之地而承噬嗑之重，噬乾胏之象也。然而，四剛處柔地，且為明離之體，故能順承於五，深明為臣之道，擔其重任，噬乾胏而得以申其剛直。

遇乾胏之時，必有此剛直之德，方能克治時艱；也唯有噬嗑強梗者，方利於申其剛直，示忠貞於六五，使其不疑，其事則順吉。

《象》曰：利艱貞吉，未光也。

【程傳】

凡言未光，其道未光大也。陽處陰位，有斂藏其德，又處噬艱之時，維持而已，故其道未能光大。戒於一作以利艱貞，蓋其所不足也，不得中正故也。

【釋義】

陸績：「噬胏雖復艱難，終得申其剛直，雖獲正吉，未為光大也。」噬嗑之時，只是申其剛直、克難為吉，尚未至治平光大之時。

六五，噬乾肉，得黃金，貞厲，无咎。

【程傳】

五在卦愈上，而為噬乾肉，四過中為上，五又愈上於四。程子增加「愈上」二字，比較於四之乾胏，按常理，五之噬者當更硬於四之乾胏──位高而任更重也，而終卻是噬「乾肉」，較四反而易。反易於四之乾胏者。五居尊位，乘在上之勢，以刑於下，其勢易也。居尊位，其事易為，居勢而易為也。在卦將極矣，將極，近於上九。其為間甚大，非易嗑也，故為噬乾肉也。六柔，肉也；處離火中，乾肉之象。

得黃金，剛中之德。五雖陰柔，然明體而居剛，又麗附於剛德之四，故有剛德。黃中色，黃，五行之土色。土居四行之中，又兼四德，故為中。金剛物。剛喻不變，無欲則剛，不為外誘而變。五居中為得中道，處剛而四輔以剛，得黃金也。居中處剛又得剛助，得黃金，有剛中之德也。五無應，而四居大臣之位，得其助也。貞厲无咎：貞，戒辭：柔守剛德難，故戒以貞。六五雖處中剛，然實柔體，柔難持守。故戒以必正固而懷危厲，正固，貞固其正；懷危厲，兢敬其事。則得无咎也。以柔居尊而當嗑噬一作堅之時，豈可不貞固而懷危懼哉？柔用剛德，不易貞固，於艱時更不易貞固，且位高而任重，更當以「貞固」為恒念。

【釋義】

噬乾肉，較四為易，較二為難，五得中，故取噬嗑之難在其中。

黃者中也，取五為中位。金者剛也，取柔處剛位。噬乾肉，不輕易者一也；柔貞剛德，不輕易者二也，故當思貞懷厲，則无咎。來知德：「乾錯坤，黃之象也。離得坤之中爻為中女，則離之中，乃坤土也，故曰黃金。」解讀過於繁瑣。

六五柔得剛中之德，恐其不能持守，戒之「貞厲」，當於厲時持守剛中之德，則无咎。若失其剛中之德，則德不當其位而有咎也。貞厲，於處厲之際，當貞固其德。厲通癘，戒慎如遇癘也。

《象》曰：貞厲无咎，得當也。

【程傳】

所以能无咎者，以所為得其當也。所為：貞厲也。所謂當，居中用剛，而能

守正慮危也。慮危，思屬也。

【釋義】

六五柔居剛中，下麗附剛明之賢，然處噬嗑之時，居尊不敢忘其危，貞厲得當也。

四為艱貞，五為貞厲：四艱而居不正，當艱以思貞；五柔中而正，居高當惕厲，貞固其惕厲之懼。

上九，何校滅耳，凶。

【程傳】

上過乎尊位，五為至尊，過尊於五，則無尊也。無位者也，故為受刑者。初上皆為無位。居卦之終，是其間大，間梗最大。噬之極也。噬而不可嗑，則戮之。《繫辭》所謂「惡積而不可揜罪，揜同掩。罪大昭彰，不可掩也。大而不可解」者也，罪大不可釋免。王弼：「罪非所懲，故刑及其首，至於滅耳，及首非誡，滅耳非懲，凶莫甚焉。」故何校而滅其耳，荷負校具以至於滅其耳。凶可知矣。懲之於首，罪大也。

何，負也，謂在頸也。校具負在頸上。

【釋義】

何通荷，負也；校，頸上刑具；何校，壓負在頸子上的刑具；推測概類似「項械」，重刑犯方戴此。「滅耳」有兩義：一為遮耳，刑具過於厚重，以至於遮耳，肩至耳有半尺，刑具厚重如此似不可能；二，刵刑，割去耳朵。初九滅趾，為割去腳趾，上九也當為肉刑。第二義更允恰，喻此等犯人已無需教誨，故《繫辭》稱其惡積至大不可解。

初九「滅趾」，僅止其行；上九「滅耳」，積惡不聽誨勸，刑加於其首，大凶不可挽也。王弼云：「及首非誡。」只有誅殺，沒有懲戒。

《象》曰：何校滅耳，聰不明也。

【程傳】

人之聾暗不悟，聾暗於善道，不悟其改也。積其罪惡，以至於極。極，言其不可反善。古人製法，罪之大者，何之以校，為其無所聞知，因其無所聞知善，善不可入其心。積成其惡，故以校而滅傷一無傷其耳，誠聰之不明也。

【釋義】

來知德：「上九未變，離明在上，坎耳在下，故聽之明。今上九既變，則不成離明矣，所以聽之不明也。」怙惡不悛，處明體之上，居噬嗑之極，明極

而反於暗。

䷕賁卦第二十二　離下艮上

【程傳】

賁，《序卦》：「嗑者，合也。物不可以苟合而已，噬嗑乃是強力使之合，為苟合也。上下相合，當有文飾以禮儀，制度以定之也，故以賁。故受之以賁。賁者，飾也。」剛往而飾柔，柔來而飾剛，剛柔交相飾，賁也。

物之合則必有文，文以別之也，如君臣相合以禮，別其上下尊卑。若物合無文，則虎豹之鞟猶犬羊之鞟，安能區以別也。文乃飾也。如人之合聚，利合、道合則聚。則有威儀上下，人相聚必亂生，威儀以別上下尊卑，文序以止亂，文序則有禮，禮者賁飾也。物之合聚，則有次序行列，合則必有文也，合則有序成文。賁所以次噬嗑也。

為卦，山下有火。火炎上而明照山上之物，物得以明而不亂。山者，草木百物之所聚也，下有火，則照見其上，草木品匯皆被其光采，草木以類而匯，品類也。被其光采，加飾也。有賁飾之象，物分而顯文章，賁飾之象。程子以加飾為賁，物本有文章，又加飾焉。故為賁也。

【釋義】

《說文》：「賁，飾也。」音 bì。鄭玄：「賁，變也，文飾之貌。」噬嗑以合，賁以禮樂，人聚合以禮樂定上下，秩序以成，文明安止，賁也。

物交合，當修以文采。賁乃人為修飾，非物合自有文飾，故彖傳言「柔來而文剛，分剛上而文柔」，皆為人為之飾，定制度以禮樂，人能弘道也。

為卦，離火山下，照得山上草木禽獸萬象分明，皆章現其不同之文采。故此，賁者，有品物繁多有序、且能安然相處之義；似明君謙居在下，德光明照，萬物各得其位、百姓和樂安泰。

艮為仁，有生生之義，明照而萬物生生，萬物生生而得其序，有序則安止。不明照，何來有序而安止？上下卦義相互發明。

賁：亨，小利有攸往。

【程傳】

物有飾而後能亨，飾，以禮整飾也，整飾以定秩序，秩序定而天下安，百姓安定，必亨通也。故曰無本不立，無文不行，賁乃為文，故立則立於文，行則行以文，本末皆文，立是本，行是末，上下一貫皆以賁文。如人以禮為立世之本，行則行以禮也。有實而加飾，九二上行加飾於四、五之陰，九是剛，剛飾柔，有實而加飾也。則可以亨矣。賁非僅僅加飾，

乃所以變全虛之三陰而上有實也。「上」為艮上之陽，上九也。**文飾之道，可增其光采，**文質彬彬，禮後也。**故能小利於進也。**剛文柔，小利也，故其進也為小有進益。

【釋義】

　　艮上離下，文明以止，制度定而天下文明，亨也；然二五柔中，皆以安止為志，外艮止而文明以內，安內為尚，剛上行以文柔，皆往行利小也。

　　賁時，以穩定秩序、修合安內為務，明照於內，艮止於外，皆不務外。離照在內，穩定天下。離照，乃明照秩序，條理井然，秩行不紊。艮止於外，萬物安定。艮止，山上萬物，各安其序，秩序如山穩當，萬物安止不雜。故此，賁一定以修秩序為上、安內維穩為要，不以遠行為務。

　　賁之行，只是修秩，只宜在秩序內行走，小利則小往。小往，乃是不破壞現有秩序而有所作為。往，便是做事，九二之陽往行於上，變坤為艮，剛文柔，輔助、文飾兩陰，剛卻無大為，「小往」是做得小事，修補秩序，故云「小利有攸往」。

　　張振淵：「離德文明，莫掩則無徑情直行之弊，行之可通，故亨。艮德止而不過，又有不盡飾之象焉。故用文者，亦但可少有所飾，不可務為盡飾以戕其本真，故曰小利有攸往。」離附以文明，附則為客，不可客居主，艮止又不可過飾，此解也好。

　　賁時，似是國家剛剛穩定，所有精力皆務求內政安穩，所以它才要「外艮止」，不務拓土開疆，只在圈內照得明白條理、治得穩穩當當，便是「內明照」，要國內秩序井然。

　　艮也作仁止，下面離照明，以德治天下，「亨」也。

《彖》曰：賁亨，柔來而文剛，故亨。分剛上而文柔，故小利有攸往，天文也；文明以止，人文也。

【程傳】

　　卦為賁飾之象，以上下二體，剛柔交相為文飾也。二陽往至上，文飾外兩陰；上陰來居二，文飾內二陽。**下體本乾，柔來文其中而為離；**陰來下兩陽之間，文其中也。**上體本坤，剛往文其上而為艮，**剛行於上九。**乃為山下有火，**泰變而為賁，山下有火。**止於文明而成賁也。**行由文明之道，不出其分內，文明以止。

　　天下之事，無飾不行，以禮文飾，謙恭以行，故得行。**故賁則能亨也。**賁而能亨行。居處恭、執事敬、與人忠，恭飾居、敬飾事、忠飾交，則往則無阻。**柔來而文剛，故亨：柔來文於剛，而成文明之象，**乾成離，柔居剛中。**文明所以為賁也。**柔文剛而成明

體，文明也。

賁之道能致亨，實由飾而能亨也。「柔」飾「剛」而成文明，由飾而陰陽交和，故得亨。分剛上而文柔，分出下卦中爻之剛，上行而文飾坤之兩陰爻。故小利有攸往：往，謂往去外卦。剛飾柔，有小利。分乾之中爻，往文於艮之上也。事由飾而加盛，飾，非徒以外飾之也，當切之磋之、琢之磨之，使成事更完善，故云加盛。由飾而能行，琢磨，飾也；未有創制。故小利有攸往。

夫往而能利者，以有本也。本善也，本不善，飾之則增惡。賁飾之道，非能增其實也，但加之文采耳，程子解讀不當，非徒加文采而已，改其質也。如坤變為艮、乾變為離，皆是變其文而改其質。子貢云：「文猶質也，質猶文也」，如禮飾行，豈是未變其質乎？十室之忠信變而為君子，加飾而履禮也。事由文而顯盛，貧而樂，富而好禮，皆由文而顯盛。故為小利有攸往。

亨者，亨通也。往者，加進也。加飾而更進之也。二卦之變，共成賁義，而象分言上下，各主一事者，蓋離明足以致亨，文柔又能小進也，二爻之剛進至上位而成艮，不可更進，故云「小進」。剛以文柔，剛非主宰，也為小進之義。天文也。剛文柔，剛乃天，剛文之，乃天文之，故曰天文也。文明以止，人文也。文明，離也；止，艮也，兩卦皆陰陽交文，陰文陽，陽文陰，人所以效法天地，人文也。此承上文，言陰陽剛柔相文者，天之文也。止於文明者，以文明為行止之則，王弼云：「止物不以威武而以文明，人之文也。」止物，條理秩序物也，即管理百姓、萬物。止，有規矩之義。止於至善，以至善為規矩。人之文也。止，謂處於文明也。處其中而不離。

質必有文，自然之理，理必有對待，上下、剛柔、陰陽，皆對待也。生生之本也。天地對待、陰陽對待，乃生生之本。有上則有下，有此則有彼，有質則有文，一不獨立，萬物不可獨立而生，不可獨立而成。二則為文，對待者，相互文也。非知道者，孰能識之？天文，天文之理也；人文，人之道也。

【釋義】

賁之文，非徒指文飾於外，剛柔相濟而成文，賁也。「文猶質也，質猶文也」，文變則質變，質變則文變，「賁其趾」是也，此方是賁所謂之文飾，故賁之文有亨義——賁文質變而成「文明以止」也。坤得剛相濟而成艮，乾得柔相濟而成離，亨自在其中。

上六來居二位，柔來也；文飾初、三之剛，文剛也。柔來而文剛，下卦乾變而為離，離有文明之德，故言「賁亨」。

從變卦看，下卦本為乾，上卦本為坤，上變而為艮，下變而而為離；一陰

從上六來居二位，佔了中間陽位，來文飾上下兩陽，成離明，離有文明之德，故言「賁亨」。二之陽便往去上位，成了艮。彖傳說「柔來而文剛」，指上六來居二位；「分剛上而文柔」，是二陽往去上位，從下乾中分離出去，去文飾外卦兩個陰。如此，剛柔相濟，天下文明，便是亨了。

「有攸往」：內爻上行至外為「往」，二爻之剛去上之位而成艮，往也。有往、有來都為「亨」：「柔來而文剛」是亨，「分剛上而文柔」也是亨。

然而，彖傳只說「柔來而文剛，故亨。」卻不講「分剛上而文柔，故亨」，原因何在？

舉一隅即可也。故此，它於「分剛上而文柔」，別說為「故小利」，有意錯開文字。故此我們便知：「柔來而文剛」雖為「亨」，也是「小利」。文言曰：「利者，義之和也」，「柔來而文剛」成文明之「離」，豈非「義之和也」？

「分剛上而文柔」，何為是「天文」？

「天文」，乃是「天」文飾「柔」，「剛文柔」也。下卦本為乾剛，乾剛為天，「分剛」去文柔，即「分天」去「文柔」，故稱之「天文」。

「文明以止」，何為是「人文」？

人居天地之間，雖順隨天地，但若用天地之道，必要裁成人道而後用之，人之道乃是用天地之「中」，故此，人道不能盡同於天地之道。人之道，既非純乾，也非純坤，當在乾中有陰，坤中有陽，方能顯人道之中；故乾中去一陽去文坤，坤中去一陰文乾，乾變為離，坤變為艮，「文明以止」也，便是「人文」：人用陰贊天，用陽贊地，「贊」便是「文」了──剛文柔、柔文剛，猶剛贊柔、柔贊剛，都是人作的、贊的：坤變艮、乾變離，乃是人文的作用，乃是人裁成天地之道而用之。

賁之文，觀的就是「人文」對天地之道的裁成，乾剛文柔，坤柔文剛，為「人文」的結果，人乃是錯剛於柔、錯柔於剛而成「人文」。

泛而言之，日月星辰、山河大地、草木蟲魚，天地之間一切自生的萬象，皆為天文；人間一切制度、文明、人倫日行，皆是人文。人文乃是順從天文而裁成之。

《呂氏春秋‧慎行論‧壹行》載：「孔子卜，得賁。孔子曰：『不吉。』子貢曰：『夫賁亦好矣，何謂不吉乎？』孔子曰：『夫白而白，黑而黑，夫賁又何好乎？』」對於夫子來說，即使同一個卦，彼時此時，因事而釋義不同，無一定不變之義。

觀乎天文，以察時變，

【程傳】

天文，謂日月星辰之錯列，日月星辰在天，錯列以成文，天文也。寒暑陰陽之代變。寒暑對待，陰陽對待，對待相成文，亦為天文。觀其運行，以察四時之遷改也。遷變而改其季節。

【釋義】

天文，天之文柔也，即陽文陰、剛文柔、陰陽交合，如此方有四時行、日月替，即是陰陽交合之結果，天文也。《子夏易》：「觀其天文，可以敬授人時。」觀其天文，頒發日曆，以敬授人時。

君子觀乎天文，以定人事：春時做春時事，夏時做夏時事，秋時做秋時事，冬時做冬時事，此其大者，觀此而順乎天文，「以察時變」也。

觀乎人文，以化成天下。

【程傳】

人文，人理之倫序。人理，人當然之理，如君臣父子各成其序。觀人文以教化天下，觀人文成序，以此教化天下。天下成其禮俗，以相敬為風俗。乃聖人用賁之道也。賁者文也，以當然之人理文天下之俗，禮以文之也。

賁之象，取山下有火，又取卦變，柔來文剛，剛上文柔。自外至內為「來」，自內至外為「上」、「往」。

凡卦，有以二體之義及二象而成者，如《屯》取動乎險中，屯，內動象外險象。與雲雷《訟》取上剛下險與天水違行是也。訟，乾上行，坎下行，不相交，故云天水違行。

有取一爻者，成卦之由也，柔得位而上下應之，曰《小畜》；小畜，柔居二位為主爻，五陽爻應之，故云一爻成卦。柔得尊位，大中而上下應之，曰《大有》是也。大有，柔居五為主爻，一爻定卦義。

有取二體，又取消長之義者，雷在地中《復》，復，一陽在初，五陰在上，陽長陰消；上體坤，下體震，震在地下，一陽復始。山附於地《剝》是也。剝，一陽居上，五陰在下，陰漸長而消剝於陽消。

有取二象兼取二爻交變為義者，風雷《益》兼取損上益下，益卦，四陽來居初位，損上益下。二爻交變：四剛來初，初柔往四。山下有澤《損》兼取損下益上是也。損，損下卦三陽增益上卦之上。

有既以二象成卦，復取爻之義者，《夬》之剛決柔，夬，巽上乾下，五剛夬決一柔。《姤》之柔遇剛是也。姤，巽下乾上，初柔上行而遇剛，巽讓以乾。

有以用成卦者，巽乎水而上水《井》，巽木坎水，木下而上於水而成井。木上有火《鼎》是也。以上下卦象為名。《鼎》又以卦形為象。初陰象鼎足，六五象鼎耳。

有以形為象者，山下有雷《頤》，上下剛，中四柔，象口。頤中有物曰《噬嗑》是也。四爻剛為物，噬嗑而合。此成卦之義也。

如剛上柔下、損上益下，謂剛居上，柔在下，損於上，益於下，據成卦而言，非謂就卦中升降也。程子反對變卦之說。如《訟》、《无妄》云剛來，豈自上體而來也？程子以為，訟卦之剛來，乃是剛自三爻來居於二位。无妄卦之初剛也非自上卦來。訟與无妄，上體皆為乾，故其剛來，非來自乾。凡以柔居五者，皆云柔進而上行，柔居下者也，乃居尊位，是進而上也，非謂自下體而上也。程子以為柔居五位，皆是從四爻上進而居尊位，非從下卦上往而至於此。此乃程子乾坤變六子的說法。

卦之變，皆自乾、坤，乾坤變六子也，卦變非是上下卦之爻來內往外而成變卦。先儒不達，不解此義。故謂賁本是泰卦，程子反對泰之二剛上行至上為賁。豈有乾坤重而為泰，又由泰而變之理？下離，本乾中爻變而成離；上艮，本坤上爻變而成艮。此說與程子說言「下體本乾，柔來文其中而為離；上體本坤，剛往文其上而為艮。」有差異，若是乾變為離，坤變為艮，則「來」、「往」之說則託於空言。離在內，故云柔來，艮在上，故云剛上，非自下體而上也。程子本人關於爻之「來往」之說。乾坤變而為六子，八卦重而為六十四卦，皆由乾坤之變也。程子篤信乾坤變六子之說。

【釋義】

人倫有序，人文也。雜亂無章不能稱之為「文」；人倫無序，不能稱之「人文」。觀乎人文，即觀君君、臣臣、父父、子子各得其序，以此為治，則可化天下為善民，成天下為美俗。

孔穎達言：「觀乎人文以化成天下者，言聖人觀察人文，則詩、書、禮、樂之謂，當法此教而化成天下也。」以詩、書、禮、樂為「人文」也可，觀之為教。

《象》曰：山下有火，賁。君子以明庶政，無敢折獄。

【程傳】

山者，草木百物之一本無「之」所聚生也。火在其下而上照，庶類皆披其光明，庶類得照，條理便顯。賁時，當著力於庶類安生，使新政被其庶類。為賁飾之象也。

君子觀山下有火明照之象，以修明其庶政，使庶政皆得條理。成文明之治，庶政明則百姓安，文明之治也。而無果敢於折獄也。折獄者，人君之所致慎也，豈可恃其明而輕自用乎？乃聖人用心也，為戒深矣。象之所取，唯以山下有火，明照庶物，以用明為戒，用明於庶政，不可他用，慎之也。而賁亦自有無敢折獄之義。折獄，綱紀之大政，非庶政。折獄者，專用情實，有文飾則沒其情矣，故無敢用文以折獄也。賁以文，文乃條理而已，折獄則剖判，道不同，不可混用。

【釋義】

山下有火，山上草木百物皆能顯其「文章」，賓然有序，燦爛有文，文明照之也。君子以「文明」之政處理「庶政」，讓「庶政」各得其序、各申其理。庶政，言政事繁雜而多，也言賁時當著力於小而多之政，此切關生民之事，如市稅、徵賦、勞役之類，安民生為尚，不宜果敢務折獄之大事，慎之又慎，無敢也。

山下有火，取生生且有條理之義。因它有「仁」、「明」，萬物生生，又各歸其位而有條理。治天下當兼有山之仁、火之明，明止於仁，仁行於明，缺一不可。

《子夏易》：「火在山下，其勢至微，君子審其幾，而明以出政，慎以致刑，懼其熾也。及其末也。君子奈之何哉？」賁時，新政舊政交替之時，天下思定，萬民思安，故慎其用獄。

高亨以為：賁之為文，「蓋古人貫貝而繫於頸，以為美飾。」「賁」只文飾頸項，故為小飾。火在山下，照不高遠，為小照，只能就近處照得清晰而有小往，君子以此不遠之照來梳理錢穀、博書之庶政則可，若「折獄」大事，小照不明，當審慎不敢妄為。

初九，賁其趾，舍車而徒。

【程傳】

初九以剛陽居明體而處下，剛正而體明，雖處下，亦知其所止，篤其素行，不外羨而從車也。君子有剛明之德而在下者也。爻剛而體明，剛明之德也。初，常指無位，所謂在下者。

君子在無位之地，君子居位行道，無位則行諸己而已。無所施於天下，居位則可施為。惟自賁飾其所行而已。潛龍勿用之時，唯自修也。趾，取在下而所以行也。行於趾，獨立而無依傍也。君子修飾之道，正其所行，由道而行，正行也。守節處義，守

節分而行止於義。其行不苟，不務苟合於世。義或不當，則捨車輿而寧徒行，捨車輿，不仕也。眾人之所羞，而君子以為賁也。徒行以賁其行。捨車而徒之義，兼於比應取之。捨車，不從二之比；徒，應於四、從四而徒；故曰「兼於比應取之」。程子此說不恰當，四乃近君之大臣，初正應於四為乘車，「捨車」是不從於四也。

初比二而應四，應四正也，與二非正也。九之剛明守義，不近與於二而遠應於四，捨易而從難，如捨車而徒行也。守節義，君子之賁也。君子以節義賁行。是故君子所賁，世俗所羞；世俗所貴一作賁，君子所賤。捨己以從人，君子所賤。以車徒為言者，乘車而從貴，徒行以守分。因趾與行為義也。賁其趾，正其行。

【釋義】

賁其趾，美在始行也。趾，取在下、始行義。君子文其趾，慎其始行、慎其所以行。「捨車而徒」，乘車便於行；若乘車無道，則可捨而徒行，棄於不義之車，而從有義之徒步。邦無道，君子卷而懷之，正其行，不敢食祿乘車，賁其趾，高尚其道，義弗乘也。

初、四正應，四居上、處高位，為初之乘搭者，初捨而徒行，不趨其應，所謂「在下位，不援上；正己而不求於人」者。初處亂世，能賁其行履，惜其羽毛，不行險以僥倖，故有「賁其趾」之譽。

君子乘車而行，象徵居位行政。夫子說：「從大夫之後，不可徒行。」夫子歸魯，雖不任職，也享受大夫俸祿，故乘車而行。

《象》曰：捨車而徒，義弗乘也。

【程傳】

捨車而徒行者，於義不可以乘也。不可為仕則不仕。初應四正也，從二非正也。《子夏易》：「剛而未位，獨立其志，不趨其應，不苟乎乘也。」不應於四，更允恰。四居高而顯貴，二陰柔居下者，豈顯貴乎？近捨二之易，而從四之難，捨車而徒行也，君子之賁，守其義而已。

【釋義】

捨車，可以乘而不乘，行不取徑也。徒行，不仕也，謂不與當朝士大夫交遊，不立於同朝。

六二，賁其須。

【程傳】

卦之為賁，雖由兩爻之變，按程子之說：兩爻之變乃指二爻與上爻，二爻陽變陰成

離，上爻陰變陽成艮。**而文明之義為重。**一卦常以內卦為重，爻皆由內而外生，先後次序如此。文而明之，賁也，故其義為重。二實賁之主也，陰柔居中，而文飾二陽。**故主言賁之道。**賁物猶頤下之鬚：附於頤而賁之。

飾於物者，不能大變其質也，因其質而加飾耳，質未變而賁飾之。**故取須義。**鬚，隨頤而動者也，動止唯繫於所附，猶善惡不由於賁也。言六二則可，言初九則不可。**二之文明，惟為賁飾，**虛而賁之，不改其實。**善惡則係其質也。**善惡不因賁而變，乃係其根本。

【釋義】

來知德：「在頤曰鬚，在口曰髭，在頰曰髯，鬚不能以自動，隨頤而動，則鬚雖美，乃附於頤以為文者也。」鬚之隨動，也為己之動也。

賁其趾，賁為實行，賁能改其質，有賁而後其行得正。賁其鬚，賁為虛飾，賁與不賁皆不能改易其儀容。蔣悌生：「鬚於人身，無損益於軀體，但可為儀表之飾。周旋揖讓，進退低昂，皆隨面貌而動，使人儀舉者文采容止可觀，故《象》曰『與上興也』。」賁其鬚，兼取依附、文飾之義，賁不能改易其質，鬚動不由己，附頤而動。

其，九三也，為二之頤。《子夏易》：「得其三而為文，若鬚之附頤也。柔而位卑，依剛以為文也。」二、五不相應，三也無正應，故二、三相鄰比親，二依附三，如鬚之附頤；三居正，頤之實也。

《象》曰：賁其須，與上興也。

【程傳】

以鬚為象者，謂其與上同興也。同動。**隨上而動，動止惟係所附也。**二之動或止，唯有係附於三。**猶加飾於物，因其質而賁之，善惡在其質也。**不在此，在彼也。

【釋義】

興，動也。上動則動，上靜則止，未能自立，唯上之馬首是瞻，與上興也。二陰柔處中正，不失其位，又處離體：離者麗也，離者明也，麗附則附於陽，明照則察己識人，故二能守其本分而柔附於三，循其所履而從上，如鬚之從頤而動，有諸己又能附從於人，盡己而善從，為臣者之分也。

九三，賁如濡如，永貞吉。

【程傳】

三處文明之極，文明之極：離卦之上。**與二四二陰，間處相賁，**三在二、四之間，

間處也；剛文柔，柔也文剛，相賁也。**賁之盛者也，**互為賁飾。**故云賁如。**

如，辭助也。賁飾之盛，光采潤澤，為兩陰所賁，光彩潤澤也。**故云濡如。**光采之盛，則有潤澤。《詩》云：「麀鹿濯濯。」麀，音yōu。母鹿肥壯之態。

永貞吉，三與二四非正應，相比而成相賁，故戒以常永貞正。賁者，飾也。賁飾之事，難乎常也，賁者，外飾也，故難久長。**故永貞則吉。三與四相賁，又下比於二，二柔文一剛，**二、四文九三也。**上下交賁，為賁之盛也。**三為二四兩柔所賁，賁之盛也。

【釋義】

三剛處兩陰之間，兩陰文一陽，賁如也。二三四為坎，三居坎濡之間，濡如也。三處坎中，雖得其濡澤，也易陷溺其中，且二四之陰非三之正應，相比而親者，其相賁非永固，故戒之「永貞」其德，則吉。王弼以為，二三相鄰皆處正，賁如濡如也。

三剛處正位，雖處兩柔之間，但三居離體之上，乃是陰附麗於陽，非三附麗於兩陰，且能知己知人而極明也，故能卓然獨立而永貞其德。

《象》曰：永貞之吉，終莫之陵也。

【程傳】

飾而不常，飾，乃自外飾之，非自內也，故不常。**且非正，**非正應。**人所陵侮也，故戒能永正則吉也。其賁既常而正，誰能陵之乎？**有其質而文其行，有其德而人附之，且能篤厚久長，則誰能凌辱之？

【釋義】

三得二四之賁飾，自外賁之，非自內得，不得長久。但三剛居正位且處離體，自足而陰自依附，貞固能得眾之來附，故終莫敢陵辱之。

六四，賁如皤如，白馬翰如，匪寇婚媾。

【程傳】

四與初為正應，相賁者也。本當賁如，而為三所隔，故不獲相賁而皤如。皤，白也，未獲賁也。

馬，在下而動者也，在下而動，初也。未獲相賁，故云白馬。其從正應之志如飛，故云翰如。

匪為九三之寇讎所隔，則婚媾遂其相親矣。已之所乘與動於下者，馬之象也。初四正應，終必獲親，第始為其間隔耳。

【釋義】

皤，白也，未賁之貌。馬，在下而動者，象初九，與四相應，為四之婚媾者。四與初有婚媾之約，但九三從中阻隔，使得初、四不能行迎親之禮，賁如而不成，則皤如也，故有「賁如皤如」的兩疑不決：迎親之馬賁乎？還是不賁而皤如？修飾了，恐三知曉而阻攔；不修飾，不成迎親之禮，故兩疑躊躇。然處非常之際，宜當從權：白馬翰如，不必修飾，宜速成婚媾之禮，以防九三阻隔。翰如，飛速之狀，如鳥之高飛。

如是婚媾，白馬當賁飾；如是寇匪，不必賁飾，人觀「白馬翰如」而有如此疑問。答曰：白馬翰如，是求速成婚媾也。

三居離體之上，四陰柔，易附麗於三。四若賁如，必附賁於三，或為三所賁；四若皤如，其志若初之捨車賁趾，質直不文飾，不肯他從，則應從初。「賁如皤如，白馬翰如」，兩選之中，四選擇了初。四柔處正位，能安守其分，故終不賁麗於三，而遠應於初以成婚媾。

《象》曰：六四當位，疑也；匪寇婚媾，終無尤也。

【程傳】

四與初相遠，而三介於其間，介，隔也。是所當之位，四之所處其位，乃處可疑之地。為可疑也。雖為三寇讎所隔，未得親於婚媾，然其正應、理直、義勝，初四正應，正應則理直，理直則義勝。終必得合，故云終無尤也。尤，怨也。怨三之阻隔。終得相賁，故無怨尤也。

【釋義】

疑：兩或不定也，賁如從三、皤如從初，故疑不定。四雖當位，宜正應於初，然陰柔之質易麗附於三，故常兩疑不定。不麗附於三而婚媾於初，故行其分內，終無憂怨。

六五，賁於丘園，束帛戔戔。吝，終吉。

【程傳】

六五以陰柔之質，密比於上九剛陽之賢，陰比於陽，復無所繫應，從之者也，陰若無正應而有比親之陽，則順從陽。受賁於上九也。上九，丘園也。

自古設險守國，故城壘多依丘阪，丘謂在外而近且高者。園圃之地，最近城邑，亦在外而近者。丘園謂在外而近者，指上九也。六五雖居君位，而陰柔之才，不足自守，與上之剛陽相比而志從焉，獲賁於外比之賢，賁於丘園也。

賁於上九也。以丘園之地代上九之人。若能受賁於上九，受其裁制，戔戔其束帛。如求帛而戔戔，戔戔為「剪剪」。則雖其柔弱，不能自為，為可吝少，然能從於人，成賁之功，終獲其吉也。戔戔，剪裁分裂之狀。帛未用則束之，故謂之束帛；束帛，六五也。及其制為衣服，必需剪裁分裂戔戔然。裁剪束帛，上九之賁也。束帛喻六五本質，戔戔謂受人剪裁而成用也。其資於人，與蒙同，六五依賴於人，與蒙同。而蒙不言吝者，蓋童蒙而賴於人，乃其宜也，蒙正自有求問於人。非童幼而資賁於人為可吝耳，然享其功，終為吉也。

【釋義】

何楷：「比於上九剛陽之賢，受賁於上九者也。丘園指上，上陽剛而處外，乃賢人隱丘園之象。據《彖》曰『剛上文柔』，則六五乃上所賁者，爻所謂『賁於丘園』，猶曰受賁飾於丘園也。按《昏禮》『納帛一束，束五兩』注：十端為束。束帛戔戔，其儀文雖薄，然終與上合志而吉。」朱熹：「戔戔者，淺小之意，所以下文云吝終吉。」束帛加璧乃古之君王聘賢之重禮，今有帛無璧，吝嗇也。

剛上文柔，上九賁飾六五也。賁於丘園，受賁於丘園也。丘園，分而言之，艮止為丘，上也；處中為園，五也，賁於丘園，上九與六五有賁合之好；合而言之，丘園重在丘，謂上九。丘園乃賢者隱居之所，象上九賢者。六五求賢以賁飾其政，賁於丘園也。

六五柔居尊位，然陰性吝嗇，束帛為聘，簡薄而為吝也；然上九處艮上，艮止於內，有不務外之意，六五雖聘禮簡薄，然禮貴儉不貴奢，況五艮體虛中，有敦厚納賢之象，禮薄而意誠，如劉備之聘諸葛，故終吉。

《象》曰：六五之吉，有喜也。

【程傳】

能從人以成賁之功，享其吉美，是有喜也。

【釋義】

《說文》：「喜，樂也。」喜自外來：「有朋自遠方來，不亦樂乎？」樂自外朋之來。六五聘得上九來賁其政，有喜也。

上九，白賁，无咎。

【程傳】

上九，賁之極也。賁飾之極，則失於華偽。華乃飾實，若務於華則偽。惟能質

白其賁，賁而能顯其實。不遮蔽「實」之賁，乃是「質白之賁」，為白賁。則無過失一作「飾」之咎。失作飾，意思永長。不因飾而掩其質，無過飾之咎也。白，素也。尚質素，則不失其本真。所謂尚質素者，非無飾也，不使華沒實耳。不使賁掩其實。

【釋義】

白賁，素白之賁，賁不掩實，不務求為賁而賁。上九剛居賁極，處艮體之上，極則反，艮則止，剛務實，故當止於務華之賁而返於素白之賁，則无咎。

《象》曰：白賁无咎，上得志也。

【程傳】

白賁无咎，以其在上而得志也。上九為得志者，在上而文柔，成賁之功，六五之君又受其賁，故雖居無位之地，而實尸賁之功，尸賁，猶主賁、成賁。為得志也。與他卦居極者異矣。既在上得志，處賁之極，將有華偽失實之咎，故戒以質素，則无咎。飾不可過也。

【釋義】

上九白賁六五，不掩其實，居上而得志也。

䷖ 剝卦第二十三　坤下艮上

【程傳】

剝，《序卦》：「賁者，飾也。致飾然後亨則盡矣，故受之以剝。」致飾，飾之極，則文掩實，物無實可立，無誠可行，故亨盡。夫物至於文飾，亨之極也，賁為內文明，剝為文明剝盡，亨極則反，自內自根改其道而成剝：陰極盛而滋生於內，僅一陽孤存於上。極則必反，故賁終則剝也。

卦，五陰而一陽，陰始自下生，漸長至於盛極，群陰消剝於陽，坤陰為群小人，其象為：陰柔自內消剝陽剛。故為剝也。

以二體言之，山附於地，山高起地上，而反附著於地，坤上艮下為謙，坤下艮上為剝，內外卦相反：君子不行謙道，鳴高其德，正是其德壞爛處，陽附著陰，處君子之位而行小人之道，山反附於地也。頹剝之象也。頹，衰也；剝，消也。內傾塌而欲安止於外，無能為也。

【釋義】

內盛實則不必外飾，務求外飾，則盛轉衰，實轉虛，虛衰於內則必強飾於外，外飾至於極，則內實喪而亨道盡，賁為剝也。

剝者，落也、爛也，陽剝落而物毀爛；物所以可以生者、可以壯大者，以陽行於物中之故。陽消則物之生機喪，物之生機喪，則剝落矣。

剝時，天道將盡，萬物凋零而不可久存，天地入藏矣。在人，則君子退隱，小人晉進，離明消剝，禮崩樂壞，制度坍塌，百姓失其處所，斯文不在。

剝之象，五陰在下，一陽在上，群陰盛大於下，一陽孤懸其上，行將剝盡，小人之道大行，君子之道僅存，賁成剝也；然一陽艮止於上，雖高危亦可安止，天道不喪，陽不可終剝盡也。

君子觀坤順艮止之象，思內以順時而外以止進，巽其言而正其行，斂其德光，與時消息，不可強為。

剝：不利有攸往。

【程傳】

剝者，群陰長盛，生於初謂「長」。**消剝於陽之時。**眾小人剝喪於君子，不使君子立於廟堂之上，邪不正之論充塞道路。**故君子不利有所往，惟當巽言晦跡**，巽言，遜言也，言下遜於人，不鳴其道，謹言慎行，括囊无咎。晦跡，隱其德光，不進於仕途，不雜於小人之伍。卷而懷之，若乘桴浮於海。**隨時消息**，時消則斂，時息則進。剝時，君子唯進德不息，晦隱行跡，以免小人之害。**以免小人之害也。**

【釋義】

孤陽獨處極高，又居艮體之上，進無去處，退無居所，艮止於此，故不利有攸往也。往者，乃是自內往外行去，陽已處於外高之地，居外卦之極，自是無可往。

剝時，小人道長，君子道消，君子當危行言遜，默以自存，若鳴高其德，道將窮於一身，故不可往，不可行道於天下。

《彖》曰：剝，剝也，柔變剛也。不利有攸往，小人長也。

【程傳】

剝，剝也，謂剝落也。盧氏曰：「此本乾卦。群陰剝陽，故名為剝也。」**柔變剛也，**柔剝削剛，剛變為柔。**柔長而剛變**一作剝也。剛變為柔。剝卦，山附地，陽附陰，剛不能自立，自會內變為陰。夏至一陰生而漸長，夏至陽極盛，一陰生於下。**一陰長則一陽消，至於建戌，則極而成剝，**建戌，夏曆九月，陽剝盡於下，故曰剝乃九月之卦。極，陽極盛。**是陰柔變剛陽盛。**變猶消、革。**陰，小人之道方長盛，**長盛皆自下。**而剝消於**一作**剛陽，故君子不利有所往也。**行道為往。剝時，君子只能行道於己，不可推之於人。

【釋義】

陰自初之五，步步剝落陽爻，更欲往進於上位而變一陽為陰，故云「柔變剛也」。往者，自內而外、自下而上，君子推諸己而行道於天下。

剝時，群陰盛行，小人當道而勢長，君子之道晦隱，不可往而平治天下，所往者皆小人也。

順而止之，觀象也。君子尚消息盈虛，天行也。

【程傳】

君子當剝之時，知不可有所往，順時而止，坤順於下，艮止於上，順時而止。乃能觀剝之象也。卦有順止之象，坤順艮止，順時而不可往有為，止也。艮外止，君子不可行道於外，行諸己而已。乃處剝之道，君子當觀而體之。踐行為「體」，行諸己也。

君子尚消息盈虛，尚，尊尚也。陽消則陰息，陰消則陽息，盈虛也如此。天行也：消息盈虛，天行之跡，故曰「天行」。君子存心消息盈虛之理而能順之，存，涵養也，存其理，涵養其理。順之，順理而行。乃合乎天行也。君子不可自往，順消息盈虛之理以往，合乎天行也。理有消衰，消，亡也；亡則衰。有息長，息，生也；息則長。有盈滿，盈則滿，有虛損，虛則損。順之則吉，逆之則凶，君子隨時敦尚，敦，敦厚其德，內恭以自處；尚，順隨消息盈虛，外觀順時變。所以事天也。內自處，健行其德，所以事天；觀消息變化，順天而裁成，亦所以事天。

【釋義】

坤順艮止，剝之象，君子觀之，當順其時而止其行，不往行天下也。

順，順剝之時，與時消息，行不違時。止，艮止在外，君子賁其趾而不行道於外，柔順以止，不敢行其剛陽，儉約行藏，高尚自處。順與止，皆為君子尚消息盈虛。

剝時，君子道消、小人道息，陰盈滿、陽虛剝，天如此，世道如此，不可強為，故君子艮止於行，卷道以藏。

《象》曰：山附於地，剝。上以厚下安宅。

【程傳】

艮重於坤，山附於地也。山高起於地而反附著於地，圮剝之象也。圮pǐ，崩塌也。上，謂人君與居人上者，居上者，爻之象則為上九。觀剝之象而厚固其下，下為宅基，喻民。宅，房屋，喻君上；能近取譬之義。以安其居也。其，君子也；安君子之

居。下者，上之本，本者，所由生也。未有基本固而能剝者也。剝削於基本，則處上者不得安寧，故基本固，則居上者安。故上—作山之剝必自下，下剝則上危矣。

為人上者，知理之如是，則贍養人民，厚下也。以厚其本，乃所以安其居也。《書》曰：「民惟邦本，本固邦寧。」厚下則寧上。剝僅一陽存續於上，下諸陽剝削盡淨，孤陽豈能安寧於上？

【釋義】

山附於地，乃尊附卑之象。尊附卑，則以卑之道為尊之道，則尊者何能倡導於先，而行教於天下？此為政教傾塌於上，君子與下民同逐於利，上下交征利，國家豈有不速亡者？

艮實坤虛，山附於地，乃實附於虛，故有傾圮、剝落之象，山陷於地中，僅一陽存。在他卦，坤本厚重載物，在剝為虛陷無實。人君觀剝象，思培育根本、懷柔百姓。

尊賢禮臣、愛民節用、開源導流諸類，皆為厚下之道，而又以愛民為一切厚下之根本，百姓序然雜處而又相安無事，便是厚下。

安宅，乃為安宅中之人。宅中之人，為君上、行政之長也。治理者能安，順其所由之安，推出去，則可安天下萬民，所謂修身治平之道。

厚下以安上，次序似從厚下始；安上可厚下，次序又似從安上始；陰陽循環，非止一端。自君子治平看，治天下當自「安宅」始，安宅即君子「格物、致知、誠意、正心、齊家」五條目，五條目能修得好，便是安宅，然後方能平治百姓。自百姓看，當平治天下當自厚下始，百姓安則居上者安。

剝乃是「下」為剝削，故當自「剝」處「厚」之，「厚下」自為先，然厚下不由君子修身進業之道，則終不能有所真厚，安宅又所以為厚下也。

初六，剝床以足，蔑貞凶。

【程傳】

陰之剝陽，自下而上。自下，自內也。生機自內，蔑剝自內、自下，生機漸喪。以床為象者，取身之所處也。能近取譬之義。自下而剝，漸至於身也。剝床以足，剝床之足也。剝始自下，故為剝足。

陰自下進漸，消蔑於貞正，凶自漸來。漸，未易覺也，漸而不已，貞蔑則凶。凶之道也。蔑，無也；謂消亡於正道也。陰剝陽，內腐爛而稱之為「剝」。柔變剛，變剛而成柔，變君子而成小人。是邪侵正，入內為侵。小人消君子，其凶可知。

【釋義】

剝床以足，近取諸物為喻，人所習察，易知易從也。床，人安息之處；剝其足，則身不得安寧，危在切近，履霜之危也。

賁之初為人趾，賁其趾，為人自選。剝之初為床足，剝床足，自外來。剝自床下，悄無聲息，人未察覺，尚未至於凶，若不戒其微始，馴致其道，蔑貞不已，其勢必至於「凶」。

蔑，削、滅也，象為「以滅下」，蔑可釋為「滅」。蔑貞，削滅其正。六處剛位，以陰擬陽，自下漸至於剝削陽剛。

剝床以足尚未至於身，於身則未可言「凶」，然爻辭卻言「凶」，細究其意，乃以「蔑貞」為凶。蔑正，大小顯微不論，其凶幾已顯，六二「剝辨」也如是。君子不可自蔑其貞，自蔑其貞，凶必隨之。

《象》曰：剝床以足，以滅下也。

【程傳】

取床足為象者，以陰侵沒陽於下也。滅，沒也。侵滅正道，陽主生，為正道。自下而上也。

【釋義】

剝床以足，剝自下起。滅下，陽在下被滅，剝本蔑貞也。貞正始於下，初本為陽，為陰侵剝而沒，滅在下之陽也。

六二，剝床以辨，蔑貞凶。

【程傳】

辨，分隔上下者，床之幹也。陰漸進而上剝至於辨，愈蔑於正也，凶益甚矣。

【釋義】

辨，今人一般以為是床板。

鄭玄：「足上稱辯，謂近膝之下。屈則相近，申則相遠，故謂之辯。辯，分也。」辨為足上、膝下之間，約為床腿。蘇東坡：「辨，足之上也，床與足之間，故曰辨。」也當指床腿。崔憬：「今以床言之，則辨當在第足之間，是床桯也。」辨，床邊踏腳、放置鞋的床踏。孔穎達：「辨，謂床身之下，床足之上，足與床身份辨之處也。」按，「足與床身份辨之處」，即床腿。朱熹：「辨，床幹也。」應指床板。李守力以為「辨」為「床板」，河南信陽長臺關出土的

戰國彩漆木床，此床只有床足、床板，沒有床腿。按，三不剝正，四為剝膚，二為床板義理通順。

陰漸剝陽，而至於床板，剝削漸至於身而兇險也。

《象》曰：剝床以辨，未有與也。

【程傳】

陰之侵剝於陽，得以益盛，至於剝辨者，以陽未有應與故也。應與，正應而同行共濟者。與，助也。小人侵剝君子，若君子有與，有助也。則可以勝小人，不能為害矣；唯其無與，無助也。所以被蔑而凶。當消剝之時，當，處也。處陰消剝陽之時。而無徒與，徒與，有徒從而能助之。合言之，徒與，乃同行者，同志也。豈能自存也？言未有與，剝之未盛，有與猶可勝也，示人之意深矣。

【釋義】

有與，有比、應之徒來相助。比者，陰陽相比也，一三為陰，不能比親於二，無與也；應者，陰陽相應也，五為陰爻，非二之正應，亦無與也。二自處不正，上下無與，故有剝床以辨之禍。

二承初之爻意，不言剝辨本身為凶，自蔑貞則凶。君子固窮，小人窮斯濫矣：君子窮非災也，窮而不能固守其道為災。剝足、剝辨非凶也，蔑貞不能固守為凶。君子臨難不懼，非畏死也，畏道之不繼也；故言「蔑貞」則凶，「貞」不在己或不能傳人則凶。

六三，剝之无咎。

【程傳】

眾陰剝陽之時，而三獨居剛應剛，初、五居剛而不應，唯三應剛。與上下之陰異矣。二、四皆剝落上九，三應上從上，故言「異」。志從於正，在內為志，非外誘為志。在剝之時，為无咎者也。從正則无咎。

三之為，可謂善矣，不言吉，何也？曰：方群陰剝陽，眾小人害君子，三雖從正，其勢孤弱，上九處無位之地，不能助三。所應在無位之地，所應者，上九也；上九居外卦之上，所謂處無位之地也。於斯時也，難乎免矣，安得吉也？其義為无咎耳。義則无咎，非曰其行可亨、身可免。言其无咎，所以勸也。雖千萬人吾往矣，勸善也。

【釋義】

三柔處剛而志應於剛，與上合志，故不能言剝上九之陽；然陰柔處剝時，必有所剝，故言「剝之」。

三從陽順正，居剝之時，自處无咎。剝之者，剝落上下之陰類，言三離其群類，不與群陰為伍，志剛也。之，三之上下陰爻。

群陰（初、二、四）皆剝落上九，六三陰居剛位，獨應於上九，與群陰不相與，上下皆不親比，所謂東北喪朋者，因其從陽順正，於義无咎，非能為吉。

《象》曰：剝之无咎，失上下也。

【程傳】

三居剝而无咎者，剝陰无咎。其所處與上下諸陰不同，三與諸陰不同者：陰處陽且正應於上。是與其同類相失，於處剝之道為无咎，三處剝之道不同於眾陰，三非剝陽而剝陰，絕交於群陰，與朋類相失彼此。如東漢之呂強是也。漢靈帝時宦官，然能自處中正，為人清忠奉公，不與群小為伍，後為中常侍趙忠等誣奏，忿而自殺。

【釋義】

失上下者，失上下之陰爻，不與陰類為朋，東北喪朋，剝落群陰而無與也。

六四，剝床以膚，凶。

【程傳】

始剝於床足，漸至於膚。膚，身之外也，將滅其身矣，其凶可知。陰長已盛，陽剝已甚，過三也。貞道已消，故更不言蔑貞，道喪而及身，故不言蔑貞。下三爻為內，道之所在，內盡為陰，則道喪，而至於四，危及身也。直言凶也。

【釋文】

剝床及辨，未及身，故只言「蔑貞凶」：滅正，勢將凶也。剝床以膚，剝及身，凶已成也。四居近君之位，行將剝至於君，猶膚在人體之外，故以剝膚為喻。

《象》曰：剝床以膚，切近災也。

【程傳】

五為君位，剝已及四，在人則剝其膚矣。剝及其膚，身垂於亡矣，切近於災禍也。

【釋義】

災切於身，大禍不可免，身將垂亡矣。

六五，貫魚以宮人寵，无不利。

【程傳】

剝及君位，剝之極也，其凶可知，故更不言剝，而別設義以開小人遷善之

門。五，群陰之主也。魚，陰物，故以為象。五能使群陰順序，行後宮之德，行範宮人也。如貫魚然，初至於五皆為坤順之體，順之又順，如魚貫然。反獲寵愛於在上之陽，如宮人，則無所不利也。宮人，宮中之人，妻妾侍使也。以陰言，且取獲寵一作親愛之義。以一陽在上，眾陰有順從之道，故發此義。

【釋義】

剝互卦為重坤，五居坤體之上、艮體之中，能順巽於上，又能艮止群陰。五為群陰之主，居中而有后妃之德，故能率由宮妃，「貫魚」有序而進御於上九。

魚，陰物，喻指宮人。貫者，止剝之道、坤順之德，言六五之道也。貫魚，以六五之道秩序宮人，使之賓然順服，能承順上九而得寵信也。以者，以此道也。无不利者，六五以其止剝之道率眾陰從陽，行以順正，无不利也。

六五下無應係，故能親比上九；且柔居中正，處剛位而近剛，故能統領群陰以從上九。

《象》曰：以宮人寵，終無尤也。

【程傳】

群陰消剝於陽，以至於極。至五為極。六五若能長率群陰，長，五以道為群陰之長。駢首順序，駢首，聚首也。駢首順序，聚集而有序，貫之以道也。反獲寵愛於陽，則終無過尤也。於剝之將終，復發此義，聖人勸遷善之義，「子為政焉用殺」之義。深切之至也。

【釋義】

六五以其道率由宮人，使宮人得寵於上九。六五既能坤順於上、止於其所當止，也能為群陰之長，故無憂。

上九，碩果不食，君子得輿，小人剝廬。

【程傳】

諸陽消剝已盡，獨有上九一爻尚存，如碩大之果，不見食，食，剝食也。將見一作有復生之理。剝極則復，善不終盡，陽不終窮。上九亦一本作一變，則純陰矣。然陽無可盡之理，變於上則生於下，無間可容息也。生機不斷，無間也。此處「息」非指生義，乃為休息、止息之息：陽無止息之空間也。聖人發明此理，以見陽與君子之道，不可亡也。

或曰：剝盡則為純坤，豈復有陽乎？曰：以卦配月，則坤當十月。以氣消

息言，消為滅、息為長。**則陽剝**一有盡字**為坤**，象則全陰，只是陽未著明而已；如乾為全陽，陰也未形著。**陽**一有復字**來為復**；陽未嘗盡也，剝盡於上，則復生於下矣。**故十月謂之陽月，恐疑其無陽矣。**全陰爻，恐人誤以為無陽，名為陽月。**陰亦然，聖人不言耳。**陰也無剝盡之理，天道循環自然如此。

陰道盛極之時，其亂可知。天地無生理，四時行忒，亂也。亂極則自當思治，故眾心願載於君子，君子得輿也。古時為官者乘輿，喻能行道於一方。《詩・匪風》、《下泉》所以居變風之終也。《匪風》、《下泉》皆為思治之詩，故程子以為居變風之終，行將治也；如君子居剝極，其道不窮，反為眾陰所輿。理既如是，在卦亦眾陰宗陽，為共載之象。尊之為高，抬輿之象。

小人剝廬：若小人，則當剝之極，剝其廬矣，無所容其身也。更不論爻之陰陽，但言小人處剝極，則及其廬矣。君子居亂則反己思治，小人居亂極則窮斯濫矣，故有剝廬之象。廬，取在上之象。

或曰：陰陽之消，必待盡而後復生於下，此在上便有復生之義，何也？夬之上六，何以言終有凶？曰：上九居剝之極，上一作止有一陽，陽無可盡之理，故明其有復生之義，見君子之道，不可亡也。夬者，陽消陰，陰，小人之道也，故但言其消亡耳，何用更言卻有復生之理乎？小人之道也復生，只是不可為訓。

【釋義】

上九剝極：碩果不食，天不剝陽也。天以陽為心，故處剝極，天佑君子得輿，剝小人之廬，天心不可亡也。剝時，剝足剝辨，陰漸進而剝，但不能剝君子之道，故上九申言碩果不食：君子之道終不可剝削。

剝時，眾陽皆變，唯上九不變，如碩果不為所食。喬中和：「碩果不食，核也，仁也，生生之根也。」碩果不食則生生不息，喻君子之道終不窮，陽終不剝盡，剝極於上則生於下，如不食之碩果，必當生生。

觀碩果之象，知君子之道剝極必復生，君子處困窮能反己，故道不窮。小人處困窮，則窮斯濫矣，故有「剝廬」失所之象。

剝廬者，小人祿道窮矣！小人不尊順天，不守天爵，也將無人爵，天剝其祿命。故剝廬者，小人不能安止於廟堂之上，失其位也。小人以安居為志求，得其位則求其俸祿安居，小人「剝廬」，失卻朝堂之位，不能行其利己之道。

君子尊天，以大公為其道，君子但行道，不以安居為志，無適無莫，義之為比。君子道行於中原，則以中原為安；道行於夷狄，則以夷狄為安。是故君子得道，乃是「得輿」，行其道而已，以道義為安止之所，不安止於廬居也。

道行不已，故君子得輿，健行不息。《史記‧老子列傳》：「君子得其時則駕，不得其時則蓬累而行。」則君子行道天下，駕車乘御也。

車輿行於道上，君子得輿，喻君子得以行道，居官行政。君子道行，則小人道消，故小人有剝廬之象。

《象》曰：君子得輿，民所載也；小人剝廬，終不可用也。

【程傳】

正道消剝既極，則人復思治，故陽剛君子為民所承載也。若小人處剝之極，則小人之窮耳，終不可用也。天道以生生為本，君子仁而生民，小人私而利己，故君子、小人處剝極，境遇各不同，順天與逆天之別。非謂九為小人，但言剝極之時，小人如是也。

【釋義】

載君子者民心也，君子與民同心，故言「君子得輿」乃「民所載也」。「小人剝廬，終不可用也」，如師之上六：「小人勿用」。

復卦第二十四　　震下坤上

【程傳】

復，《序卦》：「物不可以終盡，天地不盡，生物不窮，剝盡則復生。**剝窮上反下，**窮上，陽道窮盡於上，剝之上九；反，返也；反下，返歸於初，復之初九。**故受之以復。」**陽居內來初，居內則有生機，來初則始生。**物無剝盡之理，**古人不創新說，只觀天道循環，終始相續，故無剝盡之理。**故剝極則復來**一無「來」字，剝極於上，則復來於下。**陰極則陽生，陽剝極於上而復生於下，窮上而反下也，**陽窮於上則復反於下。上，上交；下，初交。**復所以次剝也。**

為卦，一陽生於五陰之下，陰極而陽復也。陰極盛於上，則陽復來於下，潛伏也。**歲十月，陰盛既極，冬至則一陽復生於地中，**內卦本為坤，上之剛下來至初，故曰生於地中。**故為復也。陽，君子之道。陽消極而復反，**消極，消剝至極。**君子之道消極而復長也，**消極於上，而復生於下。**故為反善之義。**陽歸即反善，反歸於善，復生生矣。

【釋文】

復者，陽來內，天心復也。碩果不食，天心不亡，生機不盡。剛窮剝於上，必復反於下，君子之道不窮，故受之以復。

為卦，一陽在下，群陰在上，震動坤順，一陽震動，天下順隨也。

復：亨，出入無疾，朋來无咎。

【程傳】

復亨，既復則亨也。陽生於初，生生之道復反，生意亨也。陽氣復生於下，漸亨盛而生育萬物；陽在下，必健行往上，其勢必漸亨。君子之道既復，則漸以亨通，澤於天下，亨非亨己，乃亨天下，君子推己及人之道，自有其不可已者，必德澤天下。故復則有亨盛之理也。其道漸也。

出入無疾：疾，阻隔也。凡有阻隔，則生意不暢而有疾。以陽爻言：陽入來初，長而漸盛，皆無阻隔，出入無疾也。以上下卦言：坤居外為順出，震居內為動入，入動出順，出入無疾也。出入謂生長，陽之生長，萬物之生長，君子之道長。復生於內，內卦之初。入也；陽居初，始生，入也。長進於外，出也。漸長於外，出也。先云出，語順耳。陽生非自外也，剝、坤二卦中自有陽，伏藏無行跡，生機不息，故非自外來。來於內，此處「來」義猶顯字，坤時陽潛伏，陽爻不顯，至復時，陽顯也。故謂之入。物之始生，其氣至微，故多屯艱。陽之始生，其氣至微，故多摧折。春陽之發，為陰寒所折，觀草木於朝暮，則可見矣。見屯艱也。

出入無疾，生之勢已成，故言無疾，非說生之途無有屯難。謂微陽生長，一陽生於下，微陽也。微，也為潛藏，故微，無與物懟，無害之也。無害之者也。既無害之，而其類漸進而來，則將亨盛，故无咎也。

所謂咎，在氣則為差忒，在君子一本為「君子之道」則為抑塞不得盡其理。氣有阻塞，理有未達。陽之當復，雖使有疾之，傷害而阻之也。固不能止其復也，勢不可止，道途則有舛。但為阻礙耳。但間阻使有緩急不同而已。而卦之才有無疾之義，復之勢無疾，復之道途則險阻之疾。乃復道之善也。道，導也。

一陽始生，至微，固未能勝群陰而發生萬物，發生，猶生育。生氣奮發而生生，物發而生長也。必待諸陽之來，然後能成生物之功而無差忒，勢盛則氣暢達，故行無差忒。無差忒，生物之功不復返也。以朋來而无咎也。朋來，則君子道長，拔茅茹也，同志並進，故无咎。三陽子丑寅之氣生成萬物，眾陽之功也。若君子之道，既消而復，豈能便勝於小人？必待其朋類漸盛，則能協力以勝之也。拔茅茹，君子群進。

【釋義】

陽復於初，其勢漸長，萬物得之，生生不息，陽道暢而萬物亨盛，復亨也。

疾，阻隔也。出入，在物為陽，在人為君子。陽入為震，雷震天下，萬物

奮進，何阻疾也？陽動而順行，萬物順長，又何阻疾也？出入無疾，君子道長，小人道消，朋類咸聚，共成亨盛之勢，君子无咎也。

一陽居下，無所謂朋，卦辭言「朋來无咎」，何也？君子居內如北辰，雖未成群陽聚集之態，但其勢必將使天下君子咸歸就我，見微知著也。

反復其道，七日來復，利有攸往。

【程傳】

謂消長之道，反覆迭至。陽之消，至七日而來復。日，陽也。七日，陽七次變更。姤，陽之始消也，乾剝初變為姤。七變而成復，故云七日，謂七更也。更，變也。臨云「八月有凶」，臨卦。謂陽長至於陰長，歷八月也。陽進則陰退，君子道長則小人道消，故利有攸往也。往，自內行於外。內震動外坤順，其道暢通，往有利也。

【釋義】

反，返也，陽回歸於內為「反」；剛來初為「復」。其道，天道也，陽道也。反復其道：返而復歸其道，復歸生生之位。陽回歸，復其舊道，陽來居下，則能生生萬物。反覆二字疊加，重言之；《子夏易》云：「反而復行其道也」，是也。

日，陽也。七日，陽七次變更，非指七天。七日來復：自乾卦之後，陽爻自初逐漸剝落至回歸，更歷七卦之變，序為：姤、遯、否、觀、剝、坤、復；姤剝初（☴）、遯剝至二（☶）、否剝至三（☷）、觀至四（☷）、剝至五（☷）、坤全陰（☷），復卦陽始復於初（☳），更歷七變，為「七日來復」，故程子說：「姤，陽之始消也，七變而成復，故云七日，謂七更也。」

陽復歸，君子之道行，故君子往行天下則利。

《彖》曰：復亨，剛反。動而以順行，是以出入無疾，朋來无咎。

【程傳】

復亨，謂剛反而亨也。只言「剛反」，不別言「坤順」，因「剛反」則「坤順」在其中；君子來，小人必偃然而掩其不善。**陽剛消極而來反**，來反為迭用，義有小別：來於內、反於初。**既來反，則漸長盛而亨通矣**。也只言來反的內因，不言坤順的外因。**動而以順行**，震動坤順。**是以出入無疾**，陽在其位而動，陰在其位而順，故陽之出入，皆無阻隔，出入無疾也。**朋來无咎**，道行而君子來聚，何咎之有？以卦才言其所以然也。下動而上順，是動而以順行也。**陽剛反而順動**，剛初來有屯生之難，戒孤往妄動，於人，必

俟君子群來，順時而能成事。**是以得出入無疾，**順動則無疾。俟時而動，如庖公解牛，順之，則無疾阻。**朋來而无咎也。**朋來，君子道長也。君子道長，故所行無疾，則无咎。**朋之來，亦順動也。**順時而行其政。復時，舊政尚未盡皆腐敗，故君子當漸革以進，順動也。

【釋義】

復亨：陽道復歸而其道亨通也。剛反：剛反而至於初，反其生生之位。動而以順行：坤附震，陰附陽，故內震動而外順行；君子有令，小人順命，有動則順，出入無疾也。

疾，乃是病痛，有病痛則人體之氣不得暢通、鬱結而生疾。剛反而生機暢達，出入無疾，陽剛之動入動出，皆無阻疾。

朋來，群君子之來居內，同志共進，君子道盛，无咎也。復卦，君子之道暢通，君子來內，順時而動，也謂无咎。

反復其道，七日來復，天行也。利有攸往，剛長也。復其見天地之心乎！

【程傳】

其道反覆往來，「反覆往來」四字，可以指「陽」之所為：陽「反」內，「復」於初，「往」生於外，「來」居於下。也可指陰陽在復時相互博弈，此消彼長：陽「來」則陰「往」，陽「復」則陰退，陽「反」則陰去。程子偏向後者。**迭消迭息。**迭，更替也，陰陽更替消息。**七日而來復者，天地之運行如是也。**七日來復，天道循環一周。**消長相因，**因，襲也。**天之理也。陽剛君子之道長，故利有攸往。**謂君子可以立於朝堂之上，以行其道。往者，往行道也。**一陽復於下，乃天地生物之心也。**天地生意之始，一陽復也。

先儒皆以靜為見天地之心，先儒指孔穎達、周敦頤等，孔疏：「復謂反本，靜為動本。冬至一陽生，是陽動用而陰復於靜也。」周敦頤：「聖人定之以中正仁義而主靜」，是皆以陰靜為天地之心。靜，不為外欲侵奪為靜，動而無私欲、動而不離中方是為靜。**蓋不知動之端乃天地之心也。**動之端，一陽復也。**非知道者，**道為陽之道，非陰之道，陰乃輔助陽。**孰能識之？**識之者，體之於心、行之於身。

【釋義】

天以陽之行為行，「反復其道，七日來復」為陽之行。陽之行即天行。剛長於初，其勢必盛，剛長也；剛長，則君子之道長，故利有攸往。天以陽動生物為心，陽回歸，即復見天地生物之心。見者，顯也，陽行而顯其生物之行跡，見也。

《象》曰：雷在地中，復，先王以至日閉關，商旅不行，後不省方。

【程傳】

雷者，陰陽相薄而成聲，薄，靠近。當陽之微，陽處微時。未能發也。潛龍勿用之時，力不足以發。雷在地中，陽始復之時也。潛藏勿用之時。陽始生於下而甚微，君子修己未成，尚不足以齊治平。安靜而後能長。安者，安其位，琢磨其德；無他往之心為靜，靜言其專也。長者，畜其德也。先王順天道，體天道而裁成之，所以順也。不能體天道而裁成之，非先王之順，乃是百姓由之而不知也。當至日陽之始生，至日，陽復初之日，冬至日。安靜以養之，安息其動欲，靜其躁出之心。養之，修其陽剛之德，待其長大。故閉關，使商旅不得行，猶基督教深休息日，教民皆禮拜，不務生產。人君不省視四方，人君：天子、諸侯。觀復之象而順天道也。在一人之身亦然，當安靜以養其陽也。

【釋義】

天地交變之際，雷在地中，尚未奮發，陽勢未成，未顯於地上。先王觀此，潛修其德，晦之勿用，不察事務，以待時變。

先王：能議禮、制度、考文之有德天子，簡言之，能創立制度、垂統後世的有德天子，如周之文武、攝天子位之周公。後世如始皇、武帝等，雖創立制度垂統兩千年，但德行大虧，不能稱之為先王。先，德在人先，身可為後世法者，「先」字不獨「事功」上講其開創之功，尚需在德上垂範後世。

「至日閉關，商旅不行」，乃是「先王」所定的制度。閉關，不開國境關口，不通商旅。商旅不行，商人旅客不行於關外，也當不行於境內。

後：周之天子、諸侯之王，不能「議禮、制度、考文」者，故「後」必須尊行先王之制度。「不省方」，「後」尊行「先王」之制度。省方，視察國境內與諸侯境內，行天子、諸侯王之職；不省方則不行天子、諸侯王之職，效「雷在地中」之道。

初九，不遠復，無祇悔，元吉。

【程傳】

復者，陽反來復也。反，歸也。陽來初謂復。陽，君子之道，故復為反善之義。天地之心，返善也。初剛陽來復，處卦之初，復之最先者也，是不遠而復也。失而後有復，不失則何復之有？惟失之不遠而復，不遠，未出位。則不至於悔，出位則悔，欲動而未出位，則不至於悔。大善而吉也。復，吉也；不至悔而復，元吉也。

祇宜音祇，抵也。《玉篇》云：適也，義亦同。祇義與「適」同；適，至也。無

祇悔：尚未至於後悔。**無祇悔，不至於悔也。**坎卦曰「祇既平无咎」，謂至既平也。**顏子無形顯之過，欲動而不出位，**咎未形、過未顯也。**夫子謂其庶幾，**過剛至於幾微則更之，故顏子庶幾於聖。**乃無祇悔也。**無至於悔。或按侯果所言：無大悔。以「元吉」言，程子之說於義更順，有小悔則不至於「元吉」。**過既未形而改，何悔之有？既未能不勉而中，所欲不踰矩，**未能所欲不逾矩。踰逾通。**是有過也，然其明而剛，**陽處正位，明其分，明也；陽處震體，不欲他適，剛也。**故一有不善未嘗不知，既知未嘗不遽改，**明則知，剛則改。**故不至於悔，乃不遠復也。**祇，陸德明音支，《玉篇》、《五經文字》、《群經音辨》並見衣部。三書中，祇字皆在衣部。

【釋義】

初九陽處正、居震體，有動出之志。然陽初復始歸，其力甚微，當以養畜為正，動出則有過矣；然剛居正，故能正處其位，「不遠」而復，小過則改，復歸其養畜之正。楊時云：「初九陽始生而未形，動之微也。吉凶悔吝生乎動者也，未形而復，其復不遠矣，故不至於悔而元吉。」動之微，未能顯其過跡，故能復。

不遠復，吉；無祇悔，吉；復而无悔，故為元吉。

卦、爻之復，義各不相同。從卦上看，復乃是上九之陽來居初為復，變剝為復，上九復至初，何來「無祇悔」？從爻上看，九本在初位，爻以初動出不遠為復，故言「無祇悔」。

侯果：「祇，大也。」無祇悔，無大悔。馬融：「祇，辭也。」無實義，無祇悔，无悔也。義皆通，備參考。

《象》曰：不遠之復，以修身也。

【程傳】

不遠而復者，復者，復其初善之心也。**君子所以修其身之道也。**道，途徑、方法。**學問之道無他也，**學問者，學而從天道、問而從天道。**唯知不善則速改以從善而已。**反己則知有不善，不反己則不知有不善。改過如探湯，從速也。佛雲立地成佛，也是速改之義。從善，從天道也。

【釋義】

天不遠而復則生陽，人不遠而復則修身。修身，改過反己也。不遠復是能反己，故夫子釋為修身。觀「不遠之復」，知修身之道不在遠，在邇：近察諸己，切己而思，行諸己而不忒，在己之一身也。

六二，休復，吉。

【程傳】

二雖陰爻，處中正而切比於初，_{切比，切近比親。}志從於陽，能下仁也，_{下仁，卑順於仁，劉備下從於諸葛。}復之休美者也。_{復而能得休美之德。}復者，復於禮也，_{禮，休美於容止也。}復禮則為仁。_{克己復禮為仁。}初陽復，復於仁也。二比而下之，_{下之，從初而順於陽。}所以美而吉也。

【釋義】

休者，美也。復者，二從初之復，亦復善也。休復，美在復也。六二比近初九，親仁復善，得其休美，吉也。

六二柔居中正，復時能貞固順陽之義，且比近初，比乃陰從陽，故此六二之從初而復，並非志從陽，乃是處復時，義應如此，非如六四志從而獨復。

《象》曰：休復之吉，以下仁也。

【程傳】

為復之休美而吉者，以其能下仁也。仁者，天下之公，_{仁以天言，天覆育萬物而不有，至公也。}善之本也。_{本，源頭也。}初復於仁，二能親而下之，_{親，親比也；下，卑而順之也。}親而下之，_{親仁而順之。}是以吉也。

【釋義】

初九，以陽為仁。下，卑順也。二卑順於初九，以下仁，而成其休復之吉，美在從陽剛也。六二陰處中正，在復時，能貞固其德而順服於陽，故有休復之吉。

六三，頻復，厲无咎。

【程傳】

三以陰躁，處復本宜動，_{動歸正為正動；六三體震而居處不正，其動則躁妄。}處動之極，_{處震卦之上，因動頻而頻復。}復之頻數而不能固者也。_{固，貞固也；貞固於正、復。}復貴安固，_{復時，陽本柔弱，故貴安固其本，頻仍則本不固，何況是陰。}頻復頻失，不安於復也。_{不能安處於復善。}復善而屢失，危之道也。_{無止所則危；屢失，無止所也。}聖人開遷善之道，與其復而危其屢失，_{與，贊也；與其復，贊其復善，嘉其義也；危，戒其危也；危其屢失，戒其屢失善道則危。}故云「厲无咎」。不可以頻失而戒其復也，_{戒其復，戒其失正必復。}頻失則為危，屢復何咎？過在失而不在復也。_{復善无咎也，失正則咎。}

【釋義】

陰柔之復,乃復歸於陽。

六三柔居剛,處不中正,居震體之上、內卦之上,頻動而志於外,且遠離於初,不易復也,故三有頻出頻復之象:志在外不能安復於內,欲復歸又動欲出,進退不寧,危厲也。

六三本有此德,然陰處復時,以從陽為義,故雖有屢過,卻又能遷善而頻復,頻復則義无咎。

郭忠孝:「唯君子能久於其道,其餘則日月至焉而已。是以子夏之徒,出見紛華盛麗而悅,入聞夫子之道而樂,與夫回之為人,拳拳服膺而弗失之者,固有間矣。」子夏之徒信道不篤,故出入頻復。

《象》曰:頻復之厲,義无咎也。

【程傳】

頻復頻失,雖為危厲,然復善之義則无咎矣。

【釋義】

頻復雖危厲,然反己復善,義則无咎。

厲,通癘,約為麻風病。《黃帝素問・六元正紀大論》:「厲大至,民善暴死。」「厲」傳染性、死亡率皆極高,俗稱發人瘟。

六四,中行獨復。

【程傳】

此爻之義最宜詳玩。四行群陰之中,而獨能復,獨言衷心復善,非利之。自處於正,陰居正位。下應於陽剛,其志可謂善矣。不言吉凶者,蓋四以柔居群陰之間,初方甚微,不足以相援,無可濟之理,故聖人但稱其能獨復,而不欲言其獨從道而必凶也。曰:然則不言无咎,何也?曰:以陰居陰,柔弱之甚,雖有從陽之志,終不克濟,不能克濟其獨復之艱。非无咎也。不言凶吉咎者,勸善也。

【釋義】

四居一卦之中,有「中」之象。復時,陰從陽為正行;中行,正行也,行而不偏於復陽之道。中,亦為衷,自內從志,衷心願也,四之中行乃是其志如此。

二比鄰初,居中正又處復時,利仁而復;三頻復,志非復,不得不復者;

獨言四為「獨復」，四柔居正，應於初，其志在復，安仁而復，「獨」在志之篤堅。

四較三更遠離於初，然三頻復，四獨復，何以如此？四陰居正位，正應於初，且四居順體，本自有順陽之義，故雖遠離於初，而能中行獨復。

《象》曰：中行獨復，以從道也。

【程傳】

稱其獨復者，以其從陽剛君子之善道也。志從道，故為獨，言其不依傍不逐流，能獨立行己有恥。

【釋文】

從道，正應復初，從陽之道也。

六五，敦復，无悔。

【程傳】

六五以中順之德，處君位，能敦篤於復善者也，故无悔。雖本善，戒亦在其中矣。戒之若能敦篤於復則无悔。陽復方微之時，以柔居尊，下復無助，未能致亨吉也，五之復，無陽剛之助，故不能至亨。能无悔而已。

【釋義】

五、初非應，較四更遠於初，是復而應有悔也；然五處坤厚之地，體順居中，順而無違，厚而無怨，自厚其德，自復其善，敦復无悔也。

《象》曰：敦復无悔，中以自考也。

【程傳】

以中道自成也。自成其復。初修復，二比復，三頻復，四應復，五自復。五以陰居尊處中而體順，居坤體順也。能敦篤其志，順則不違，處中則不偏，故能敦篤之復正之志也。以中道自成則可以无悔也。自成，自考自擇也，又何悔焉？自成，謂其中順之德。

【釋義】

自考，反己自省之謂。中以自考，五以居中反己以成其復：因其處中而居陽位，故自省而敦順於陽，成其復。《子夏易》：「自考也者，窮其理而盡其性也。」陳夢雷：「五與初非比非應而復，困知勉行者也，故曰自考。」皆指自省自勉為自考。

初曰「修身」，二曰「下仁」，四曰「從道」，五曰「自考」，初復在己為修身，二比近為下仁，四遠應則從道，五則過於遠、不能從道於初，故自家敦復為自考。

上六，迷復凶，有災眚，用行師，終有大敗，以其國君凶，至於十年不克征。

【程傳】

以陰柔居復之終，終迷不復者也，居終而遠於初，迷而不能復正。迷而不復，其凶可知。不復於正，則入於邪妄，凶可知也。有災眚：災，天災，自外來；眚，己過，由自作。行過為眚。既迷不復善，在己則動皆過失，動皆由邪，故有過也。災禍亦自外而至，蓋所招也。自眚不正而招致外災。迷道不復，無施而可，施皆妄動而凶，故言不可施為也。用以行師，終有大敗，以之為國，則君之凶也。用以治國，則君主凶。十年者，數之終。至於十年，不克征，謂終不能行。既迷於道，何時而可行也？

【釋義】

迷復，處復之時而迷失其道也。陰柔處復之終，遠離於正，無應比於陽，不能復正，故迷也。上六之道，行之於外有災，故行師於敵則大敗；行之於內則有眚，自行不正，國君則凶。

上六迷復甚深，遠離正途而不知返，以至於十年不能行事。征，做大事為征。不克征，不能做大事也。

《象》曰：迷復之凶，反君道也。

【程傳】

復則合道，既迷於復，與道相反也，道，生生也；反於道，則生生之機滅，故凶。其凶可知。以其國君凶，謂其反君道也。人君居上而治眾，當從天下之善，乃迷於復，不能反正而從民之欲。反君之道也。非止人君，止，只。字音同，義可通用。凡人迷於復者，皆反道而凶也。反，背也。

【釋義】

反者，不復也。反君道者，不復於陽道、天道、古之道，不復於聖人之道也。子曰：「愚而好自用，賤而好自專，生乎今之世，反古之道。如此者，災及其身者也。」

䷘无妄卦第二十五　震下乾上

【程傳】

无妄，《序卦》：「復則不妄矣，復天正則不妄作。故受之以无妄。」无妄作也。復者反於道也，反於生物之道。既復於道，則合一無「合」字正理而无妄，故復之後，受之以无妄也。何妥：「乾上震下，天威下行，物皆潔齊，不敢虛妄也。」潔，心不雜也。物皆潔齊：萬物皆純粹向陽而生。

為卦，乾上震下。震，動也，動以天為无妄，動以天，純粹善也，故无妄。動以人慾則妄矣。動於私，則妄。无妄只是天動，天動無私係，至公至廣，周而不比，无妄也；若人動而有私係，比而不周，則有妄。无妄之義大矣哉。至順於天而无妄作也。

【釋義】

復者，復天心也；天心以動為其性，動而健，雷行於天下，萬物順正而行，无妄也。

《史記》作「無望」，无妄者自誠自足，但行己而已，無望於外，不假於人，天之運也。無望，也作「絕望」解，雖有貶義，但絕其外望、邪望之念，如君子之修身，絕外誘之心，行諸己而不改。

天之行，何曾假於他物？何曾受制於外？只是自行自運，無一絲牽絆，獨立不改，周行不怠而已。

互卦艮巽，艮止於正而巽順之，所行无妄也。

无妄：元亨，利貞。其匪正，有眚，不利有攸往。

【程傳】

无妄者一本「者」為「言」，至誠也，雷震天下，天行何妄之有？若是人行，從私欲而不順天，則有妄。至誠，言至為篤實，無虛行。至誠者一無「者」，天之道也。天行無應係、無偏私，周普至誠也。天之化育萬物，生生不窮，窮上必反下，周而復始，不窮也。各正其性命，萬物受之生，各安其命。乃无妄也。人能合无妄之道，合，體之也。則所謂與天地合其德也。

无妄有大亨之理，行天道則大亨。君子行无妄之道，則可以致大亨矣。大為正，亨為順，正則順。无妄，天之道也，卦言人由无妄之道也。一無「也」字。无妄卦象本為天道，卦辭專言人由順天道，而至於利正而順。由，順也。利貞：法无妄之道，利在貞正，貞固於正則利。失貞正則妄也。失守其正則妄。利不比於義，則為私欲而妄。雖無邪心，苟不合正理，動以順正，正理也。則妄也，乃邪心也，故有一作其匪正

則為過眚。**既已无妄**，當為「既已有妄」或「既已有眚」。**不宜有往，往則妄也。**己不正，則行不正，故不利有攸往。

【釋義】

无妄，天行也。為卦，震在乾下，震上全是天，无妄只是天行，天行無欲，獨立不改，何來有妄？人行則有妄，有妄則有牽絆，有牽絆則有外誘，有外誘則不能正其行而大亨也。

天行者，動以順正也。天之行，無所不順，無所不達，周運不息，行其公，順正而已，元亨利貞也。《說文》：「妄，亂也。」人行天之道，不亂其正，順正則无妄，其亨也大，貞守其正，則有利。若其行匪正，則眚過在己，己不端則行不正，不利有攸往。

天行無阻，二五中正而應，貞守其正，其亨必大，元亨也。

其匪正，假設語氣：若有匪正。有妄作而有望於外，則匪正。誘自外來，內不明，故有眚。人有眚，則道不明；道不明，則不利有攸往。攸往，君子行道也。

《彖》曰：无妄，剛自外來而為主於內。

【程傳】

謂初九也。剛為初九。**坤初爻變而為震，剛自外而來也。**程子以乾坤生六子解讀之。**震以初爻為主，成卦由之，故初為无妄之主。動以天為无妄，**以天，以公也。**動而以天，**道之義正。**動為主也。以剛變柔，**剛來初，變坤為震，剛變柔也。**為以正去妄之象。**震者，正動也，正動則无妄。**又剛正為主於內，无妄之義也。九居初，正也。**陽居剛位。

【釋義】

无妄外卦為乾，「剛自外來」，後世解讀頗生歧義。

蜀才：「此本遯卦。」无妄乃是遯之內卦顛倒而成：䷠遯之九三來初而成䷘无妄。朱熹：「為卦自訟而變，九自二來而居於初」，䷅訟內卦為坎，坎之二陽居初成无妄。

來知德以為大畜綜卦後成无妄。來說可採。綜卦也稱「倒置卦」或「鏡象卦」，一卦頭足倒置，如大畜䷙倒置為无妄䷘。无妄次於復，「剛自外來」與復的剛復入於初應類同，只是變外坤為外乾。

動而健，剛中而應，大亨以正，天之命也。

【程傳】

下動而上健，是其動剛健也。剛健無阻，則大亨而順。剛健，无妄之體也。剛中而應：五以剛居中正，二復以中正相應，是順理而不妄也，故其道大亨通而貞正，乃天之命也。天命，謂天道也，所謂无妄。天命，動健以行。

【釋義】

動而健，有動則成健行之態，陽直行無阻。陽剛直行，誠也、无妄也。

剛處五位應於二，二五皆中正，皆上下相應而亨，剛中而應，大亨以正，天命之行也。

天以動健行中，以行其命。動健行中，則無往而不利，大亨以正也。

其匪正有眚，不利有攸往。无妄之往，何之矣？天命不佑，行矣哉。

【程傳】

所謂无妄，正而已。正行天道，不偏也。小失於正，則為有過，乃妄也。不由正為妄。所謂匪正，蓋由有往。有往則匪正。若无妄而不往，往而不偏私，不往也。象的「往」乃是有私之往，往於具體某處所。天道至公，不私往。何由有匪正乎？无妄者，理之正也。更有往，將何之矣？有往則入於私愛，故妄也。天行无妄，且在无妄之往之外，又將何往？又將何之？之，去也；何之，何所去也。乃入於妄也。於无妄之外之往，必入於妄。往則悖於天理，有定向而行，往則悖天理。天道所不佑，不私愛，不佑也。天行本不佑萬類，但易常言天佑善，何也？天行便是善，故佑善也。可行乎哉？

【釋義】

匪正，非正也。行不由正，則有眚。行而失其正，有眚而不自察，不正之行，雖有利而害於正，故不利有攸往。往則害正，不利也。

天獨立不改，周行不怠，不為萬物之生而行，无妄之往，不害其正行，中道之往也。行由中道，無所偏私，無往而無所不往，無在而無所不在，無所之也，何之矣！

有所往則有私愛，有私愛不足為天行，故天無所往而無「何之矣」。

往，乃是陽之生生，自內行於外。天之行，只是行在己之不已者，不為堯存不為桀亡，故它的「往」只是行自家的生生之健，萬物得之則生，非是它要遷就萬物，往去萬物那裏。何之者，無偏行於某一物之定所，無偏行於某一物之方向也，概言之，正行不偏而已。

天命不佑，行矣哉！天命者，天命之行也。不佑，天行乃是无妄之行，不往佑偏私萬物，不正而往則天不佑，故言「天命不佑」。行矣哉，天但行其在己之德，不為萬物而行，故但言「行矣哉」！老子謂，天地不仁，以萬物為芻狗，天命不佑也。

夫子盛讚天之行——行在己不已者，不偏私於萬物而行，故天命不佑，不佑萬物，无妄則不往。

初九爻辭有「无妄往」為正，象傳以无妄則不「往」為正，此當注意者。

《象》曰：天下雷行，物與无妄，先王以茂對時，育萬物。

【程傳】

雷行於天下，陰陽交和，相薄而成聲，薄，近也。於是驚蟄藏，蟄蟲受驚而藏。振萌芽，待萌之芽受雷震而興，發芽也。發生一作育萬物，使萬物發奮而長。其所賦與，雷賦與萬物生命之興起。洪纖高下，洪言大，纖言小。各正其性命，正猶順也，順其性命之正而興起。性自天而命之，故曰性命。無有差妄一作忒，順物之正，則無差忒。物與无妄也。物與，萬物興起而從。物自內而與，順其性命，无妄也。先王觀天下雷行、發生、賦與之象，雷行喻王之作，發生乃為萬物，賦與乃王興起百姓。而以茂對天時，以茂德對天時。茂德，猶雷震也，乃至純至剛之行。養育萬物，使各得其宜，順其性為宜。如天與之无妄也。天賦與萬物无妄之性命，萬物興起而作，順其性命，故當无妄以應對。茂，盛也。茂對之為言，以「茂對」為說者。猶盛行永言之比。盛行，以盛德行使；永言，長言，猶天理。盛行永言，以盛德行天理。之比者，如茂對也。程子以為，茂對者，即以盛德行天理。對時，謂順合天時。以茂德應合此雷震天下萬物之時。天道生萬物，各得其性命而不妄；不妄者，順性命而行也。王者體天之道，體雷行不妄。養育人民，以至昆蟲草木，如釣而不綱、弋不射宿、數罟不入洿池、斤斧以時入山林之類。使各得其宜，乃對時育物之道也。對時育物，以時育物也，如春耕、秋收、夏耘、冬藏之類。

【釋義】

天下雷行，无妄之象。物與者，雷震動而萬物興與也。與，參與、興起；雷動，萬物也與之同動、興起而生、鼓舞而作，物與也。萬物聞雷而興起，興起於在己之不可已者，自內興起，非取悅於雷而動，各行其正，各居其正，萬物與天同動，順天之正，物與无妄也。

「物與」可以有妄，可以无妄：奉受其命——物與无妄也，陽奉陰違——物與有妄也；故象傳特增「无妄」，明此之「物與」乃无妄之物與，順天而不

有他往。

茂通「懋」，勉力也。對，合也、濟也。對時，順和天時，或濟助天時，猶贊天時。先王以茂對時，育萬物：乃是先王物與无妄、贊天地化育之事，與天行无妄一般，也至誠實在，先王議禮、制度、考文，行己之當行之事，乃先王「物與无妄」之行、對時育物之舉。

程子釋「茂」為「盛大」，先王以盛大之德而行盛大之為，即以聖人之德行聖人之事，制度禮樂，清廉自守，勤政愛民，以對時育物。

初九，无妄，往吉。

【程傳】

九以陽剛為主於內，<small>初九為震之主。</small>**无妄之象，**<small>雷動乃天行，故有无妄之象。</small>**以剛實**<small>一無實字</small>**變柔而居內，**<small>剛實變柔，程子以為內卦震變自坤，故初爻乃是剛變柔而成。</small>**中誠不妄者也。**<small>中，非指初居二爻之中位，乃以初居內卦，以居內為中。</small>**以无妄而往，何所不吉？**<small>行天道則吉。</small>**卦辭言不利有攸往，**<small>乃是有眚而不利有攸往也。</small>**謂既无妄，不可復有往也，**<small>程子以為「往」者乃是「行」過於「无妄」，則妄矣。</small>**過則妄矣。**爻言往吉，謂以无妄之道而行，則吉也。

【釋義】

剛居正，體震，順正而行，无妄之行也，故往則順吉也。

初只是行己之所當為：所行所往，誠而无妄，所謂「行己有恥」者。行己之誠，有所往無不亨，吉也。往，自下行於上、自內行於外。吉，事順為吉。

也可斷句：无妄往，吉。

《象》曰：无妄之往，得志也。

【程傳】

以无妄而往，無不得其志也。<small>志合於无妄，不違於天，往則順通。</small>**蓋誠之於物，**<small>推誠於人，推敬於事，人得誠則動，事得敬則成，誠之於物也。</small>**無不能動，**<small>同心同欲，則能動人成事。</small>**以之修身則身正，**<small>以誠修身，則行己有恥，動而无妄。</small>**以之治事則事得其理，**<small>能敬治事，則事得順治。</small>**以之臨人則人感而化，**<small>上對下為臨。臨人，臨下屬與臨民，治人也。心誠則人感動而受其化育也。</small>**無所往而不得其志也。**<small>无妄之誠，推至公之心於天下，故無往而不順，志欲成矣。</small>

【釋義】

得志者，志得其行，得行其志。志在己，行志，行在己者。舜聞一善言，

沛然不可禦，舜之无妄之往也。行在己之善，无妄之行也。

　　无妄而往，推至誠於天下，則人皆感而化之以順從己，故言所往皆能得志。夫子曰：「居處恭，執事敬，與人忠，雖之夷狄不可棄也。」夫子之无妄之往者，雖處夷狄亦能得其志，故夫子說「何陋之有」，无妄之行，化夷狄則無陋。

六二，不耕獲，不菑畬，則利有攸往。

【程傳】

　　凡理之所然者非妄也，天理之所然者，非妄也。即，順天理乃无妄。人所欲一無欲字為者乃妄也，人之所為，不順從天理，則妄。故以耕獲、菑畬譬之。耕而後獲，菑而後畬，本末先後，天理之序也。六二居中得正，又應五之中正，居動體而柔順，二陰柔居中，在他卦則主靜，然居无妄之時，體動則順正而動。為動能順乎中正，乃无妄者也，故極言无妄之義。中正而動，不僭越其分，无妄之極也。耕，農之始，春耕也。獲，其成終也。秋獲也。田一歲曰菑，菑，音 zī，新田。三歲曰畬。畬，音 shē，熟田。不耕而獲，孔穎達云：「不敢發首而耕，唯在後獲刈而已。」臣道不耕而非獲，非指不做事，乃是不先做事，臣道受命而為。不菑而畬，孔穎達云：「不敢菑發新田，唯治其畬熟之地。」謂不首造其事，首造，開其先也。臣道不可首造其事。因其事理所當然也。因，順也。臣道事理之當然這，順後也。首造其事，則是人心所作為，乃妄也。僭越君道之首造，妄也。因事之當然，因則因其序。臣道之序，序於君後也。則是順理應物，非妄也，獲與畬是也。獲畬，臣道也，二守臣道故非妄。蓋耕則必有獲，菑則必有畬一作「為畬」，是事理之固然，非心意之所造作也。「非心意之所造作也」之下，一本有「如是則无妄，不妄則所往利而無害也。」耕獲、菑畬之先後，皆順其正序也，故非心意造作如此。或曰：聖人制作以利天下者，皆造端也，聖人制作，為天下萬邦之始作，乃順其自然，非自造端始，故其「造端」乃順正而為。豈非妄乎？曰：聖人隨時制作，處後為隨，隨時，聖人順天，所制作乃是後於天而作。聖人制作，於萬民為耕菑，於天則是獲畬也。合一作因乎風氣之宜，風，民風，氣，民欲。風氣，概言之，民俗、民之欲求。未嘗先時而開之也。順乎天、順乎民之風氣，皆後於二者。若不待時，順天順民，待時也。待時，在時之後。《文言》曰「先天而天弗違」，也是預知天時而順之，預知而順，也為「後」而「待時」也。則一聖人足以盡為矣，不觀天時、不察民情而制度，為閉門造車，一聖人足夠。豈待累聖繼作也？累聖，前聖後聖接續。續作，相續制作。制度有沿革，故待累聖損益。時乃事之端，時，此處既指天時也指民情。聖人隨時而為也。隨時，順時、處時之後。

【釋義】

君道為耕，臣道為獲；君道為菑，臣道為畬。初為耕菑，君道也；二為獲畬，臣道也。臣道但守先後，順令而行，不計利則利有所往。往者，二五正應，順令而往，如君耕則臣獲，君菑則臣畬，但做獲事、畬事，後於耕菑，不計利而行，義正則往有利。二陰柔居中，本當為靜處，然居震體，處无妄之行，又上應於五，故當順令而行其職。

程子云：「不耕而獲，不菑而畬，謂不首造其事。」與王弼義同。耕、菑乃是首造其事，獲、畬乃是守成之事。首造其事為創立制度，是君事，守成之事為維護制度，是臣職。《中庸》曰：「非天子，不議禮，不制度，不考文。」議禮、制度、考文皆是天子「首造其事」，若耕菑之類。六二中正，親比於初，處震之中，從初而動，不敢居首而從後，貞守臣道，不偏於正，物與无妄也，故云其「不耕獲，不菑畬」。

六二臣服初，親比道義，行則順正，故所行皆能有利。

朱熹以為：「柔順中正，因時順理，而無私意期望之心，故有不耕獲，不菑畬之象。言其無所為於前，無所冀於後也。占者如是，則利有所往也。」又云：「問：《程傳》爻辭恐未明白。竊謂無不耕而獲、不菑而畬之理，只是不於耕而計獲之利，如程子所解《象傳》，移之以解爻辭則可。曰：《易傳》爻象之辭，雖若相反，而意實相近，特辭有未足耳。爻辭言當循理，《象傳》言不計利。」朱熹以為，不耕獲不菑畬，乃是效法天之无妄之行，不計利而純為自然，利在其中，意思也甚好。

余以為，无妄乃言從正為无妄，萬物從天而興動則无妄，故无妄特重「從天而動」。不耕獲，不菑畬，不耕則不獲，有耕而後有獲，不菑則不畬，有菑而後有畬，特明先後有序，正其義而有其利，順序（耕獲、菑畬自有順序）而行，不可僭越，如此方是不計利。

《象》曰：不耕獲，未富也。

【程傳】

未者，非必之辭，臨卦曰未順命是也。不耕而獲，不菑而畬，非其耕而有獲，非其菑而成畬，在他人之田盡力，盡責而已，故未能富也。因其事之當然，既耕則必有獲，既菑則必成畬，正順序也，非說要計較屬害。非必一無必字以獲畬之富而為也。非為富而行獲畬之舉。其始耕菑，乃設心在於求一無求字獲畬，是以其富也，盡力不求富，無非分之人慾也。心有欲而為者則妄也。盡責則利在其中，求利則其利非正。

【釋義】

不耕獲，耕在先，獲在後，耕為創始，獲為守成，臣道不敢創始，不敢為先，故云「不耕獲」。臣乃是從君之後而獲，故臣之所獲乃君耕之獲，非臣自獲也，故所富，也非臣所獲而富。富，乃是臣為收穫君耕，故其富非臣之富，乃君耕而得富，臣只是代君收穫而已。孔穎達：「唯為後獲，不敢先耕事。既闕初，不擅其美，故云未富也。」

不耕獲，不敢為先也。臣之富，在君所賜；臣道任重，不敢期富，未富也。

六三，无妄之災，或繫之牛，行人之得，邑人之災。

【程傳】

三以陰柔而不中正，不居中不處柔，不中正也。是為妄者也；又志應於上，欲也，亦妄也；以處不正而往行，凡所為皆妄。在无妄之道，為災害也。處无妄之時，行有妄之事，災害也。人之妄動，由有欲也。順由欲而行，妄動也。妄動而得，亦必有失，失在利非正也。雖使得其所利，其動而妄，失已大矣，背義之得，失已大矣。況復凶悔隨之乎？知者見妄之得，則知其失必與稱也。失必稱其得也，失與得近等為稱。故聖人因六三有妄之象，而發明其理云：无妄之災，或繫之牛，行人之得，邑人之災。言如三之為妄，乃无妄之災害也，設如有得，其失隨至。如或繫之牛，或謂設或也，設或，假使也。或繫得牛，假使得牛而緊繫之。行人得之以為有得，邑人失牛乃是災也。即三無論得失，必有人有災，故為无妄之災，言其天行之災，不可避免。藉使邑人繫得馬，則行人失馬，乃是災也。反過來也如此，此災不可逃避，必有至此。言有得則有失，不足以為得也。行人邑人，但言有得則有失，非以為彼己也。妄得之福，災亦隨之，妄得之得，失亦稱之，固不足以為得也。人能知此，則不為妄動矣。

【釋義】

三陰居陽、處震之上，不中不正，應於上、繫於四，處不正而動，所謂妄動者，故有无妄之災。无妄之災：必至之災，天實為之，不可避免，由三處不中正所至。

如牛繫於樹上，行人牽走，邑人反遭拘詰之災。行人，非正應，自外來，非自內，故不應為初，當為九四；邑人，三之正應者，為上九。牛當從上，不從上而繫於四，為四所得，无妄之災。

「牛」是本爻疑點。

牛以坤順為德，三妄動不順，強繫牛使之不順從上九，從行人九四，故有

无妄之災。《子夏易》：「牛者，陰之類也。非所履而履之，繫之者也。」二三四互卦為艮，三四五互卦為巽，三艮體而體巽，當為謙順而應於上，又艮止不應，則不遜順也，故有无妄之災。

孔穎達：「六三陰居陽位，失其正道，行違謙順而乖臣範，故无妄之所以為災矣。牛者稼穡之資。六三僭為耕事，行唱始之道，而為不順王事之行，故有司或繫其牛，制之使不妄造，故曰『或繫之牛』也。行人者，有司之義也。有司繫得其牛，是行人制之得功，故曰『行人之得』。」三陰柔倡先，失臣之道，可備一說。

六三居處不正，不可有獲，凡有獲得，必災禍隨之，天必與之災禍，无妄之災也。財貨非己，如繫牛，以為必得，也為他人嫁衣裳而已。

《象》曰：行人得牛，邑人災也。

【程傳】

行人得牛，乃邑人之災也。有得則有失，何足以為得乎？

【釋義】

行人得牛，為四得牛；邑人災，上九災也。三有所得，失必隨之，災禍不在己，也在人，故三不可有得，居處不正，凡得皆不合於利。

九四，可貞，无咎。

【程傳】

四剛陽而居乾體，復無應與，不應於初、不繫於三。无妄者也。剛而無私，剛立而無應繫，無私也。豈有妄乎？可貞固守此，自无咎也。自處有失為咎。九居陰，得為正一作貞乎？曰：以陽居乾體，若復處剛，重剛，則躁動不居位自守。則為一無為字過矣，過則妄也。居四，無尚剛之志也。居陰能賓於五。可貞與利貞不同：可貞，謂其所處可貞固守之；可貞，乃處爻位有此貞固之象。利貞，謂利於貞也。利貞，告戒語，當貞固則利也。

【釋義】

剛居陰位，剛動陰伏，動而能貞之象。體健而互體為巽，剛健而順承。剛健則有為，順承則可任重，无咎大臣之位也。

《象》曰：可貞无咎，固有之也。

【程傳】

貞固守之，則无咎也。

【釋義】

貞无咎，乃四爻本有之質。剛居柔而健，又居巽體而順承於上，柔順則有臣德，剛健則能任重，可貞无咎也。

九五，无妄之疾，勿藥，有喜。

【程傳】

九以中正當尊位，下復以中正順應之，下，指二。順應，二應於五、順於五。可謂无妄之至者也，中正應中正，无妄之極。其道無以加矣。疾，為之病者也。以九五之无妄，无妄則已無疾。如其有疾，勿以藥治，則有喜也。人之有疾，則以藥石攻去其邪，以養其正。若氣體平和，本無疾病而攻治之，則反害其正矣，故勿藥則有喜也。養正固善則喜。有喜謂疾自亡也。固善則疾自亡。无妄之所謂疾者，謂若治之而不治，欲治之而不順而受治，教之而不順教化。率之而不從，欲率道之而不順從。化之而不革，欲教化之而不能改其過。以妄而為无妄之疾。有妄而自謂无妄。舜之有苗，周公之管、蔡，周公之胞弟。孔子之叔孫武叔是也。叔孫武叔毀仲尼。既已无妄，而有疾之者，則當自如无妄之疾，不足患也。若遂自攻治，乃是渝其无妄而遷於妄也。渝，變也。變其无妄而成有妄。遷，遷變也。五既處无妄之極，故惟戒在動，動乃自治其疾，遷誘於外，妄動也。動則妄矣。

【釋義】

九五剛居中正，剛則不欲，中則不偏，无妄也；且下應於二之中正，益貞固其无妄之誠，无妄之極也，誠極則或疑之，疑之則无妄之疾生矣。「孰謂鄹人之子知禮乎？」、「事君盡禮，人以為諂也」、「丘何為是棲棲者與？無乃為佞乎？」皆是无妄之疾，自外生之，聖人不能自免。

无妄之疾，非己有疾，人疑而病之，故不可用藥於己。己未病，豈可用藥？

若偶遇病痛，二五正應，上下通也，故可自愈矣。疾則有阻隔，上下通則無阻隔，故勿藥自愈。无妄之疾，无妄之來，也无妄而去，剛正自立，故不治而自愈，自愈則有喜。

《象》曰：无妄之藥，不可試也。

【程傳】

人之有妄，理必修改。既无妄矣，復藥以治之，是反為妄也，其可用乎？故云不可試也。試，暫用也，猶曰少嘗之也。

【釋義】

无妄則己無病，人疑而病之，故不可試藥；要試藥，自疑其道，改其正道而遷於邪妄，反為有妄。

上九，无妄，行有眚，无攸利。

【程傳】

上九居卦之終，无妄之極者也。極而復行，過於理也，過於理則妄也。故上九而行，則有過眚，而無所利矣。過眚，有過有眚也。

【釋義】

无妄而行，行過於无妄也。處无妄之極，極則必有悖於无妄，悖逆无妄則行必有眚，有眚則不可行。

上九處健體之極，必有行，然有眚而行則无攸利，故戒之「无妄行」，妄行則有眚。上九之眚自「行」來，行過則眚。

行，凡卦爻辭講「行」皆是做事，君子做事便是居位施政。

《象》曰：无妄之行，窮之災也。

【程傳】

无妄既極，而復加進，陽處健體之極，復加進，過也。乃為妄矣，是窮極而為災害也。

【釋義】

无妄之道窮，道窮則有災。

䷙大畜卦第二十六　乾下艮上

【程傳】

大畜，《序卦》：「有无妄然後可畜，畜无妄，畜實、畜正、畜剛、畜德也。故受之以大畜。」无妄則為有實，剛正有德，皆所謂有實。故可畜聚，大畜所以次无妄也。

為卦，艮上乾下，天而在於山中，所畜至大之象。畜天為至大之畜。畜為畜止，又為畜聚，止則聚矣。能止陽剛之進，則能聚生生之德。取天在山中之象，則為蘊畜；天以生物為義，山蘊畜其生機，成就萬物，故為蘊畜。取艮之止乾，則為畜止。乾以健行，故為畜止，畜止其健行。止而後有積，故止為畜義。

【釋義】

雷行天下為无妄，能畜止天行，則為大畜。

物積則有畜，天行健於下，艮止而畜之，畜天為大，故為大畜。為卦，外艮仁，內乾健，健行止於仁為畜，故畜為畜德，君子之畜也。有畜積則富有，富有天下，不如富有大德，大畜，大畜德也。

大畜：利貞，不家食，吉，利涉大川。

【程傳】

莫大於天，天以生物為大。而在山中，至大在山中，大畜象。艮在上而止乾於下，皆蘊畜至大之象也。蘊，聚畜、包藏也。在人，為學術道德充積於內，自內而長，充也。內充者，德也。三剛爻居內卦，皆是自內而德生。乃所畜之大也。凡所畜聚，皆是專言其大者。小畜也畜剛，但陰柔不可畜大。人之蘊畜，宜得正道，故云利貞。利其畜正也。若夫異端偏學，中道之外，異端也。學不及仁義，偏學也。所畜至多，而不正者固有矣。既道德充積於內，宜在上位以享天祿，上位猶高位，故能「施為於天下」。德配位，得祿為天祿。上位，為上九。施為於天下，施其德於天下。則不獨於一無於字一身之吉，不家食也。天下之吉也。若窮處而自食於家，窮處，道不行於時。自食於家，君子處野。道之否也，否塞不行。故不家食則吉。大畜之時，不家食則吉。道行於天下，君子當食於朝堂，家食則恥。所畜既大，宜施之於時，行其不已於外，自內而擴充之。濟天下之艱險，涉大川也。涉大川者，濟振天下之人。乃大畜之用也，故利涉大川。畜大必被及於人。利涉大川，被及人也。

此只據大畜之義而言，《彖》更以卦之才德而言，諸爻則惟有止畜之義。蓋《易》體道隨宜，隨宜，隨時而適宜。取明且近者。近取諸身。

【釋義】

大畜者，畜剛健之天德也。

天德以行公為義，君子體之，推諸公心，必往涉大川，利澤天下，以濟萬民之困，非私利於一身一家，當食諸廟堂，不私惠家食也。家食者，德未充廣，修己齊家而已。

《彖》曰：大畜剛健，篤實，輝光，日新其德。

【程傳】

以卦之才德而言也。天剛健，山篤實，畜德至大，必有輝光於外而日新其德也，大畜之卦才。乾體剛健，艮體篤實。行健而篤實，唯至誠方能如此。人之才剛健篤實，則所畜能大，充實而有輝光；光，德也；輝光，耀其光，明己而照人，磨礪其德也，故復言「日新」。又，磨礪其德，必在事上磨礪，必推己及人，故必光大其德。畜之不已，德乃是見

諸於行，故畜德必有日新其行，不同於積累知識。**則其德日新也。**「新」就純粹篤實而言，日純粹其德，日篤實其德，日新其德也。

【釋義】

天剛健而行，山篤實而止。天行健不已，山畜德不止，相摩相蕩而日新其德，群生被受其輝光，生生不息，繁衍昌盛。人當健行如天，畜聚如山，方能日新其德，澤及天下百姓。

輝光者，輝照其明德之光也，充實於內必輝光於外。新，德不已而進。不健則將寢滅，不畜則不能壯大，故大畜之所以可新德者，當健而能畜止。

剛上而尚賢，能止健，大正也。

【程傳】

剛上，陽居上也。上者，尊尚其德，非尊其位。剛所以能上，五尊之也。**陽剛居尊位之上**，上九之德為五之所尊，其道為五之所重。**為尚賢之義。**尊道重德，居處至高，尚賢也。**止居健上**，艮止乾健。**為能止健之義。**健，陽剛之才、賢者。止健，畜止賢者於廟堂之上。**止乎健者，非大正則安能以剛陽在上與尊尚賢德？**程子以六五為具有「大正」之德，故能尊尚剛德之賢才於上九之位。**能止至健，皆大正之道也。**「尚賢」、「止健」便是「大正」。程子解讀為非大正則不能尚賢止健，也無不可。

【釋義】

柔居尊位，巽順於上九之剛德，重其道，尊其德，剛上而尚賢也。居尊而能卑順賢者，故能畜止剛健之賢，尊大其剛正，大正也。上，尊尚也；大，尊大也。

剛上，也可視為二五正應，六五尊從九二、尊尚其道，使之任重。

陰畜止陽，必是尊顯其道，故言「剛上」：有剛德，故得尊崇而上之。艮上之陽，乃是五之德畜止陽而尊奉之，九二也是。上九，也可視作六五蓄止下三剛爻而尊尚至於上位。

大正，大正之德也，釋「剛上而尚賢，能止健」八字。大，也別作「陽剛」解；大正，陽剛得正，也無不可。陽剛為德，大也是德之義。大人有大德，大也作君子、大人解，如「大學」為君子、大人之學。大正二字，不拘泥於一解，道在己而已。

【補遺】

清人固守字句訓讀，不解「道在己」一義。道雖為一，在萬物之己又各異，

必訓讀為一義，使天下人皆固守齊同於一義，則「在己」沒了，流變也沒了，便是窒固了。天行健所以能品物流形者：天行健，物得之，自成其形，道流於萬類品物之中，其形不一。若道流於物而皆一個形，如品物何？

孔子以十翼解讀卦爻辭，皆不拘泥文字訓讀，只求道義「在己」是如何光景，只訓讀在己之大義耳；故朱熹以為有伏羲之易、有文王之易、有孔子之易。

不家食吉，養賢也。利涉大川，應乎天也。

【程傳】

大畜之人，所宜施其所畜以濟天下，所畜，德也。當濟天下以德。**故不食於家則吉，謂居天位享天祿也。**以德得位為天位，以德享祿為天祿。**國家養賢，**賢在朝堂，為養賢。**賢者得行其道也。**在位則能行道。**利涉大川，謂大有蘊畜之人，**蘊，以畜聚於內言之。**宜濟天下之艱險也。**

《彖》更發明卦才云：所以能涉大川者，以應乎天也。應乎天，順天而行。**六五，君也，下應乾之中爻，**五應二，畜乾也。**乃大畜之君應乾而行也。**應九二而行。**所行能應乎天，**順天也，尊賢所以順天。**無艱險之不可濟，況其他乎？**道者，天所行之道也，應乎天則順天道而行，自無艱險不可濟。

【釋義】

大畜之時，賢者以被畜止於朝堂，輝光其德，行道於天下，故為吉。賢者不食於家，皆食祿於朝堂，養賢之義也。能畜聚眾賢，則君子之道光大。君子上應乎天，下順於民，勞先於人，故可率百姓，利涉大川也。

應，合也。人應於天，天人合德，能如此，人之行則為天之行，天行無不暢達，故能利涉大川。

《象》曰：天在山中，大畜，君子以多識前言往行，以畜其德。

【程傳】

天為至大而在山之中，所畜至大之象。君子觀象以大其蘊畜。蘊畜，積中也。大畜之道無他，學而時習之而已。**人之蘊畜，由學而大，在多聞前古聖賢之言與行，考跡以觀其用，**德見諸於事，德之用。**察言以求其心，**察，深求。求其心志所在。**識而得之，**識之在心，行之於己，而後得之。**以畜成其德，乃大畜之義也。**

【釋義】

天在山中，陰畜陽，小畜大，因它畜天之陽，故為大畜。陰畜陽，六五畜止內三陽。

　　畜德必以「學」為道，夫子以「學」為成君子必由之道。君子學以聚之，問以辨之，述而不作，信而好古，多識前言往行，以畜成其德之大也。夫子告子路：「好仁不好學，其蔽也愚；好知不好學，其蔽也蕩；好信不好學，其蔽也賊；好直不好學，其蔽也絞；好勇不好學，其蔽也亂；好剛不好學，其蔽也狂。」「學」可以克治諸行之不足。

　　君子之學以好古為尚，最大之古莫如天，故君子以效法天道為尚古。

　　所以強調「前言」、「往行」，乃是德行與知識不同，德行求效法於天、尊從天道、尊尚古人、延續秩序、繼承道統，必以尊古為尚。知識求研究自然、駕馭自然、超越古人、顛覆秩序，必以開新為尚。

　　識，必是志之在心，行之在身，方可言「識」，非徒言記誦之謂，「誦詩三百授之以政不達」非所謂「識」者，又如《聊齋》中「見賓親不知溫涼」的書癡，也非行諸己之「識」者。

初九，有厲，利已。

【程傳】

　　大畜，艮止畜乾也，畜乾，畜止乾之生意也。故乾三爻皆取被止為義。被止，被畜止。為義，為義正。艮三爻皆取止之為義。初以陽剛，又健體而居下，剛居正又為健體，必動而向上，況又居下，益當行上也。必上進者也；六四在上，畜止於己，安能敵在上得位之勢？敵，抗也。謂初不得抗敵四之畜止。若犯之而進，則有危厲，犯上而進則危。故利在已而不進也。自止其進。臣之德乃待命而進，不敢妄動私進。在他卦，則四與初為正應相援者也；在大畜，則相應乃為相止畜。為四所用，即為畜止。上與三皆陽，則為合志，蓋陽皆上進之物，故有同志之象，而無相止之義。上九與九三皆陽，無畜止之義。

【釋義】

　　初陽剛，處正位，又居健體，剛健而進者，又健為天德，故初當以時進為義，非其時則止而不進。

　　大畜之時，以剛為畜止為正，剛進不已，則有悖於止正之義，悖其時也，故告戒「利已」，知其所止則利。初、四正應，初止於四，時則已也。初之時已者，健行於四之麾下則可，不獨行於外也。

　　利，初之利在從四，當待命而行，往而違上，則危厲也。已，止其不為四所畜止。

《象》曰：有厲利已，不犯災也。

【程傳】

有危則宜已，危者，犯上而進也。知其危，則止而慎進。**不可犯災危而行也，**暴虎馮河者。**不度其勢而進，**畜時，剛止為大勢；初剛止於四為小勢。**有災必矣。**災在己則犯上，在外則在四。

【釋義】

遇厲則止，犯則有災。初行己，則剛健不已，然處大畜之時，時當有止，進而知止，應於時而不犯災也。

九二，輿說輹。

【程傳】

二為六五所畜止，勢不可進也。至尊不可犯，勢不可進也。五據在上之勢，豈**可犯也？二雖剛健之體，**剛處健體。**然其處得中道，**處得中，則可賓守臣道；又居柔，剛柔相濟，當止則止。**故進止無失，**無失畜止之道。**雖志於進，**度其勢之不可，則止**而不行，如車輿脫去**一有其字**輪輹，謂不行也。**

【釋義】

九二健體，剛進為「輿」，處柔居中有「脫輹」象。

輿以載重為行，載重而行，臣道也。說，脫也；「輿說輹」，臣止其進而待命。九二輿脫輹，為輿自脫之，言二自能進止順時。

互卦為巽，二體巽有順德，且剛居柔中，柔順靜伏，中而不偏，故能進止於陰、為其所畜。

【補遺】

九二剛居健體，非無所為而止息不進。輿脫輹，剛在大畜之時，為陰柔所畜止，當暫止不進，待命而行，非敢自專。

《象》曰：輿說輹，中無尤也。

【程傳】

輿說輹而不行者，蓋其處得中道，動不失宜，動合於畜止，為宜。**故無過尤也。**過、尤義皆同，過失也。**善莫善於剛中。**剛中，陽居中位。**柔中者，不至於過柔耳。二為陰位，故為柔中。柔中，言不過柔而失中。剛中，中而才也。**剛能任事，故以「才」稱之。柔則依附剛而後成事，不得以「才」稱之。**初九處不得中，故戒以有危宜已。有**

危厲，當止也。二得中，進止自無過差，故但言輿說輹，謂其能不行也，能，自能止其健。不行則無尤矣。初與二乾體，剛健而不足以進，四與五陰柔而能止。時之盛衰，勢之強弱，學《易》者所宜深識也。

【釋義】

剛居中而處柔，柔中能自止其剛健，應合於四，為四所畜止，故九二能自處中道而無過也。尤，過失也。《詩‧四月》：「廢為殘賊，莫知其尤。」

《象》只言及「中」，不以處「柔」為無尤，蓋二以健行處中無過。剛所以為柔所畜，所畜乃其剛健，非止息剛健而不為；剛健而能行於中，則居下者能賓守臣分，用中之道也。

九三，良馬逐，利艱貞，曰閑輿衛，利有攸往。

【程傳】

三剛健之極，處健體上又剛居正，故有「剛健之極」義。而上九之陽亦上進之物，又處畜之極而思變也，思變則不畜止而進也。與三乃不相畜，剛極則不止，畜極則不畜，故不相畜止也。而志同相應以進者也。剛柔為正應，兩柔兩剛必以志同而有應。三以剛健之才，而在上者與合志而進，其進如良馬之馳逐，言其速也。雖其進之勢速，不可恃其才之健與上之應而忘備與慎也，閑輿衛，備也；艱難其事，慎也。故宜艱難其事，慎事則不易忽。而由貞正之道。由，順也。貞，固守之。輿者，用行之物；君子行大夫之職，當載輿而行。衛者，所以自防。當自一無自日常閑習其車輿與其防衛，則利有攸往矣。預則利往。三，乾體而居正能貞者也，當其一本作有銳進，故戒以知難與不失其貞也。銳進則思慎。志既銳於進，雖剛明，有時而失，不得不戒也。

【釋義】

九三剛居正，處健體之上，健之又健，能速行，良馬之象。

逐，追也，三與上同志共進，追逐於上之後。三處健體之上，德畜已足，故不為四、五所畜，可以獨行其道矣；在畜時，獨行而速進則有艱阻，然能與上合志同道，並行上進，貞固健德則利。

曰，告戒也。戒之曰：獨行速進之時，若能閑輿衛，則利有攸往。閑通嫻，嫻習也。輿，君子得輿，乃為官上任，喻其行道而任重。衛，自衛，應變之技。於艱時，嫻習駕車、自衛諸技能，以備行艱，則利有攸往。

《象》曰：利有攸往，上合志也。

【程傳】

所以利有攸往者，以與在上者合志也。上九陽性上進，且畜已極，處畜之極，畜極當行於天下，不可畜於人，也不可為人所畜。故不下畜三，而與一有三字合志上進也。

【釋義】

大畜時，孤陽不可獨往，必為所畜，故必有合志者，方可同道而往。故九三之利，利在合志同進。

六四，童牛之牿，元吉。

【程傳】

以位而言，則四下應於初，畜時，相應則畜。畜初者也。初居最下，陽之微者，微而畜之則易制，易制其剛進之勢也。畜為己用，猶養士。猶童牛而加牿，大善而吉也。篤厚始正，名曰大也。

概論畜道，則四艮體居上位而得正，四艮體之下，巽體之上，故嫻熟於巽而止之之道。是以正德居大臣之位，柔居正，正德也。當畜之任者也。大臣之任，上畜止人君之邪心，畜止，制止也，非畜聚之義。下畜止天下之惡人一無人字。畜，也可畜止天下賢才。程子因童牛之牿，故言畜止惡人作亂。

人之惡，止於初則易，察幾而止之則易。既盛而後禁，則扞格而難勝。故上之惡既甚，則雖聖人救之，不能免違拂；下之惡既甚，則雖聖人治之，不能免刑戮。莫若止之於初，如童牛而加牿，則元吉也。

牛之性牴觸以角，故牿以制之。若童犢始角，童牛始生角時，喜觸物；如小狗長牙，喜咬物。而加之以牿，使牴觸之性不發，發而中節，非能使之不發。則易而無傷，易制而無傷其性。以況六四能畜止上下之惡於未發之前，則大善之吉也。

【釋義】

初四正應，童牛為初九：陽初生而未受教化，易牴觸如童牛。牿，橫木加於牛角，以止其牴觸；四畜止初，加牿於初。四以牿制初之童牛，畜而養其正，馴順以規制之，以畜成大用，故為元吉。

童牛未觸之初而牿之，以畜養其剛健之德，待其成而後用之。若德未蓄積而輒用，小則賊夫人之子，大則賊天下萬民。

【補遺】

童牛，非惡也，故童牛之牿，非若程子所謂「畜止上下之惡於未發之前」，乃約束、蓄養其正，以成後之大用，故元吉也。童牛若本為邪惡，何必牿之，滅之即可，又何能元吉也？

《象》曰：六四元吉，有喜也。

【程傳】

天下之惡，已盛而止之，則上勞於禁制，而下傷於刑誅，故畜止於微小之前，_{畜止，制止也。}則大善而吉，不勞而無傷，故可喜也。四之畜初是也，上畜亦然。_{上畜，畜止上之惡。}

【釋義】

事順為吉，四處大臣之位，能蓄養天下之正，順其正，遏阻其不巽，為君不勞，為民不傷，順而吉也。喜，雙方皆順為喜。程子云：「不勞而無傷，故可喜也。」四不勞，初不傷，上下皆順守其分，有喜也。

六五，豶豕之牙，吉。

【程傳】

六五居君位，止畜天下之邪惡。_{不言畜天下賢才，而言止畜天下之惡，皆由豶豕之牙發義。}夫以億兆之眾，發其邪欲之心，人君欲力以制之，_{道之以政，齊之以刑也。}**雖密法嚴刑，不能勝也。夫物有總攝，**_{總攝其綱要也。}**事有機會，**_{機栝之聚也；機，事之關鍵。}**聖人操得其要，**_{攝其綱領，把其機栝。}**則視**_{一無「視」字}**億兆之心猶一心，道之斯行，**_{導之斯行。}**聖人公其心，如此道民，則民順以從也。止之則戢，**_{收斂也。}民收斂其邪欲之心。**故不勞而治，**_{不勞用密法嚴刑則可治之也。}**其用若豶豕之牙也。**_{其用若去豕之勢，故能去其牙之猛利。}**豕，剛躁之物，而牙為猛利，若強制其牙，**_{用密法嚴刑止之也。}**則用力勞而不能止其躁猛，**_{未能去躁猛之本。}**雖縶之維之，**_{縶 zhí，繩索捆綁。}**不能使之變也。**_{變邪妄為正也。}**若豶去其勢，**_{豶，fén，作名詞，為去勢之豬；作動詞，為豬去勢。}**則牙雖存，而剛躁自止，其用如此，**_{遏於根本，末則失其用。}**所以吉也。**

君子發豶豕之義，_{豶豕之義，不逆阻於前，乃順治於後。}知天下之惡，不可以力制也，則察其機，持其要，_{機、要，義近同。}塞絕其本原，故不假刑罰嚴峻而惡自止也。_{假，借助也。}且如止盜，民有欲心，見利則動，苟不知教而迫於飢寒，_{民無教化又迫於飢寒。}雖刑殺日施，其能勝億兆利欲之心乎？聖人則知所以止之

之道，不尚威刑，而修政教，修政以導民欲，修教以化民俗。**使之有農**一為耕**桑之業**，有恆產也。**知廉恥之道，雖賞之不竊矣**。使民有恆產，又教之以恒心；唯有德方可為恒心。**故止惡之道，在知其本，得其要而已。不嚴刑於彼**，彼，外也、末也。**而修政於此**，此，內也、本也。**是猶患豕牙之利，不制其牙而豶其勢也**。不止惡於末而求復善於本。

【釋義】

大畜者，畜聚天下之才德，畜止天下之諸惡。六五居尊位，豶豕之牙，馴順躁猛，為人所大用，事順則吉。

豕以牙傷人，拔其牙制其末，不若去其勢而遏其源；豶豕之牙，勞少而易獲，故云「豶豕之牙吉。」遏於未萌，有預則吉。

豕為九二，九二陽漸長，如雄豬剛猛難制，非初之童牛，六五柔居中而居巽體之上、艮體之下，不用剛而用柔：不逆豕牙之鋒而強拔之，從後豶之而順治之。

【補遺】

豶豕之牙，去其躁妄之動，則能為人所用，亦非說要止惡。若只是止惡，豈可言吉！

《象》曰：六五之吉，有慶也。

【程傳】

在上者不知止惡之方，嚴刑以敵民欲，敵，猶逆阻。**則其傷甚而無功。若知其本，制之有道**，制：約束而導之。**則不勞無傷而俗革**，躁亂之俗革變也。**天下之福慶也。**

【釋義】

順勢豶之，避其豕牙之險，故有慶也。治國平天下，由天之道，順民之欲，以百姓心為心，不逆民意，上下協同，天下有慶也。

上九，何天之衢，亨。

【程傳】

予聞之胡先生曰：天之衢亨，誤加「何」字。象傳也用「何天之衢」，當非誤加何字。**事極則反，理之常也，故畜極而亨。**畜乃畜止，止於此而已；畜極則不止畜，故要亨通，推其積畜之德而弘揚之，行天衢之道而亨也。**小畜畜之小，故極而成；大畜畜之大，故極而散。**小畜僅成己德，未能推出去。大畜畜天，天必覆照萬物，故大畜至極，必

散而亨通也。**極既**「極既」一本作「既極」**當變，又陽性上行，故遂散也。**三陽居下，非艮止可止，必要散出去，推公心於天下，故有天衢之象。天衢，天路也，謂虛空之中，雲氣飛鳥往來，故謂之天衢。天衢之亨，謂其亨通曠闊，無有蔽阻也。**在畜道則變矣，**畜極則發用，變畜也。**變而亨，非畜道之亨也。**君子成己成人，非二道，何天之衢，也為畜道應有之輝光。上九言畜道之成，畜道成必有天衢之象，變而亨，也為畜道之亨。

【釋義】

王弼：「何，辭也，猶云何畜。」所畜者何？天之衢也，畜德廣大，如天衢。何所由也？天衢也。畜天之衢，行大道也。

朱熹：「何其通達之甚也，驚喜之詞。」

或者，「何天之衢」當為「何之？天衢。」

來知德：「何，胡可切，音荷，儋也，負也。儋即擔字，楊子儋石是也。《詩》『何蓑何笠』，皆音荷，《靈光賦》『荷天衢以元亨』，《莊子》『背負青天』，皆此意。鄭康成亦言『肩荷』是也。」採用鄭玄、來知德。

何，擔負也；天之衢，天道也，如天衢，又言其亨通無阻。何天之衢：擔承天道之任，弘揚天道也。

積蓄至上九，不能止於積蓄，止於蓄積便是小我利己之德。天德必要有弘揚，必要利生萬物，故至上九積蓄足夠，便要推出去，擔當弘揚天德之任。夫子云：「天之未喪斯文也，匡人其如予何？」夫子擔當斯文，要行斯文於天下，是孔子的擔當，是他的何天之衢。孟子「舍我其誰」，是孟子的擔當，是他的何天之衢。韓愈大昌道統，是韓愈何天之衢。我輩生乎今之世，弘古之道，亦為何天之衢，只是何之大小有異耳，但盡一份心斯可矣。

擔負天之衢，行天之道，其道至公至明至大而能通暢無阻。以人事言，乃是聖人行道於天下，百代宗之，萬世傚之。

上九居艮極，所擔者極大，所任者極重，故有「何天之衢」象。山畜天，乃畜至大至公者，故其道遂成天之衢，天下人皆共由之。

《象》曰：何天之衢，道大行也。

【程傳】

何以謂之天衢？天何所不容，何所不暢，譬道如天衢也。以其無止礙，道路大通行也。以天衢非常語，故象特設問曰：何謂天之衢？以道路大通行，取空豁之狀也。以象有何字，故爻下亦誤加之。

【釋義】

任天之衢，任斯大道也，聖人承制作之大任，何天之衢也。制作者其德如天，極言其德之廣大，故制作至公，如建天之街衢，廣納天下之人，天下人皆能順之由之，故夫子贊之「道大行也」。

大道之行也，天下為公。承天之志，行天之道，至大至公，無所不覆，無所不載，唯聖人能之。大畜之終，畜至德而成天衢，天下人共由之，故成大畜。

【小結】

大畜卦，下五爻皆是畜聚，畜聚天之陽剛，至上九，則把畜聚往外推出去，擔負天道，繼承斯文，接續道統，行大德於天下，明其至明之德，皆是推出去；推出去而無所不通，便是「天之衢」。夫子振作斯文，其道亨通，上下貫兩千五百餘載，高山仰止，景影相隨，大哉聖人！

☲頤卦第二十七　震下艮上

【程傳】

頤，《序卦》：「物畜然後可養，故受之以頤。」畜養也，故繼以頤養。夫物既畜聚，則必有以養之，物所畜聚，以求養也：天下熙熙來聚者，皆為利來，求養也。無養則不能存息，息，長、生息也。頤所以次大畜也。

卦，上艮下震，上下二陽爻，中含四陰，上止而下動，象人之頷頤：下動上止，動以欲，止以正。雷震，天下萬物生之欲興起，故動以欲。外實而中虛，初上皆陽，外實也；中四爻皆陰，中虛也。人頤頷之象也。頤，養也。人口之所以飲食養人之身，故名為頤。

聖人設卦，推養之義，推，猶發明也。大至於天地養育萬物，聖人養賢以及萬民，聖明天子用賢明君子於朝，養賢也。與人之養生、養形、養德、養人，皆頤養之道也。皆推養之義。動息節宣，動，在朝為官；息，燕居在家；與「動容貌」不同。節宣，慎言語也；出於口為宣。動息節宣，在朝、居家皆要慎言語。說話要實誠，也要察言觀色，區分場合。以養生也；不生爭忿，不臧否人物，養生也。飲食衣服，以養形也；威儀行義，威儀，動容貌也；行義，行比於義，危行也。以養德也；養德，養其在己者。推己及人，養其在人者，其本在己，忠恕也。以養人也。養人以寬，養人以德，推己及人為正途，但不能推君子之道，以強求小人從之。

【釋義】

頤者，養也。民畜聚而後必有養，養之以仁而後民安，頤次於大畜。

為卦，震下艮上，欲動仁止，下民動有欲求於君上，君上安止民以仁義。頤上下皆剛，中間四柔，君子以仁義含容萬民、頤養天下百姓，道之以德、齊之以禮，養之教之，止於仁義，王道之大養也。自君子修身而言，內進德如震，養活潑之仁心；外靜穆如山，養其肅穆之威儀。

頤：貞吉，觀頤，自求口實。

【程傳】

頤之道，以正則吉也。外三爻皆正，內三爻皆不正。人之養身、養德、養人、養於人，皆以正道則吉也。天地造化，造物而化育之。養育萬物，各得其宜者，亦正而已矣。觀頤自求口實，觀自養之道。觀者，觀其所由。觀人之所頤，與其自求口實之道，則善惡吉凶可見矣。觀養之正否，則善惡凶吉顯。

【釋義】

頤，養正也；止邪妄，則正者自得其養。為卦，下震動以陽，上艮止以剛，處微、居顯皆行止於正，窮達一是皆為正，貞吉也。

觀頤：兩陽上下、四陰在內，中虛外實之象。二、三比附於初，同其震也；四、五比附於上，同其止也，皆比求陽之實，自求口實也。

震動於始，艮止於仁。動始，先王定制度以道民，以身作則，自養也；仁止，後王行制度以安民，推己及人，養人也。小人飲食其中，不出其位，安止於此。君子行其道，小人勞其力，各得其所，各盡其職，皆自求口實而得其正也。

《彖》曰：頤，貞吉，養正則吉也。觀頤，觀其所養也。自求口實，觀其自養也。

【程傳】

貞吉，所養者正則吉也。所養，謂所養之人與養之之道。自求口實，謂其自求養身之道，皆以正則吉也。

【釋義】

觀頤，觀君子之養也。養得其正則吉，不得其正則凶。

君子之養，自養與養人也。自養，奮作於正，自養以正，震之象也；養人，養人以正，容止於仁，山之象也。可觀者，君子修身以德，自養也；正己以正天下，養人也。小人不能以正修身，亦不能以正正天下，故小人自養養人皆不可觀。

陽居初，君子處微，觀其自養其正。陽居上，君子道顯，觀其使天下百姓得其正養。

天地養萬物，聖人養賢以及萬民，頤之時大矣哉。

【程傳】

聖人極言頤之道而贊其大。萬物、賢君子、萬民，皆養之以正，大其養也。天地之道，則養育萬物，養育萬物之道，正而已矣。不養以正，物不得其所。聖人則養賢才，與之共天位，德配天，得其位則為天位，如堯為天子、周公為攝政大臣，皆天位。共天位，即共治天下。使之食天祿，德配祿位。俾施澤於天下，俾，使也。養賢以及萬民也。養賢所以養萬民也。夫天地之中，品物之眾，非養則不生。聖人裁成天地之道，人用天地之道，需裁成而後用之；如裁成布匹而成衣服方可用。輔相天地之宜，以養天下，至於鳥獸草木，皆有養之之政，如斤斧以時入山林之類。其道配天地，配，猶合字。故夫子推頤之道，贊天地與聖人之功曰：「頤之時大矣哉！」或云「義」，或云「用」，或止云「時」，以其大者也。義大、用大、時大，皆以大尊稱。萬物之生與養，時為大，故云時。

【釋義】

天不能獨養萬物，與地共養之；聖人不能獨養百姓，與賢人共養之。上九，天也，聖人也；初九，地、賢人也；中四陰，萬物、百姓也。

天地養萬物，時也；聖人養賢人、百姓，順天之道而養之，亦時也，頤之時大矣哉！

頤之大，以養萬物百姓為大，能養其大則為大正。故頤者，推己之養正以養天下百姓，使天下百姓其皆得其正養也。

聖人養百姓，「養」猶「安」義，定制度以安民，民安則奉衣食以自養。

《象》曰：山下有雷，頤，君子以慎言語，節飲食。

【程傳】

以二體言之，山下有雷，雷震於山下，山之生物，皆動其根荄，發其萌芽，為養之象。以上下之義言之，艮止而震動，上止下動，頤頷之象。以卦形言之，上下二陽中含四陰，外實中虛，頤口之象，口所以養身也。故君子觀其象以養其身，慎言語以養其德，雷動有出之象，故君子慎言語也。節飲食以養其體。不唯就口取養一無養字義，事之至近而所繫至大者，莫過於言語飲食也。在身為言語，於天下則凡命令、政教出於身者皆是，慎之則必當而無失；慎言語，則言語出而

有當於理。**在身為飲食，於天下則凡貨資、財用養於人者皆是，節之則適宜而無傷。推養之道**一有則字**，養德養天下，莫不然也。**

【釋義】

雷出艮止，所出必有所止，故君子行必有矩，慎其出入也。君子觀此象，慎言語以養其德，節飲食以養其體。雷乃動出之象，艮為止仁之象，舉動不失規矩，動則中節，無適無莫，義之與比，乃山下有雷之義。

雷，欲望也；山，節制也；欲而有節，頤養之道也。

初九，舍爾靈龜，觀我朵頤，凶。

【程傳】

蒙之初六，蒙者也，爻乃主發蒙而言。頤之初九，亦假外而言，自外觀之。**爾謂初也。捨爾之靈龜，**爾，初也；捨爾之正。**乃觀我而朵頤，**我，四也。觀我之欲。**我對爾而設。初之所以朵頤者四也，**初之口動皆因觀四之口動而隨之也。四也，其因自四也。**然非四謂之也，假設之辭爾。九，陽體剛明，其才智足以養正者也。龜能咽息不食，**咽息，吸食氣也。不食，不假外也。**靈龜喻其明智，**通道也。**而可以不求養於外也。才雖如是，然以陽居動體，**在下而動，必不能安於下而求於上也。**而在頤之時，**在頤之時，不能自養，必求養於人。初，動居剛位，又體動而在頤時，必求養於人也。**求頤，人所欲也，上應於四，不能自守，**不守靈龜之靜也。**志在上行，**初九以行上為志。**說所欲而朵頤者也。**說，悅也。悅四之朵頤，而初也隨之朵頤。**心既動，**不能貞守而悅外也。**則其自失必矣。**心動而身隨之，故必失身也。**迷欲而失己，**迷欲，陷於欲而不能出；失己，失己陽剛之道。**以陽而從陰，**陽倡先陰隨後為正，反之則邪。**則何所不至？**從陰則從欲，從欲則何所不至。**是以凶也。朵頤為朵動其頤頷，人見食而欲之，則動頤垂涎，故以為象。

【釋義】

舍爾靈龜，捨天道也；觀我朵頤，從人慾也。不靜養己道，卻妄從他人之欲，非能貞固，逐外則凶。

靈龜，天人溝通之媒介，指代天道。爾，初九，由第三者言之；道在己，故云「爾靈龜」。靈龜善靜養，能守己，捨靈龜則不能守己。朵頤，嚼食之狀，外欲也。我，六四。初欲求養於四，故觀其朵頤。

初九陽處剛位為震之主且居初，應於四，故欲上行從陰，從陰則逐於欲。

《象》曰：觀我朵頤，亦不足貴也。

【程傳】

九，動體。居震之下，體動也。朵頤，謂其說陰而志動，悅陰，悅四也。志動，不固也。既為欲所動，則雖有剛健明智之才，終必自失，故其才亦不足貴也。人之貴乎剛者，為其能立而不屈於欲也，貴乎明者，為其能照而不失於正也。能照，能辨正邪也。既惑所欲而失其正，不知擇正為惑。何剛明之有？為可賤也。有欲，非剛也；不能自反，非明也。

【釋義】

頤之養，貴在自養其正。初剛健體動，非能貞固其靜者，故躁動不安，不能自養，外慕於四，其志不足貴也。

六二，顛頤，拂經；於丘頤，征凶。

【程傳】

女不能自處，必從男；陰不能獨立，必從陽。二，陰柔，不能自養，待養於人者也。天子養天下，諸侯養一國，臣食君上之祿，民賴司牧之養，皆以上養下，上養下：定制度，倡首也。制度定，民知有守而安，能安則民盡其力而得其養也。理之正也。二既不能自養，必求養於剛陽；若反下求於初，則為顛倒，故云顛頤。顛則拂違經常，經常，經之常道。不可行也。若求養於丘，則往必有凶。丘，在外而高之物，謂上九也。卦止二陽，既不可顛頤於初，若求頤於上九，往則有凶。在頤之時，相應則相養者也。三、上相應則不能相養。上非其應而往求養，非道妄動，非其求養之道，故其動必妄。是以凶也。顛頤則拂經，不獲其養爾；妄求於上，往則得凶也。今有人，才不足以自養，見在上者勢力足以養人，非其族類，妄往求之，取辱得凶必矣。六二中正，在他卦多吉，而凶，何也？曰：時然也。處頤之時，諸爻皆從頤養之義，故六二在頤不以中正為義，乃以上下求養為義。陰柔既不足以自養，初、上二爻皆非其與，與，同行者。故往求則悖理而得凶也。

【釋義】

頤時，剛者養德，柔者養口；養德者自養，養口者求養於人；六二陰柔，求養口於人者。

求人之養，乃下求上為正養；二顛倒其正而反求初之養己，顛頤也。拂，非也；拂經，非常經。六二顛頤之養，不合於正，非常道也。於，猶之，往也；丘，上九也，上九處艮體又在上，有丘之象；丘頤，上九之養；於丘頤，二欲

往求上九之養己。

六二於初時，求初九養己，然顛頤不合常經，求之不得；不得已，又去上行求上之養己，二三其德，非正應，行失其類，不能順守其道，故往求則凶。

六二上下求養，下求顛頤拂經，上求不正征凶，皆不能遂其養。

六二柔處中正，在他卦多善，在頤為凶。因處頤之時，大義為陰求養於陽，二求不得，便失本位，在中不中，居柔又非能靜守，凶必也。

《象》曰：六二征凶，行失類也。

【程傳】

征而從上則凶者，非其類故也。非正應。往求而失其類，內爻行至於外，為「往」。求，逐外也；逐外又失其同類則凶。得凶宜矣。行，往也。

【釋義】

征，遠行，二求上養己，征也。二與上不正應，非其類，故行失其類。

六三，拂頤，貞凶。十年勿用，无攸利。

【程傳】

頤之道，唯正則吉。陽自養為正，陰求正養為正。三以陰柔之質，而處不中正，又在動之極，居動爻而體動，故不可自止其動。是柔邪不正而動者也。陰靜而思動，邪也。其養如此，拂違於頤之正道，是以凶也。得頤之正，則所養皆吉，求養、養人則合於義，自養則成德。三乃拂違正道，故戒以十年勿用。十，數之終，謂終不可用，無所往而利也。

【釋義】

拂頤，拂違頤養之正。三應於上，求養於上為正頤，不得則拂頤。

《子夏易》：「上剛而極止，下柔而極動，性極相違，求養於上，違背之道。」極止，處艮止之極；極動，處震動之極，極止、極動，道相悖也。三與上本為正應，但三柔居剛位又處動體之極，且不中不正，不從上之艮止，故尚動而妄。上雖陽，然剛處柔位且居艮體之上，故尚靜而正。三尚動而妄，上尚靜而正，非其類也，故三不順從上，雖為正應，卻不得應助而凶也。

三所謂「貞凶」者：三不中正，與上亦非同類，固守其性則絕其應，絕其應則絕其養也，故貞凶。貞凶，言貞而成凶，咎在己也。貞，當「勿固」之「固」解，三固守其不正，故其「貞」乃為固陋。

三與上本為正應，三妄動而至於拂頤，咎在己，過之大者，故十年勿用。

妄動而不守分，內無誠而行於外，無所往而有利也。

初、四為正應，下求上為正養，只是陽求陰養有過，故但只言凶。二以上從下、求其非正應，陰求陽之養本為正，故也但言其凶而已。三為陰，在頤時，當求養於陽，三有正應卻不求養，其咎大矣。

《象》曰：十年勿用，道大悖也。

【程傳】

所以戒終不可用，以其所由之道大悖義理也。

【釋義】

頤時，陰居處不正，有正應而不能以正求養於人，拂頤之甚也。其道大悖於求養，戒不可用也。道，三之所由拂頤之道。

六四，顛頤，吉。虎視眈眈，其欲逐逐，无咎。

【程傳】

四在人上，大臣之位；六以陰居也，陰柔不足以自養，陰柔賴人之養。況養天下乎？養天下，安民也。初九以剛陽居下，在下之賢也，與四為應，四又柔順而正，是能順於初，賴初之養也。以上養下則為順，今反求下之養，顛倒也，故曰顛頤。然己一本下有「以」不勝其任，求在下之賢而順從之，以濟其事，則天下得其養，而己無曠敗之咎，曠敗，曠其職分，敗其事功。故為吉也。夫居上位者，必有一作其才德威望，為下民所尊畏，則事行而眾心服從。事行，政令通行也。若或下易其上，易：忽易，輕慢也。居下者輕慢居上者。則政出而人違，刑施而怨起，輕於陵犯，亂之由也。六四雖能順從剛陽，不廢厥職，厥，其也；四之厥職，居上而能任下之賢明者。然質本陰柔，賴人以濟，人之所輕，故必養其威嚴，耽耽然如虎視，則能重其體貌，重，莊重；重體貌，動容貌、正顏色也。下不敢易。下，居下者；易，輕慢。又從一作取於人者必有常，從於人者，居下也；不常，則德不貞，不能終始從人也。若間或無繼，間，斷也。則其政敗矣。其欲，用賢才之欲。謂所須用者，須同需。必逐逐相繼而不乏，逐逐相續，用初九下賢之心逐逐不斷。則其事可濟；若取於人而無繼，無繼，不能用人以常。則困窮矣。柔弱之才獨行己志，其道困窮必也。既有威嚴，又所施不窮，所施，用下賢之才施政。故能无咎也。

二顛頤則拂經，拂經，悖亂其常也。四則吉，何也？曰：二在上而反求養於下，下非其應類，正應則同類。初正應於四，故初也非六二之比鄰者。故為拂經。四則居上位，以貴下賤，貴賤以地位言。下賤，禮遇下賢、且能尊奉其道。使在下之賢由己

以行其道，由己，順由四，非指順由四之道，乃是能尊四為君長。上下之志相應而一有澤施於民，下能尊上為君長，上能禮賢且能用下之道，上下之志應。何吉如之？上下志應，何吉如此者。自三以下，養口體者也；百姓養口體也。四以上，養德義者也。君子養德義也。以君而資養於臣，以上位而賴養於下，養於臣下，皆是賴其道而養，故為養德。皆養德也。養德，雖顛頤，而其義正，故吉。

【釋義】

初、四互為顛頤，初凶四吉，何也？

陽剛求養於陰柔，為凶；四柔居正，正應於下，施其光而順下之求養，且居艮體，能止下眈眈之視、逐逐之欲，則吉。故初四雖互為顛頤，但因果皆異。

蘇東坡說：「初九之剛，其始若虎之眈眈而不可馴也，六四以其所欲而致之，逐逐焉而來，六四之所施，可謂光矣。」四施其光而馴服初，无咎而吉。

程子解讀此爻，六四賴初養己：以「虎視眈眈」動容貌、養其威嚴，以「其欲逐逐」為用人有常，不可間或不繼。

游酢曰：「以上養下，頤之正也。若在上而反資養於下，則於頤為倒置矣。此二與四所以俱為顛頤也。然二之志在物，而四之志在道，故四顛頤而吉，而二則征凶也。」襲程子養口養德之說。四求賢，其志正而不廢其職，故顛頤而吉，吉在順正也。二顛頤求養於口，顛頤而不吉，不吉在求物也。

《象》曰：顛頤之吉，上施光也。

【程傳】

顛倒求養，而所以吉者，蓋得到剛陽之應以濟其事，成其事。致己居上之德，致，行也。致己，行己。居上者必施其光，方為「居上之德」。六四所以施光，賴初也。施光明被於天下，光明，德也。吉孰大焉？

【釋義】

施，推己及人。光，在己之明德。四居正而行其德，上施光也。

六五，拂經，居貞吉，不可涉大川。

【程傳】

六五頤之時，居君位，養天下者也，然其陰柔之質，才不足以養天下，上有剛陽之賢，故順從之，賴其養己以濟天下。君者養人者也，反賴人之養，是違拂於經常。聖人之經，常道也；故經以常言，經即常，常即經。既以己之不足而順從

於賢師傅，上，師傅之位也，有人臣之實而無人臣之位，亦師亦臣亦友之間。必居守貞固，篤於委信，言能專任也。則能輔翼其身，澤及天下，故吉也。陰柔之質，無貞剛之性，故戒以能居貞則吉。但居貞職守而已。以陰柔之才，雖倚賴剛賢，能持循於平時，持循，皆言固守常道。不可處艱難變故之際，處艱難則不能篤信剛明之賢，故云不可處。故云不可涉大川也。以成王之才，不至甚柔弱也，當管、蔡之亂，幾不保於周公，況其下者乎？材質下於成王者。故書曰：「王亦未敢誚公，賴二公得終信。」（《尚書·金縢》）故艱險之際，非剛明之主，不可恃也。不得已而濟艱險者則有矣。發此義者，所以深戒於為君也。於上九，則據為臣致身盡忠之道言，故不同也。

【釋義】

六五柔居尊位，不能養天下者；然陰居中，能謙卑尊賢，賴賢者養己而養天下，雖拂經有違常道，然處至尊之位而能任剛明之賢，是居處不失其正，故吉也。

五因賴他人之養，乃為守成之主，非能涉大川、濟天下者。

《象》曰：居貞之吉，順以從上也。

【程傳】

居貞之吉者，謂能堅固順從於上九之賢，以養天下也。

【釋義】

順以從上，順頤養之正而從上九之道也。

上九，由頤，厲吉，利涉大川。

【程傳】

上九以剛陽之德，居師傅之任，六五之君，柔順而從於己，賴己之養，是當天下之任，天下由之以養也。（之，上九之道）。以人臣而當是任，必常懷危厲則吉也。如伊尹、周公，何嘗不憂勤競畏？（憂勤，憂天下之事、勤天下之事；競，自奮也；畏，畏己道中途而阻，故能謀之深、慮之遠也），故得終吉。夫以君之才不足，而倚賴於己，身當天下一下有之字大任，宜竭其才力，濟天下之艱危，成天下之治安，故曰利涉大川。得君如此之專，受任如此之重，苟不濟天下一有之字艱危，何足稱委遇而謂之賢乎？（委遇，委以舉國之任，遇以國師之禮）？當盡誠竭力，而不顧慮（盡誠竭力，致身盡道也；不顧慮，置生死於外），然惕厲則不可忘也（惕厲，思危之心）。

-347-

【釋義】

頤卦兩剛，初九居下不能養天下，故養天下唯賴上九。獨任天下之養，又臣攝行帝王之道，戰戰兢兢，如履薄冰，故言「厲」。陽處艮止，能止息逐逐不正者，故吉。居艮止之地，能阻隔天下不正而歸其正，利涉大川也。

由，順由也；由頤，天下順由上九之道而得其養。厲，任重而行攝政之險也。

《象》曰：由頤厲吉，大有慶也。

【程傳】

若上九之當大任如是，能競畏如是，競，兢也。天下被其德澤，時大有福慶也。

【釋義】

上九能養天下，是六五之養天下也，天下得其養正，大有慶也。

【小結】

頤養者，止其不正而得其養也。頤卦下三爻乃小人自養，皆凶；上三爻為君子養天下，皆吉。頤養以靜守為吉，下三爻皆尚動為凶。上九得吉，謂能止息天下不正之欲而吉，故頤養之道，乃止息不正之欲，使天下之欲皆得其正，故得其頤養之正。

䷛大過卦第二十八　　巽下兌上

【程傳】

大過，《序卦》曰：「頤者養也，養德也。「潛龍勿用」，專言養。養也為行，潛龍之行，只到修齊，未至治平：勿用，不可為上所用，只可用於齊家。「利見大人」，行德便是養德，孟子所謂「集義」、陽明所謂事事物物上下工夫。**不養則不可動**，動，陽動也。君子行其德為「動」，「動」特指為政、朝食，非指齊家、家食之動。也可解為：君子畜養其德，小人感動而化；動，小人化之也。**故受之以大過。」**凡物養而後能成，君子之養，學而養其德，而後能成。**成則能動**，成德則能推己及人。動，乃成德之發用，小則齊家，大則治國。動，也謂中心出則能動人，教化天下。**動則有過**，過其常，此賢者之過。大過所以次頤也。

為卦，上兌下巽，謙遜於內、和處於外，謙恭之道，君子也。**澤在木上，滅木也。**剛過有滅木之象。**澤者潤養於木，乃至滅沒於木，為大過之義。**兩陰包四陽，陽過而滅沒。**大過者，陽過也**，故為大者過，陰小陽大，陽過其常，大者過也。過之大，過常之大。**與大事過也**。過常之大事。聖賢道德功業，大過於人，凡事之大過於常者

皆是也。過常之功業、德行。程子以為大過二五之陽皆在其中，故此「大過」非指「大過錯」。夫聖人盡人道，行人道於至正，盡人道也。非過於理也，其制事以天下之正理，制事，裁度人事。矯時之用，用，猶弊。小過於中者則有之，賢者過之。如行過乎恭、喪過乎哀、用過乎儉是也。皆過中不遠。蓋矯之小過，小過於中。而後能及於中，乃求中之用也。所謂大過者，常事之大者耳，非有過於理也。惟其大，故不常見，以其比常所見者大，故謂之大過。如堯舜之禪讓，湯武之放伐，皆由一有此字道也。道無不中，無不常，道不變為常，見諸於事則常變而新。以世人所不常見，故謂之大過於常也。

【釋義】

大，陽也；大過，陽大過於陰，君子大過於小人，君子行過於常，盛積於中而過中，則有棟橈之患。

為卦，澤上於木，有滅木之危，皆為棟橈而本末弱所致，君子當改其大過之行，巽順於上下，和悅於眾，順民之所欲，則能拯此剛過之難，成非常之事，以濟非常之功。

程子說，大過非指陽過於理，只是合理中之「常事之大者」。《易》貴乎因象喻義，不必固執一端，程子之說只是言在他身上的《易》理，非謂「大過」確然有此不易之理，若此，則為西人之「客觀」真理。

大過：棟撓，利有攸往，亨。

【程傳】

小過，陰過於上下；小過中兩爻為陽，上下四爻為陰，故為陰過於上下。大過，陽過於中。大過中四爻為陽，陽盛大於中。陽過於中，而上下弱矣，爻自下生，漸至於上，故下為本，上為末。故為棟橈之象。中過則曲向下，為棟橈之象。棟取其勝重，猶任重，棟能承屋之重。四陽聚於中，可謂重矣。陽過盛於中，在棟為橈，故言過中。九三九四，皆取棟象，棟為一屋至中，三四爻處一卦之中，且三為下之長官，四為近君重臣，皆任重又居中，故以棟象為喻。謂任重也。橈取其本末弱，初、上為本末，皆為陰，較之中四陽，所謂本末弱。中強而本末弱，四陽強而上下兩陰弱。是以橈也。中過重而屈橈以下。陰弱而陽強，君子盛而小人衰，故利有攸往而亨也。君子道長，小人道消，無往而不亨。棟，今人謂之檁。

【釋義】

陽過盛於中，君子道盛小人道衰，大過也。

棟，屋之至中，極也，極也訓為大中。橈，彎曲。棟橈，棟樑彎曲而中有失，賢者過之也。陽聚於中，行於中而有失，似棟有橈象。行中有失，是行於中道而有過盛之失，有偏離中道之危，賢者過之，當思反之。

大過之時，陽盛大，陰微弱，兩陰依附四陽，且二五剛中，是故陽行無阻。內巽外兌，內謙巽外和處，遂行於正，和處於眾，無往而不亨。互體皆為乾，剛健在中，強盛而無所阻，君子利有攸往。

【補遺】

大過之時，剛強者棟橈下曲，陰柔者不堪其任，不救之，則屋將傾塌，故君子當改其強盛之態，宜巽悅而行，則能救其過盛之弊，如此則利有所往，亨也。

《彖》曰：大過，大者過也。

【程傳】

大者過，謂陽過也。鄭玄：「陽爻過也。」小過則為陰爻過。**在事為事之大者過，與其過之大。**過常之大。

【釋義】

陽為大者，過為過常，陽盛聚於中而行過其常，大者過也。

棟橈，本末弱也。

【程傳】

謂上下二陰衰弱，陽盛則陰衰，故為大者過。過常、過盛。在小過，則曰小者過，陰過也。陰過盛於陽。

【釋義】

棟處於屋脊，屋賴之以挺立，棟之過則中屈而為棟下橈，剛猛過聚於中而本末弱。本為初，末為上，兩陰居初上，為本末弱，其象謂：初始不正，而終不能繼，棟橈曲難以繼終，思當改過中之弊。

【補遺】

大過時，根本太弱，未能堅固，君子雖盛於中，然不救根本，其行難繼終。君子治平，當惠民以厚根本，根本不固，君子之道不能善終也。

剛過而中，巽而說行，利有攸往，乃亨。

【程傳】

言卦才之善也。卦才：剛過而中，巽而說行。**剛雖過，而二五皆得中，是處不**

失一作得中道也。強盛而能履中而行，亨也。下巽上兌，是以巽順和說之道而行也。巽順於內，誠謙也；和悅於外，無懟也；內誠謙，外和悅，何所不順？在大過之時，以中道巽說而行，中道則行正不偏，巽說則和順於人，內正外和，行亨於世。故利有攸往，乃所以能亨也。剛雖有過，但能居中而巽悅以行，故其道亨通。

【釋義】

剛處二五之中，又三四之剛為一卦之中，則陽剛盛大而過於常，然所行不過於中道，剛過而中也。內巽順而外悅和，巽而悅行也。

君子謙順於禮，和處於人：和處而節之以禮，非讒佞也；履禮而能以和為用，不失其中也；剛盛於中，君子之道亨，故能利有攸往。

二五皆比近陰，二比初生稊，五比上生華，皆能克治過剛之失，陰陽和合而亨。

【補遺】

剛過而中，巽而說行，為夫子告戒之辭：謂大過之時，君子當如此而行，則可以亨通無阻。反之，若過盛不中，不巽悅而行，則災禍不遠矣。

大過之時，積剛過盛，君子意願大過小人意願，以此臨治小人，小民雖曲從，然已經不堪重負，不可長繼，如上六「過涉滅頂」，國家將傾覆。君子當巽順和悅，消除棟橈之弊，復歸中道，與下民和處，如此攸往，則亨通無阻。

棟橈之時，君子雖清廉，但其行政意志不契合百姓意願，所頒布政令與百姓利益不符，又強制推行，自以為有利於百姓，如此而行，如棟橈之屈，百姓負重，甚為不堪。如五八年大躍進，大煉鋼鐵而忽視百姓基本生活要求，政府雖奉公清廉，但所行皆非百姓意願，之後又是三年災害，百姓基本生存難以保障，國之根本動搖，本末皆危，當此時，必當巽順民意，滿足百姓基本生活欲求，如此方可行遠。

大過之時，大矣哉！

【程傳】

大過之時，其事甚大，賢能之士畢集，故能成大事。故贊之曰大矣哉。如立非常之大事，興百一作不事之大功，成絕俗之大德，皆大過之事也。

【釋義】

大過之時，人心思革變，聖賢於此時，當行大過於常之事，作制度、修廉政、齊風俗、順民心，革除天下舊政，大行其道而與時亨通也。

當此革變之時，君子最易行過於常，但行己之意願，少顧及百姓民生，事與願違則多，故當思篤厚本末，與民同欲、同樂、同視聽，則不辜大過之時也。

《象》曰：澤滅木，大過。君子以獨立不懼，遯世無悶。

【程傳】

澤，潤養於木者也，乃至滅沒於木，則過甚矣，澤，小民也；木，君子也。澤滅木，小民不擇君子，君子行過於中，故其道不行於小民。君子抱殘守缺，過於疏闊於世，為小民所棄，澤滅木也。故為大過。君子觀大過之象，以立其大過人之行。君子所以大過人者，以其能獨立不懼，隨天、不隨人為「獨」。立者，立天之道、大人之道也。不懼者，不懼一身得失也。遯世無悶也。澤滅木也。體天道之廣大故「無悶」；有德必有鄰，也是「無悶」之義。天下非之而不顧，非，非議，否絕也。之，君子或君子之道。不顧，不順其非也。獨立不懼也。君子獨行其道，不懼一身榮辱。獨立，道行於一己之身，非能行於天下。舉世不見知而不悔，不悔眾不從己也。遯世無悶也。遁世，君子無行跡顯於世，自然而隱。道亨行於一身，不為名利所繫縛，亦不能行道於天上，豈有悶乎？如此，然後能自守，所以為大過人一無人字也。以其「不懼」、「不悔」、「無悶」，不繫名利得失，是大過於眾人。

【釋義】

木取生生之義，象君子之道；澤滅木，為小人之道。澤滅木時，小人處廟堂，顯揚於上；君子居幽野，隱沒於下。道不行於天下，君子居貧處困，不為人所知，無懼無悔；潛龍蓄德，兌悅自處，樂以忘憂，故無悶。

彖、象之辭正相反：彖則剛中巽悅，而利有攸往；象則取滅木為義，君子當潛伏勿用。後人解易，以為有一定不易之解，執固執必，大失易道。

大過之象，兩陰潤澤四陽，似過養於陽，溺陷於養，故當以大過之舉拯溺陷之養，勿使沉淪，然本末弱，承始不正，繼終不善也。

【補遺】

《象》專注於上六之爻，道不行於天下之時，君子窮處，如何修身：獨立不懼，遁世不悶。

澤滅木，乃小民不隨君子，棄君子而去。小民何以棄君子而去，當思之再思之。君子若能率民求其所欲，安民惠民，小民豈可棄之而去？君子意願大過小民意願，上下不協，君民不通情，勢必如此。君子縱有千萬好的意願，但不協和於民之所欲，終為畫餅。

初六，藉用白茅，无咎。

【程傳】

初以陰柔、巽體而處下，陰柔體巽，固當遜退，又居處最下，過於畏慎者。過於畏慎者也。以柔在下，用茅藉物之象。不錯諸地，錯，放置也；諸，於也。而藉以茅，藉，墊也。過於慎也，不獨為慎，也為潔淨。是以无咎。初非正位，然能惕屬慎處，故无咎。茅之為物雖薄而用可重者，茅，杆白而直，象潔而貞者。可重，可承重，上四爻皆為剛，是承其棟重也。以用之能成敬慎之道也。用之，行藉用白茅之道也。慎守斯術而行，敬慎而貞守此術。豈有失乎？大過之用也。大過之時而能敬慎，則不過矣。

《繫辭》云：「苟錯諸地而可矣，藉之用茅，況又藉以茅。何咎之有？慎之至也。」夫茅之為物薄而用可重也，慎斯術也以往，其無所失矣，言敬慎之至也。茅雖至薄之物，然用之可甚重。可承甚重之物。以之藉薦，藉祭品於白茅，薦之於神。則為重慎之道，重其事慎其行。是用之重也。人之過於敬慎，為之非難，而可以保其安而無過，苟能慎一有思斯道，慎其道，保持此道不失也。推而行之於事，其無所失矣。

【釋義】

藉，墊也；馬融曰：「在下曰藉。」白茅，潔淨而柔之物。初陰柔居巽體，巽順承剛，有藉下之象。藉用白茅，慎置祭品於白茅之上，柔以錯之，又以潔淨不染於污。祭品為貴重之物，白茅乃柔潔之物，藉用白茅，柔以承重，陰柔甘卑陽剛下，順承承陽剛。

祭以「敬慎」，以降鬼神，初陰柔而卑居其下，順以承之。

陽剛大盛之時，陰自居其下，敬慎其德，卑以自守，自潔其身，則无咎。

初六不取柔在剛位，但取在下之義。

【補遺】

白茅也取潔淨之義。陰柔在下，取白茅之象，以至誠忠順（潔淨也），順承陽剛。大過之時，陽過盛，陰柔必以至誠方可獲陽剛認可，藉用白茅也。

《象》曰：藉用白茅，柔在下也。

【程傳】

以陰柔處卑下之道，道：方法，猶術。惟當過於敬慎而已。以柔在下，為以茅藉物之象，敬慎之道也。

【釋義】

藉用白茅，柔行「在下」之道。「在」為動詞，「在下」，陰柔者自為之，自處在下，不上行而應於四。九四陽剛過中，也不得下行合於初。大過之時，比正而應非，初四、二五皆不取應，五比上，初比二。

柔本應居下：「藉用白茅」，明柔應在剛下，當自潔其道，承剛而柔順之。柔在下，巽順其道。

柔本以卑順在下為義，初六又居處卑下，則卑順之又卑順，柔在下也。初六能順性而動，甘處卑下，无咎也。

【補遺】

大過之時，陽剛過盛，陰柔也不得不居處邊緣，在下在上，皆為不得已。初行其不得已，順命而為，默處卑微，柔在下也。

九二，枯楊生稊，老夫得其女妻，无不利。

【程傳】

陽之大過，陽處大過之時。比陰則合，比，親比，近也；合，交合也。大過之時，陰陽合則有生機。故二與五皆有生象。二比初，五比上。

九二當大過之初，當猶處也。初、二爻皆為初。得中而居柔，剛居柔則非過剛，且體巽能謙，故能下比於初。與初密比而相與，與，助也。初既切比於二，初雖與四為正應，然大過之時，在初，則四過剛亢而不能應於初，故初得與而密比而親；在四，則下橈於初則為私應德虧。二復無應於上，無應於上，言其專一於初。大過之時，比正而應不正。其相與可知。是剛過之人，枯楊也。而能以中自處，用柔相濟者也。過剛則不能有所為，九三是也。得中用柔，則能成大過之功，九二是也。

楊者，陽氣易感之物，陽過則枯矣。楊枯而復生稊，陽過而未至於極也。至極則不能生。九二陽過而與初，陽過，老夫也；柔處初，長女之象。與初，與初交合。老夫得女妻之象。老夫而得女妻，則能成生育之功。二得中居柔而與初，故能復生稊，而無過極之失，無所不利也。

在大過，陽爻居陰則善，二與四是也。二不言吉，方言無所不利，未遽至吉也。稊，根也。劉琨《勸進表》云：「生繁華於枯荑。」謂枯根也。鄭玄《易》亦作荑字，與稊同。

【釋義】

枯楊生稊，陽剛求中，以消釋其剛過盛。

楊為易生之物，生機過盛則枯。稊為根，生於下者，二比初而有下行之志，如稊生於下。九二剛居柔中，比近於初，枯楊能生稊者。女，巽體之下，為長女。

大過之時，陽已過橈，故陽剛同道則不得同志相濟，必得比陰、資柔方能成其和濟之利。二得初成稊，五得上生華，皆比陰和濟之義。

《象》曰：老夫女妻，過以相與也。

【程傳】

老夫之說少女，二生稊，主動比初，悅少女也。少女之順老夫，體異故順。其相與過於常分，謂九二初六陰陽相與之和，過於常也。

【釋義】

與，助也；過以相與：處大過之時，以相與也；也可看作陰陽交助而過常——初藉茅承二，敬順過常；二比初生稊，潤澤過常。

九三，棟橈，凶。

【程傳】

夫居大過之時，興大過之功，立大過之事，非剛柔得中，取於人以自輔，則不能也。大過之時，獨剛不能濟時紓困。既過於剛強，則不能與人同常。過剛不能和同於人，不能同常也。常之功尚不能獨立，常之功，尋常之功。況大過之事乎？以聖人之才，雖小事必取於人，當天下之大任，則可知矣。知其也必取於人。

九三以大過之陽，復以剛自居而不得中，剛過之甚者也。以過甚之剛，動則違於中和而拂於眾心，凡有舉措皆違於中道，動則違於中。拂，拂逆也。安能當大過之任乎？故不勝其任，如棟之橈，傾敗其室，是以凶也。取棟為象者，以其無輔，而不能勝重任也。或曰：三，巽體而應於上，豈無用柔之象乎？曰：言易者，貴乎識勢之重輕，時之變易。大過取「比」為正，「應」為「有它」而不正。三居過而用剛，居過，猶處過之時。過時，用剛則過。巽既終而且變，且變，將變而不巽也。豈復有用柔之義？應者謂志相從也，三方遇剛，遇剛，剛處剛位。上能係其志乎？係而束縛之，謂上能約束三，使三能志順於上。

【釋義】

三剛居剛位，重剛也，且互卦體健，過剛而不得其中，剛猛不同於眾，獨任其剛，如棟之獨撐，為眾之所棄，故為棟橈之凶。

棟，剛也；橈，獨任其剛，不堪其重而下橈。大過乃剛盛極之時，三處重

剛而亢，無蓄斂謙讓之德，自持強盛，死而不厭，不與眾同，眾也不順隨之，故其志在於獨任其事，獨異於眾，豈可為陰柔所繫乎？故雖有正應而不相與也。

【補遺】

九三與上六為正應，然大過之時，親比而不應。九三有棟橈之象，曲而向下，非能凸而向上，故不得與上六正應。

《象》曰：棟橈之凶，不可以有輔也。

【程傳】

剛強之過，則不能取於人，過於自任而不能有取於人。**人亦不能**一作肯親輔之，不和同於眾，眾也難親之。**如棟橈折，不可支輔也。**如棟橈而至於折斷，則不可支撐而輔助之。**棟當室之中，不可加助，是不可以有輔也。**

【釋義】

獨任其剛暴之性，自絕於人，而不能有輔助也。

九四，棟隆吉，有它吝。

【程傳】

四居近君之位，當大過之任者也。居柔為能用柔相濟，濟過剛之失。既不過剛，則能勝其任，如棟之隆起，隆起而親順於君上。是以吉也。隆起，取一有兼字不下橈之義。下橈，下曲。任重而不曲橈，居位也。

大過之時，非陽剛不能濟，以剛處柔，為得宜矣，若又與初六之陰相應，則過也。隆則專親於上，不得它應。**既剛柔得宜，而志復應陰，是有它也。**有它志，繫於初也。**有它則有累於剛，**處陰又係應於陰，有累於剛也。**雖未至於大害，亦可吝也。**

蓋大過之時，動則過也。過剛之動。有它謂更有它志，吝為不足之義，復應初，則四之剛不足也，不足則不可任棟。**謂可少也。**

或曰：二比初則无不利，四若應初則為吝，何也？曰：二得中而比於初，為以柔相濟之義；四與初為正應，志相繫者也。九既居四，剛柔得宜矣，復牽繫於陰，以害其剛，處柔又繫於柔，剛不勝其柔，故有害於剛。則可吝也。

【釋義】

九四居巽木之上，又體健上行，兌體而順於在上者，故有高而隆起之象。

四近君居大臣之位，剛處柔而為兌體之下，剛明則能任大任，柔悅則能順

承君上，如棟之隆起。

棟隆向上：待上則順應而承，處下則絕其繫私，不它適也。初四正應，四不下來應初，不它適也。四剛居柔，又為悅體，若復繫於初之陰柔，則剛德有虧，故言有它則吝。

有它，謂有繫於私黨。棟乃承一屋之重，以任公為志；四居大臣之位，以行公為責，在大過之時，若有它而繫於私，剛繫下則橈，難堪大任，故不得有它。

大過之時，以任重而不得不如此，當專一以承也。

《象》曰：棟隆之吉，不橈乎下也。

【程傳】

棟隆起則吉，不橈曲以就下也，隆則承上而任其勞，就下則剛屈為私，橈則不能任重。**謂不下繫於初也。**

【釋義】

四隆起向上而承大任、當大責，不橈繫於下，不私昵同黨，不屈污其志，示人以無私也。

三、四都以剛任棟，三過剛而橈凶，四處陰則隆吉。

九五，枯楊生華，老婦得其士夫，无咎无譽。

【程傳】

九五當大過之時，本以中正居尊位，然下無應助，固不能成大過之功，大過之時，忌獨任剛，當與陰柔相濟而為用。**而上比過極之陰**，上比，上行而親比。過極，處大過之極。過極之陰，不能資陽以生。**其所相濟者，如枯楊之生華。**華生於上而不長根於下，末榮盛而本枯槁，不可久。**枯楊下生根稊，則能復生，如大過之陽興成事功也；生華秀，雖有所發，無益於枯也。**無活源之故。

上六過極之陰，老婦也。女過四十九，絕經，為老婦，言不能生育。**五雖非少，比老婦則為壯矣**，男過六十四，精絕，為老夫，也不能生育。五言壯，非過六十四也。**於五無所賴也**，五不依賴於上六。**故反稱婦得。**老婦不能生育，於五無所得。**過極之陰**，雖與陽交也不能生育，為過極之陰。**得陽之相濟，不為無益也。以士夫而得老婦，雖無罪咎，殊非羨也，故云无咎无譽，象復言其可醜也。**

【釋義】

蘇軾：「盛極將枯，而又生華以自耗，竭而不能久矣。稊者，顛而復蘖，

反其始也。華者，盈而畢發，速其終也。」生稊於下，為固本，生華於上，則為逐末，故二順生而吉，五逆天而不可久。

在過時，陽比陰為正，五比老婦，雖醜无咎。枯楊，九五；華，上六也。枯楊生華，不使九五有華，乃使上六有華，故言老婦得其士夫，非士夫得其老婦，譽歸於上不歸於五，於九五則无譽，陽順於陰也。

尚氏曰：「兌為反巽，故仍曰枯楊。」巽為木，反巽則木不生，故為枯楊。

【補遺】

陰陽和合，以生物為義，五比親於上，但能生華，不得生物，是可醜也；然處大過之時，陽剛得陰柔資助，能削彌其過亢，則吉；相互抵消，无咎无譽也。

《象》曰：枯楊生華，何可久也！老婦士夫，亦可醜也。

【程傳】

枯楊不生根而生華，旋復枯矣，旋，迅捷。安能久乎？老婦而得士夫，豈能成生育之功？為可醜矣。

【釋義】

上六老婦，不能生養，得其士夫，猶枯楊生華，喪本而逐末，榮華於末只能速其終，何可久也！

上六，過涉滅頂，凶，无咎。

【程傳】

上六以陰柔處過極，柔居眾剛之上，處兌極而悅於外，過而至於極，不可反也。是小人過常之極者也。遠離常道而不可反。極，言不能反善也。小人之所謂大過，非能為大過人之事也，直過常越理，過其常規、逾越常理；直，只也。不恤危亡，恤，憂也。履險蹈禍而已。如過涉於水，至滅沒其頂，其凶可知。小人狂躁以自禍，狂，猛進不已；躁，不安其分。不安於分內而猛進於深水之中，自取滅頂之災。蓋其宜也，復將何尤，「尤人」之尤，自取其禍，何尤於人。故曰无咎，行其自滅之道，固如此，既已滅頂，又何言无咎。言自為之，無所怨咎也。不能怨人、咎責於人。因澤之象而取涉義。上六居澤之極，有滅頂之象。

【釋義】

三四五互體為乾，乾為首。上居乾之上為首，兌體為澤，故有滅頂之象。

上六欲濟大過之過，然陰柔之質，勢單力弱，不得過而以至於滅頂，其義

可嘉，蹈難赴死，无咎也。

錢志立：「澤之滅木，上之所以滅頂也。雖至滅頂，然有不容不涉，即不得不過者，孔子所以觀卦象而有獨立不懼之思也。」

【補遺】

大過之時，行乃為陽之行也，陰柔不得獨行任事，陰當以比親、和順於陽為義。上六居兌極，悅和於外，不巽順於陽，不安於柔靜，狂躁獨行，不量而行，而至於滅頂之災，然義無可咎也。

《象》曰：過涉之凶，不可咎也。

【程傳】

過涉至溺，乃自為之，不可以有咎也，上六行過，自性如此，不可言有過咎之失。言無所怨咎。

【釋義】

過涉滅頂，捨生取義，行其所當行，雖死而不悔，義無可咎也。

䷜習坎卦第二十九　坎下坎上

【程傳】

習坎，《序卦》：「物不可以終過，故受之以坎，過則無坎，有坎則不能過。坎者陷也。」理無過而不已，過極必已，過已則坎陷而不得過矣。過極則必陷，坎所以次大過也。

習謂重習。習，再也，重也，常也；人常其德方能過重坎，故習也取「常」義。他卦雖重，不加其名，獨坎加習者，見其重險，險中復有險，其義大也。重險乃見君子常德之不忒，故其義大也。

卦中一陽上下二陰，陽實陰虛，上下無據，無據，無實也；陽不居初、上之位，上下皆陷於柔中，為上下無據。一陽陷於二陰之中，故為坎陷之義。陽居陰中則為陷，陰居陽中則為麗。

凡陽：在上者止之象，艮也。在中陷之象，坎也。在下動之象。震也。陰，在上說之象，兌也。在中麗之象，離也。在下巽之象。巽也。

陷則為險。習，重也，如學習、溫習，皆重複之義也。重其坎，君子健習，磨礪其德。坎，陷也。卦之所言，處險難之道。學習磨礪，乃處險之道。坎，水也。一始於中，中，天地之道；一，萬物生之始。萬物始生於中道，是「一始於中」。有生之最

先者也，最先者，一也。故為水。水生養萬物，有水而後有萬物，故為始、為一。陷，水之體也。水，至柔之物，無從依附，故有險義。萬物生之以水，陷之以水。

【釋義】

大過，陽盛於陰，盛極於中；習坎，陰盛於陽，陽被群陰所陷、困於兩中。

事過濟則順，過順極必坎險，故坎次於大過。坎而重，內外皆坎，為習坎。習，重，再，常也。坎險再習，君子於此坎險之時宜當貞固其德，磨礪其剛中之性，行至誠之道於險中，獨立艱貞，敦篤其行，不為坎險而陷溺其心，常德不忒，順命待時，斯可出坎矣。

習坎：有孚，維心亨，行有尚。

【程傳】

陽實在中，為中有孚信。維心亨，維心，維繫於心。謂誠信維繫於心，則亨。言不繫於心，心無此理，其行豈能亨乎？維其心誠一，一，純而不雜也。故能亨通。至誠可以通金石，通乃「動」義，謂至誠之道可以感動金石之無情之物。蹈水火，蹈水不溺，蹈火不熱，心精一主內，水火之外難不能動搖其中心，故蹈水火而不陷溺其中也。何險難之不可亨也？

行有尚，處險中，尊尚行健。謂以誠一而行，處險中，「誠一」不可須臾離身，可離非出險之道也。則能出險，有可嘉尚，謂有功也。不行則常在險中矣。不行，不體踐「誠一」之道。

【釋義】

陽為實，陰為虛，二五陽剛處中，為中有孚之象。人處習坎之中，其道不行，宜更當磨礪其志，唯心不陷溺於坎中，常存其德，而心自亨通暢達，方可過坎難，維心亨也。維，係也。維心亨：處習坎之時，而有孚信者，乃繫於心之篤誠也。

王弼云：「陽不外發而在乎內，心亨者也。」習坎時，君子健行其德，篤誠以取信於人，方可過坎，豈有陽不外發之理？心亨，只是篤誠而已。《象》傳云：「行有尚，往有功也」，也謂陽需要有所發，不尚其行，如何出坎？習坎之時，君子雖身窮處困，其道不能光大，也可以入孝出悌，使宗族稱孝、鄉黨稱弟，即使之九夷，也可以行德於彼，使民風不陋，故君子行諸己所以行諸外，律於己所以推之於人，內外本一貫，不可分別言之。

坎習常，君子之德也當習之以為常，有常則性之也，以應坎難，故言「行

有尚」，不尊尚其德行，琢之磨之，如何過坎？

行，磨習其德業，於坎時更宜尊尚德業，常習不怠。

互卦震艮，震則動，艮則止，動而有則，常行於中則也。

【補遺】

尚，也作匹配解。行有尚，其行可以匹配其德。

《象》曰：習坎，重險也。水流而不盈，行險而不失其信。

【程傳】

習坎者，習，再也。謂重險也。上下皆坎，兩險相重也。兩險相重，益見剛中不敗。初六云「坎窞」，窞，音dàn，深坑；是坎中之坎，重險也。

水流而不盈，陽動於險中，而未出於險，乃水性之流行而未盈於坎，既盈則出乎坎矣。

行險而不失其信，陽剛中實，居險之中，行險而不失其信者也。坎中實，水就下，「就下」為水之常道，行其素常則有信。**皆為信義有孚也。**虞翻：「水行往來，朝宗于海，不失其時，如月行天，故習坎為孚也。」

【釋義】

習坎，險之重也。兩坎之間，水流出此坎，又入彼坎，終不可出坎，故言水流而不盈。盈，謂盈滿溢出於坎，因坎重又重，故不可滿盈出坎。坎，虛也，不盈乃未出坎。

君子觀此象，反其道而行之，充盈其誠信，身陷重險而不失至誠之道，內充盈而外涉險，虛則實之，艱則柔之，險則慎之，此所以行險之道也。

重坎有「行」之象，二五剛中有不變之象，行險而不變其道，篤信也。

【補遺】

處習坎之中，君子所重在有孚心亨，伸孚信於人，得眾所助，乃所以出坎之道。古之君子不認可個人英雄主義，君子有同志之幫扶、有下民之輔助，方可以過險，故言君子必言朋類與下民。大過所以終凶，並非沒有同志之助，而是沒有下民跟隨，治人者沒有百姓，則不成為君子。此劉備所以兵敗新野，也要率同百姓，與之共難之因。

維心亨，乃以剛中也。

【程傳】

維心可以亨通者，乃以其剛中也。不欲不偏，故能立於重險之中。中實為有孚

之象。至誠之道,何所不通?以剛中之道而行,則可以濟險難而亨通也。

【釋義】

心所以亨者,乃繫於剛中。

剛處中,心實之象也。天地之心,生生之謂;陽剛,其德生生,故以剛中喻心。心亨者,亨在己也。剛健則道不窮,處中則行不偏,君子處困而能剛中,身雖窮困而道不行於天下,然行其在己者未嘗一日間斷,德潛運而未嘗一時間息,日新其德,故言心亨,德亨通於心也。

習坎之時,剛若不居中,必有過猶不及之毁,則不能亨於中也。

行有尚,往有功也。

【程傳】

以其剛中之才而往,才德兼備,方可濟險。則有功,故可嘉尚;若止而不行,則常在險中矣。坎以能行為功。

【釋義】

上行而往,謂九二。二五剛中同志,二輔贊五,君臣道同而往有功。爻自內卦行於外卦,為「往」。出險必勵德,故磨礪其德便在「往」行中用功;往者,健行其德也。有功,出坎險為有功。尊尚其有功之出險,行有尚也。

尚,或作「配」義,偶也。二往行與五相應,剛中之德相匹配,故能得五之助而往有功也。蘇軾:「尚,配也。方圓曲直,所遇必有以配之,故無所往而不有功也。」

天險不可升也,地險山川丘陵也。王公設險以守其國。險之時用大矣哉!

【程傳】

高不可升者,天之險也。山川丘陵,地之險也。王公,君人者。君人,以君子之道臨民者。觀坎之象,知險之不可陵也,故設為城郭溝池之險,以守其國,保其民人,是有用險之時,其用甚大,故贊其大矣哉!山河城池,設險之大端也。若夫尊卑之辨,貴賤之分,明等威,異物採,異物採,服飾、車馬、居室、舞列等等用度規格之尊卑不同。凡所以杜絕陵僭,陵,下犯上;僭,越禮制之舉。限隔上下者,設等威、物採別異上下。皆體險之用也。設置等威、物採等制度之不同,所以體尊卑之險也。

【釋義】

天險不可升,意思晦暗。注家多以為,天險無形故不可升。

升，攀而上之，如升山，乃是攀登而上且踩於腳下。有形之山，無論多高，皆可攀而升之。子貢贊孔子：「夫子之不可及也，猶天之不可階而升也。」又云：「他人之賢者，丘陵也，猶可逾也；仲尼，日月也，無得而逾焉。」皆說孔子生而如此，不可從修身之路徑升而逾之。孔子稱讚堯亦如此：「大哉堯之為君也！巍巍乎！唯天為大，唯堯則之。蕩蕩乎，民無能名焉。巍巍乎其有成功也，煥乎其有文章！」贊堯之德齊天，不可升越也。

天險不可升，可能指裁成天道之人倫規則不可逾越。如聖人之德、人之五倫、禮儀制度，皆人效法於天而裁成人道，如天之高，不可升越，不可突破，不可踩於腳下，只能仰觀而順承之。

如「君君、臣臣、父父、子子」乃為天險，不可破壞，如此則君臣父子上下各安其位，天下秩序井然。否則，陳力而不能就列，德才不配位，天下大亂。夫子說「八佾舞於庭，是可忍也，孰不可忍也。」人心一旦放失，天險便自內崩塌，禮崩樂壞、天下大亂。

天險從制度收縮到人心，心有所欲而不逾矩，矩不可升而破，德不可升而破，天險也。

升，言其至高不可逾越；道德禮儀天命於人，至高而猶如天險，不可升而破也。

在坎卦中，天險指九五，天子帝位代表天下秩序、禮儀綱常，至高不可升越。地險山川丘陵，為九二臣子，臣子可以置換，故當設險自固。王公諸侯當設置好的制度為險，使百姓願意順從之，國方可常固久存。

上至天子下至王公士人，皆於險時磨礪其行，險時固窮，其德方可光大，故言「險之時用大矣哉」。大，德也。險之時用大，險時行其德也，於險時德方能大顯其光。《子夏易》云：「天地猶險以成，而況於人乎？」天險不可升而為天，地險絕以成其地，人履險以成其德。佛家云：「放下屠刀，立地成佛」，也取險中成佛之義。

用，有行德、成德兩義，唯有行之而後成之，不可分別。唯有德，越「用」越「光大」，過險時，也需把德「用」得光大方可成事。

《象》曰：水洊至，習坎；君子以常德行、習教事。

【程傳】

坎為水，水流仍洊而至。仍，頻也，延續不斷。洊，音 jiàn，再也。**兩坎相習，水流仍洊之象也。**水自涓滴至於尋丈，至於江海，洊習而不驟者也。洊習，猶漸

習，取常而不斷之義。驟則難以漸常，老子云「飄風不終朝，驟雨不終日。」其因勢就下，信而有常。信，實存也。水就下而流，洊至不斷，為有常之象，故為信實之象。故君子觀坎水之象，取其有常，則常久其德行。險有常，則修身當常存不怠。人之德行，不常則偽也，有「常」則居內為安，「居內」而安為有得之於心，「得之於心」為「德」；故德者常也。不常於心，外襲為用，居處不安，則偽。故當如水之有常，取其洊習相受，踐習相續接不斷，故能習熟。則以習熟其教令之事。夫發政行教，必使民熟於聞聽，然後能從，習久若心中所出，故能順從。故三令五申之；若驟告未喻，未習熟於心，故不喻也。遽責其從，雖嚴刑以驅之不能也，故當如水之洊習。

【釋義】

洊，音 jiàn，重也，再也，屢也，常也。

水常行不斷，習坎也。君子觀水之洊至，知無恒常則無得於己，故常恒其德，磨礪其行以傚之，常使民習教事，漸嫻習而安之，如此，則上下之心相通不悖，即歷險難也能安泰。

初六，習坎，入於坎窞，凶。

【程傳】

初以陰柔居坎險之下，柔弱無援，而處不得當，柔居剛。非能出乎險也，唯益陷於深險耳。窞，坎中之陷處。已在習坎中，更入坎窞，其凶可知。

【釋義】

窞，音 dàn，深坑；坎窞，坎中之坎，因習惡而入窞，以險為居心，習成心險也。嫻習黑暗機巧，主動近墨者，轉而自陷於坎深矣。初六之凶，自內也，習惡漸成其凶。入，自入也，因習熟險惡之機巧而自入於深窞。

【補遺】

習坎而成險惡之性，以險惡之心入於坎中，必以僥倖行險以過險，豈可出險乎？

《象》曰：習坎入坎，失道凶也。

【程傳】

由習坎而更入坎窞，失道也，是以凶。能出於險，乃不失道也。

【釋義】

習熟於險道而深溺之，自甘墮入，迷失正道而不知反，故凶。《易》所言

的「凶」，大多皆自處不正而招至。初柔居剛，居處不正也。

九二，坎有險，求小得。

【程傳】

二當坎險之時，陷上下二陰之中，乃至險之地，行至於險之地。是有險也。然其剛中之才，雖未能出乎險中，亦可小自濟，不為險溺其中，自保不陷，小自濟也。不至如初益陷入於深險，是所求小得也。

君子處險難而自能保者，剛中而已。剛能立而不依附，中能處而不偏倚。**剛則才足自衛**，剛則不為外誘。**中則動不失宜。**中不出位，又能審己之能，度時勢之險危，時中而動皆合宜。

【釋義】

九二陽剛，剛必自求脫困，故求者，自求也。自求者，立己之剛德，唯剛立方可出坎，此一而二、二而一之事。得，得在己也。剛立而不為坎陷，道亨於一身，為小得。出坎，宜畜剛德，立剛也是所以求出坎之道，不立剛則真溺於坎矣。

九處柔位而居中，處柔則能敬事而慎，審時度勢，不妄動，處柔弱之道也；居中則動不出矩，雖困窮也能貞固其德，且能時中而宜也。

此文王囚於羑里、孔子困於陳蔡之義，立剛以待時，坦然以順命，皆為自求於正，故能小得自保。

《象》曰：求小得，未出中也。

【程傳】

方為二陰所陷，在險一本「險」上有「至」字之地，以剛中之才，不至陷於深險，是所求小得，以中道與坎險周旋，不至於陷溺，小有得。然未能出坎中之險也。

【釋義】

小得不足以出坎，故言未出坎中。未出中，也是立剛而不陷溺坎，未出中道也。

六三，來之坎坎，險且枕，入於坎窞，勿用。

【程傳】

六三在坎陷之時，以陰柔而居不中正，其處不善，進退與居，皆不可者也。居處不動，也不能。來下則入於險之中，之上則重險也。之，往也。重險，又遇險。退

來與進之皆險，故云來之坎坎。既進退皆險，而居亦險。枕謂支倚。居險而支倚以處，以險為可倚，愚蒙之甚。不安之甚也。所處如此，唯益入於深險耳，故云入於坎窞。如三所處之道，不可用也，故戒勿用。

【釋義】

六三入於兩險之中，來去皆坎，處之亦險，凡所為皆失當，戒之勿用也。

來，入內；之，往外。來之，來來往往，動而不安之象。六三來內而乘九二之剛，坎險也；往上行則遇上卦之坎，又坎險也，進退皆險，故云「來之坎坎」。六三陰居陽位，不中不正，妄動而進退失據，所動皆非，來之坎坎也。

六三居下坎之上，體震居剛而欲動，艮止在上而不得進，欲出險而不能出，處於重險之中，不得已而枕於險也。

上卦為坎，三四五爻為艮，坎阻又艮止，是往而不得也，退而求安，只能安止於險中，故言「險且枕」。安止於險，沉溺於險，險為更險，「入於坎窞」也。

柔弱之質而入於坎窞，豈可用也？唯有不動而惕厲，依止於九二，則免於入於坎窞。

【補遺】

處坎時，柔不能自出坎，必有所依而後能出。六三來之與枕坎，皆不可用，故當惕懼以依止於九二。

《周易全解》：「坎有險：當作『坎有檢』，檢為手枕，枕手之用。帛書作『贛有諶』，諶借為枕。《釋名》：『枕，檢也，所以檢項也。』坎中有枕，可以有較好的休息，即後文說的『小有得』的得。六三『險且枕』帛書作『噞且諶』，鄭玄作『檢且枕』，注曰：『木在手曰檢，木在首曰枕。』『檢』即枕手用的木頭，『枕』為做為枕頭用的木頭。『坎有檢』，坎中有手枕可充當枕頭。因此六三爻接著說『檢且枕』，以檢為枕。」

《象》曰：來之坎坎，終無功也。

【程傳】

進退皆險，處又不安，險且枕也。若用此道，當益入於險，終豈能有功乎？以陰柔處不中正，雖平易之地，尚致悔咎，況處險乎？險者，人之所欲出也，必得其道，習坎之時，唯剛中不陷溺，陰柔之道不可出。乃能去之。求去而失其道，益困窮耳。故聖人戒如三所處，三之處，險而枕也。不可用也。

【釋義】

來之坎坎，柔不能出習坎，妄動無功也。

六四，樽酒，簋貳，用缶，納約自牖，終无咎。

【程傳】

六四陰柔而下無助，初四不應，三陰柔，也不得比親，下無助也。非能濟天下之險者。柔不能獨濟坎，必有陽應而可。以其在高位，故言為臣處險之道。「樽酒，簋(guǐ)貳，用缶，納約自牖」——尚誠質，不尚虛華，大臣處險之道也。

大臣當險難之時，唯至誠見信於君，其交固而不可間，坦誠則交固，故不可間。又能開明君心，至誠動君心，開君心之明德也。則可保无咎矣。

夫欲上之篤信，唯當盡其質實而已。忠恕之道，盡己之質實而後動人。多儀而尚飾，燕享之時，以和樂為義，和樂過，則易傷君臣之分，故多儀尚飾以嚴尊卑君臣上下也。莫如燕享之禮，故以燕享喻之，言當不尚浮飾，唯以質實。君以禮，臣以忠，君臣之質也。「樽酒，簋貳，用缶」，君臣之質。所用一樽之酒，二簋之食，復以瓦缶為器，盛食之器，程子所謂「器」當非指樂器。質之至也。其質實如此，又須納約自牖。自牖，自明也。以其明德而納約於君。納約謂進結於君之道。

牖一有「有」字，開通之義。不以明德，何以開通？室之暗也，故設牖所以通明。自牖，言自通明之處，以況君心所明處，況，比擬也；況君心，猶俗語「將心比心」，以臣心之明坦處，比君心之明坦處，忠恕之道也。《詩》云：「天之牖民，牖民，開民之蒙愚也，若今人講的「開民智」。如壎如篪。」壎，陶製樂器；篪 chí，竹管樂器。壎、篪開孔竅則有音響，民開智則蒙去，蒙去則能響應於君之明德，故以「如壎如篪」喻「天之牖民」。毛公訓牖為道，道，導也，如牖明也。亦開通之謂。「謂」一作「義」。人臣以忠信、善道結於君心，忠信必以善道導之，不以善道導之，則為愚忠之信。必自其所明處乃能入也。以己之明德發明他人之明德，以己之易入處開他人之易入處，善勸也。人心有所蔽，有所通。所蔽者暗處也，所通者明處也。當就其明處而告之，平易莫如德，德坦蕩無私匿，故德為明易之道，勸人莫如德也。求信則易也，故云「納約自牖」。自能明處而明之。能如是，則雖艱險之時，終得无咎也。

且如君心蔽於荒樂，不正之樂、享樂過頭，皆荒樂也。唯其蔽也故爾。雖力詆其荒樂之非，自暗處而攻之，不可明其君心。如其不省何？必於所不蔽之事，就其所明之處喻之。推而及之，則能悟其心矣。如孟子以牛之觳觫諫梁惠王於仁道。自古能諫其君者，未有不因其所明者也。故訐直強勁者率多取忤，訐音 jié。攻君之暗處，故多取忤。而溫厚明辯者其說多行。道之以德也，德是易於勸勉他人的入手處。喻人以利

則人多疑而惑，喻人以德則人易反己而明。

且如漢祖愛戚姬，將易太子，易，置換也。是其所蔽也。群臣爭之者眾矣。嫡庶之義，長幼之序，非不明也，如其蔽而不察何？蔽於私愛而不願察也。四老者，高祖素知其賢而重之，此其不蔽之明心也，故因其所明而及其事，從曉處勸喻，推及其不曉處。則悟之如反手。悟，反正也。且四老人之力，孰與張良群公卿及天下之士？其言之切，孰與周昌、叔孫通？然而不從彼而從此者，「彼」指張良、周昌、孫叔通群公卿，「此」指四老。由攻其蔽與就其明之異耳。攻蔽則不從，就其明則順。

又如趙王太后愛其少子長安君，不肯使質於齊，此其蔽於私愛也。大臣諫之雖強，既曰蔽矣，其能聽乎？愛其子而欲使之長久富貴者，其心之所明也。故左師觸龍因其明而導之以長久之計，故其聽也如響。響，應之速也。

非惟告於君者如此，為教者亦然。夫教必就人之所長，所長者心之所明也，從其心之所明而入，然後推及其餘，孟子所謂成德、達才是也。皆就其明達處而教喻之。

【釋義】

樽酒，有酒，九五之君也；簋貳，有食，六四之臣也；樽酒簋貳，行酒令以飲食，君主而臣副也。用缶，有樂也，君臣以誠交通，上下歡也；如此，則燕享之禮備。

前人多解「缶」為飲食瓦器，來知德解為樂器。按，離九三「不鼓缶而歌」，「有缶」之「缶」解讀為樂器更佳。較之鍾鼎而食，「鼓缶而食」，也是禮尚簡樸。

納，入也。約，道也。樽酒簋貳之道，尚質不尚華。自，盡己；牖，戶牖，言其通達也。自牖，盡己則能通達。

一樽之酒，二簋之食，尚樸誠而不務虛儀；擊瓦缶以為樂，樂此尚質樸，以此道進於君，坦誠相見，君使臣以禮，臣事君以忠，終无咎也。

《象》曰：樽酒簋貳，剛柔際也。

【程傳】

《象》只舉首句，如此比多矣。舉首句，以代其餘。樽酒簋貳，質實之至，剛柔相際，接之道能如此，接之道，接人待物之道：質實。則可終保无咎。君臣之交，能固而常者，交固而久長者。在誠實而已。剛柔指四與五，謂君臣之交際也。

【釋義】

樽酒，九五之剛君也；簋貳，六四之柔臣也，君臣交際，待之以禮，敬之以忠，簋以配樽也，故云「剛柔際也」。

九五，坎不盈，祇既平，无咎。

【程傳】

九五在坎之中，是不盈也。盈則平而出矣。祇宜音柢，祇音之。抵也。至也。復卦云：「無祇悔。」必抵於已平則无咎。既曰不盈，則時未平而尚在險中，未得无咎也。以九五剛中之才，居尊位，宜可以濟於險，然下無助也。二陷於險中未能出，餘皆陰柔，無濟險之才。人君雖才，安能獨濟天下之險？故雖有咎，未至於大過。居君位而不能致天下出於險，則為有咎，必祇既平，乃得无咎。

【釋義】

鄭玄：「祇當為坻，小邱也。」按，「坻既平」對應「坎不盈」。

坻為小丘，丘為仁，喻九五剛德也。丘當凸起，而言「既平」，則道德未隆也。坎不盈，九五處坎中，德未充盈，有虛中之象，與「坻既平」皆指九五之德未能顯著。

九五雖為坎不盈、坻既平，然剛中之德不陷於坎中，是无咎也。

蘇軾云：「祇，猶言適足也。九五可謂大矣，有敵而不敢自大，故不盈也。不盈，所以納四也。盈者人去之，不盈者人輸之。故不盈，適所以使之既平也。」《象》云「坎不盈，中未大也。」九五剛中之德未能光大，坎不盈、坻既平也，蘇軾之義可取。

平，也謂九五在坎中而不陷於坎，以其剛立而不陷也。

《象》曰：坎不盈，中未大也。

【程傳】

九五剛中之才而得尊位，當濟天下之險難，而坎尚不盈，時未至也。乃未能平乎險難，平，猶出也。是其剛中之道未光大也。險難之時，非君臣協力，其能濟乎？五之道未大，以無臣也。卦辭：「有孚，維心亨」，不能孚信於下臣，孤家寡人不可以出險。人君之道不能濟天下之險難，則為未大，不稱其位也。

【釋義】

中未大，責在君也。

九五剛中之德雖立，未光大其德而惠及天下，故未至於盈盛。五處坎中，

下無應助，僅能自立不陷，不能光大其德。

上六，係用徽纆，寘於叢棘，三歲不得，凶。

【程傳】

上六以陰柔而居險之極，其陷之深者也。以其陷之深，取牢獄為喻。如繫縛之以徽纆，纆，音mò。囚寘於叢棘之中，陰柔而陷之深，其不能出矣。其，推測語氣。故云至於三歲之久，不得免也，其凶可知。

【釋義】

虞翻：「徽纆，黑索也。」劉表：「徽纆，索名，所以囚。」陸德明：「三股曰徽，兩役曰纆，皆索名。」寘，同置，放置。叢棘，古代囚犯人之地，外圍荊棘，防止犯人逃亡。虞翻：「獄外種九棘，故稱叢棘。」叢棘，言棘刺叢生而繁多，故有九棘之謂。

三歲不得，三年不得脫於徽纆、出於叢棘者。

《周禮·大司寇》：「五曰國刑；上願糾暴。以圜土聚教罷民，凡害人者，寘之圜土而施職事焉，以明刑恥之，其能改者，反於中國，不齒三年。其不能改而出圜土者殺。」鄭玄：「上六，乘陽有邪惡之罪，故縛以徽纆，置於叢棘，而使公卿以下議之，其害人者置之圜土，而施職事焉。以明刑恥之能復者。上罪三年而赦，中罪二年而赦，下罪一年而赦。不得者，不自思以得正道，終不自改而出諸圜土者殺。故凶。」吳澄：「《周官》司圜收教罷民，能改者，上罪三年而捨，其不能改而出圜土者，殺。三歲不得，其罪大而不能改者與？」

皆言三歲不得改過則殺，其凶可知。

上六柔居坎極，困深而不得出，故有「徽纆叢棘」、「三歲不得」之凶。

《象》曰：上六失道凶，三歲也。

【程傳】

以陰柔而自處極險之地，自處，自為之，不得怨尤他人。是其失道也，故其凶至於三歲也。三歲之久，而不得免焉，終凶之辭也。言久，有曰十，有曰三，隨其事也。陷於獄，至於三歲，久之極也。他卦以年數言者，亦各以其事也。如三歲不興，不興，不從事也。十年乃字是也。

【釋義】

柔處坎極而困，持久不得解，其凶必也，以三歲喻之。

☲ 離卦第三十　離下離上

【程傳】

離，《序卦》：「坎者，陷也，陷必有所麗，_{處坎陷必有依附，方可脫險，麗者依}_{附也。}故受之以離，離者麗也。」_{陷於險難之中，陰不能自度險難，必附麗於陽。}則必有所附麗，理自然也，離所以次坎也。

離，麗也，明也。_{柔麗剛、小人麗君子，則明。}取其陰麗於上下之陽，_{二附麗於初、三，五附麗於四、上。虛麗實而能有用，猶火之附物而能燃。}則為附麗之義；取其中虛，_{二五柔中，中虛也。虛己則能納物（能兼也），能納物則明（能兼則明）。}則為明義。離為火，火體虛，麗於物而明者也。虛不能自明，假於物則明。又為日，亦以虛明之象。_{古人認為日月星辰皆為氣聚而成。在天成象，非如在地成形者。}

【釋義】

離者，麗也、明也，麗附於正，其道光明，離也。

陰附麗於陽，柔附麗於剛，虛附麗於實，民麗附於君，君麗附於民，政麗附於德，則明。凡物皆有其麗附，若火之附麗於物，物有所附麗而得其性之正，物得正則文明以別，相與而不相侵害，和而不同，離也。

為卦，離下離上，內文明而明其明德，外文明而施其教化，內外光明，明明德也。君子推其明德而親澤天下，百姓親而信之，順而由之，君子懷德，小民安土，上下附麗而不失其正，各得其所，各得其安，君民同志，天下一心。

離之兩陰處上下之中，取中虛為義：中虛不有己而能附於物，寬而為物所附；且互體巽兌，柔處中正則巽順而悅，陰巽順於陽，柔附麗於陽，附麗而無間，其道必亨。

互卦巽兌，麗附於人，必以巽順和悅。離為中女，巽為長女，兌為少女，離皆以陰柔為主。

離：利貞，亨。畜牝牛，吉。

【程傳】

離，麗也。萬物莫不皆有所麗，_{天地萬物為一體，麗附也。}有形則有麗矣。_老_{子云「有無相生，難易相成，長短相形，高下相傾，音聲相和，前後相隨」，皆是有形而麗附。}_{儒家倡人道，君臣、父子、夫婦、昆弟、朋友，仁從人從二，皆是有此有彼、麗附而生。}在人則為一_{無為字}所親附之人，所由之道，_{由仁道則麗附君子，由邪道則麗附小人。}所主之事，皆其所麗也。_{人麗附於事，事麗附於人。}

人之所麗，利於貞正，貞固其麗附於正，則利。得其正則可以亨通，離時，麗附於正則其道亨。故曰離利貞亨。麗附於正，由正而行，則亨。

畜牝牛吉：牛之性順，而又牝焉，順之至也；既附麗於正，必能順於正道如牝牛，則吉也。畜牝牛，謂養其順德。順德乃為有所依附於外者，陰依附於陽而得養正，故必待養而後成。人之順德，由養以成，順德為坤道，坤以養成為道，畜養天之所生也。既麗於正，當養習以成其順德也。養習，後天學而知之、習而成之者，養習其附麗之正。《易》有三才，人麗附於天地，故人之德即是順德。

【釋義】

「利貞亨、畜牝牛吉」八字為戒辭，皆對兩陰而言，當如此，則亨吉。

離時，陰處中為正，柔麗附於剛，巽順於剛，故以陰柔附麗於陽而不偏，則為中正；貞固其中正，則麗於正而利也。柔處中而附麗於剛，巽順和悅於正，則亨。

牝牛乃地類，以任重且巽順為德；任重，能承事也；巽順，能貞固也。畜牝牛，即畜養巽順任重之德，處離如此，則吉。

《彖》曰：離麗也，日月麗乎天，百穀草木麗乎土。

【程傳】

離，麗也，謂附麗也。如日月則麗於天，百穀草木則麗於土。日月麗天則得其明，草木麗地則得其生，麗正之故也。萬物莫不各有所麗，天地之中，無無麗之物，在人當審其所麗，麗得其正，知所依止，乃麗得其正。依止，附麗也。則能亨也。

【釋義】

麗者，麗於道、麗於正，類相從也；故日月麗附於天，百草麗附於地，人麗附於家，家麗附於國，萬物皆有附麗，水流濕，火就燥，雲從龍，風從虎，皆類相從而麗得其所也。

本土文化以「麗附」為大，即使「獨立自由」，也以有「麗附」而後成「自由」，道家言萬物皆麗附於「道」，而得以「逍遙」，如鵬搏扶搖而上者九萬里，需麗附於六月大風而後適於南冥、得其逍遙也。

儒家則言君子必麗附於道而成其獨立之人格。《中庸》云：「道也者，不可須臾離也，可離非道也。」道非在外別有一物，道在己耳，君子麗附於道，則麗附於在己之道，故能獨立。小人無獨立之人格，因小人麗附於物，物乃在外者，故逐物者則無己，無己則無自由人格。

故於「附麗」二字,「人當審其所麗,麗得其正,則能亨也。」唯離附於正,方能各得其所,萬類競其自由。國人講的「競自由」,非要與他人相爭,乃是雷震而萬物奮作。「競自由」便是人應和天賦予之性奮作而競,競奮其不已之志。人能競奮其志,則獨立不改而自由。夫子「曲肱而樂」,是夫子之競自由;顏回「簞食瓢飲」,是顏回之競自由;孟子「雖千萬人吾往矣」,是孟子之競自由。各在己位而成其性、盡其責,便是本土文化中特有之競自由。

重明以麗乎正,乃化成天下。

【程傳】

以卦才言也。上下皆離,重明也。推其明德於天下,重明也。五二皆處中正,麗乎正也。君臣上下皆有明德,而處中正,二五君臣也。可以化天下,百姓觀君之中正而自化。成文明之俗也。

【釋義】

離者明也,上下皆離,內以明德,外以啟明天下之蒙,重明也。光明互麗,陰麗乎陽,虛麗乎實,二五麗乎中正,皆麗乎正也。重明而麗附於正,道天下百姓以正,可以化成萬物。所謂化成者,以正則能化成,不以正則不能化成。

柔麗乎中正,故亨,是以畜牝牛吉也。

【程傳】

二五以柔順麗於中正,分別言之,五麗附中,二麗附中正。易常以處中即為中正,故也可說五亦麗附中正。所以能亨。人能養其至順,麗本即為順,麗附他人必順乎他人之道。二五自處中正,又言麗附中正,是麗順乎己之中正。以麗中正,則吉,故曰畜牝牛吉也。

或曰:二則中正矣,五以陰居陽,得為正乎?曰:離主於一無於字所麗。五,中正之位,六,麗於正位,六為陰爻,麗附於中正,也為正。乃為正也。學者知時義而不失輕重,則可以言《易》矣。

【釋義】

牛以順為德,牝牛,順之又順也。二五麗附於陽,又麗附於己之中正,亦順之又順,故以牝牛喻之。

《象》曰:明兩作,離;大人以繼明,照於四方。

【程傳】

若云兩明,則是二明,明兩,明而復明,明明相繼,有相續之義。不見繼明之義,

故云明兩，明相續，明照於先後。明而重兩，重，繼而重也。謂相繼也。作離，明兩而為離，繼明之義也。震巽之類，亦取洊隨之義，洊，取相續之義，如洊雷、洊至。然離之義尤重也。大人，以德言則聖人，以位言則王者。王，謂天子。諸侯不可作制度，不可謂「王」。王者，繼天立極，貫通三才。立極，便是作制度，垂統於後世。大人觀離明相繼之象，以世繼其明德，以世繼，以世代相繼。照臨於四方。世繼，猶代相傳。大凡以明相繼，皆繼明也。繼，承接也。敦厚家風相傳，親民治道相續，皆繼明也。舉其大者，故以世襲繼照言之。世襲，世代相襲以明。繼照，繼其明照而不息，君子世出，文明相續，道不絕也。

【釋義】

當斷句為「明兩作，離」。明兩作，兩明相續而作，日月繼照也。作，在日月為「照」；在人事，乃是議禮、制度、考文之事，統言之，創立制度之謂。

明兩作，從日月繼照，可發揮為：兩聖相續，作制度、垂範後世。有聖人則有聖德，有聖德則有先王制度，聖人、聖德、先王制度，三者一以貫之，皆為「明」也。

聖人先後作制度，前後踵繼，大道行於天下而不絕，聖人以道相承，繼作制度，仁德明照於四方而不墜。

初九：履錯然，敬之无咎。

【程傳】

陽固好動，又居下而離體。陽居下，離體火也，火性炎上，陽剛居下本有動志，又益以火體，則更增益其炎上好動之心。則欲進。離性炎上，志在上麗，志在附麗於上。幾於躁動。初九求附麗於上，雖未動，而其志幾於躁動。其履錯然，謂交錯也。雖未進，而跡已動矣。心動，即有跡。動則失居下之分而有咎也。離者依附也，居離之時，當依附於上，後聽命而動；不聽命於上，則為躁動失分。然其剛明之才，明，言初處文明之體，故有明照之知。若知其義而敬慎之，則不至於咎矣。初在下，無位者也，明其身之進退，初之進退，聽命而進退，非自妄動。乃所麗之道也。進知所往，退知所去，則知所以附麗。其志既動，不能止於內也。不能敬慎則妄動，敬命而慎其行止。是不明所麗，不明麗附乃為聽命。乃有咎也。

【釋義】

初九之履，行之始也。《說文解字》：「錯，金塗也。」段玉裁注云：「謂以金措其上也。」《詩·采芑》：「約軧錯衡，八鸞鎗鎗。」錯，塗金或鑲金以增

飾。錯，也有打磨之義。《詩・鹿鳴》：「它山之石，可以為錯。」無論錯金還是打磨，皆是文飾對象。王弼：「錯然，敬慎之貌也。」履錯然，履禮為錯。初履而能增飾，慎行於應物之始，故言「敬之无咎。」

九處離之初，行始而錯然有敬，敬慎所履，光大其離體之明，審擇其所麗，明而後動，履禮而行，則无咎。

程子以為，錯然為交錯雜亂。《詩傳》云：「東西為交，邪行為錯。」初麗於二，剛麗於柔，易於褻瀆不敬，不能敬慎而妄動，故言「履錯然」。

《象》曰：履錯之敬，以辟咎也。

【程傳】

履錯然欲動，履以序為正，錯然則不得去正。而知敬慎，不敢進，所以求避免過咎也。居明而剛，明則能審其所麗，剛則能辟邪而歸正。故知而能辟，不剛明則妄動矣。

【釋義】

履錯而知敬，收束肆慢之心，用志不分，亦所以辟其自咎也。辟，音避，迴避也。

六二：黃離，元吉。

【程傳】

二居中得正，麗於中正也。麗附中正之德。黃，中之色，文之美也。黃居中為土德，土乃錯綜四行為美。文明中正，美之盛也，故云「黃離」。以文明中正之德，上同於文明中順之君，二柔居正，五陰居陽，故不言中正，而言中順，離乃麗附，故有順德。其明如是，居離明之體，自處也。所麗如是，附麗中順之君。大善之吉也。

【釋義】

二五居中，麗附中正，黃離也。黃離者，離黃也，離附其黃中之德也。有此黃中之德，也為剛明之物所麗附，是亦為元吉。

土居中，其色為黃，故以黃象中，取其中道兼容，故黃有太極大中之道，大中至正，順乎天，故元吉。

《象》曰：黃離元吉，得中道也。

【程傳】

所以元吉者，以其得中道也。不云正者，離以中為重，虛中為離，故以陰居

中為重。**所以成文明，由中也，正在其中矣。**由，順也；順由中道，正在其中而不偏離。

【釋義】

離明，虛中則明。虛處中成離——陽附麗於陰，陰居中不動，成其正大之明，故陰處中道不動，大吉也。

九三：日昃之離，不鼓缶而歌，則大耋之嗟，凶。

【程傳】

八純卦皆有二體之義：乾內外皆健，內蘊德不息，外踐履不怠。**坤上下皆順，**內順其則，外順其時。**震威震相繼，**上行其威，下隨其動。**巽上下順隨，**上順民心，下則悅隨。**坎重險相習，**習通襲；相習，相因也。**離二明繼照，艮內外皆止，**內止於念之非正，外止於行之非禮。**兌彼己相說，**內卦為己，外卦為彼。**而離之義在人事最大。**離時，附麗得正則行正。下從上，需跟對人。

九三居下體之終，是前明將盡，後明當繼之時，人之始終，生死相繼。**時之革易也。**日昃之時，萬物必因之而有革易，人因之而有朝代之更替。**故為日昃之離，日下昃之明也，**昃則將沒矣。**以理言之，盛必有衰，始必有終，常道也。達者順理為樂。**達於道者必順於天之理，順乎天之理則樂天也。

缶，常用之器也，鼓缶而歌，樂其常也。不能如是，則以大耋為嗟憂，耋音dié，七八十歲。**乃為凶也。大耋，傾沒也，**衰老之時。**人之終盡，達者則知其常理，樂天而已。遇常皆樂，**遇逢天理，皆樂順之也，樂常也。**如鼓缶而歌。不達者則恐怛有將盡之悲，**達者但樂道而已，樂道則無終身之憂。故達者不隨情逐物而陷於恐悲。**乃大耋之嗟，為其凶也。**

此處死生之道也。安之若素，由道樂天也。**耋與昳同。**

【釋義】

日昃之離，明照日昃之時也；人於大耋之年，樂天順常而不憂懼，日昃之明也。

九三處下離之上，火炎上而將不附麗於二，乃日昃之離，日偏西而明將盡也。明盡而順之，鼓缶而歌，安之若素，處之若常，蓋心不繫於衰老，不畏怖人之將逝，樂天順道。若不能樂順天道，心繫於耋老而陷於彼，乃為衰亡之嗟，凶也。莊周「鼓盆而歌」，曠達樂常，乃襲仿於此。

《象》曰：日昃之離，何可久也！

【程傳】

日既傾昃，明能久乎？明者知其然也，故求人以繼其事，求後繼之人，述事而繼明，達者處衰之道也。退處以休其身。安常處順，何足以為凶也？

【釋義】

日昃之離，明不久矣，心不隨逝而去，貞固其常，身衰微而道不衰微，心麗附道，何可畏怖？

兩明將繼之時，心不繫將衰之明，而繫於將繼之明也。

九四：突如其來如，焚如，死如，棄如。

【程傳】

九四，離下體而升上體，離於下體之明，升入上體之明，在兩明之間也。繼明之初，四乃繼下明之初始。故言繼承之義。四繼三，以明續明也。在上而近君，繼承之地也。繼下明、承君任之地。以陽居離體而處四，居外卦之明體，思明察於外，則尚動。剛躁而不中正，剛居柔不正；不處上下之中，不中；不中正，則躁動不安。且重剛。陽居明體，重剛也。以不正而剛盛之勢，舊火未熄，新火又起，乘剛盛之勢也。突如而來，不正則行不由矩，故來如突兀。非善繼者也。夫善繼者，必有巽讓之誠，順承之道，順上而承其任也。若舜、啟然。今四突如其來，不巽順也。失善繼之道也。

又承六五陰柔之君，其剛盛陵爍之勢，承上則思順；剛盛陵爍，則不順。氣焰如焚然，焚則炎上而陵之，如火之氣焰上而焚然也。故云焚如。四之所行，不善如此，必被禍害，故曰死如。

失繼紹之義、承上之道，繼其道紹其業，繼紹也。皆逆德也，繼紹不異，承上不順，皆為逆德。眾所棄絕，故云棄如。至於死棄，禍之極矣，故不假言凶也。

【釋義】

外爻行於內為「來」。四繼三之明，來也。舊火將滅，新火驟起，四不能善繼三，自處不正，不當其位，以剛暴迫之，突如其來也。

焚如，火炎上，四對五而言。四乘三炎上之勢又進逼之，增益其炎熱，焚逼君上也。四對下，不能順繼，不能任賢；對上，不能善承，不能忠順，犯君進逼，尸居其位，死如也。焚如，犯君也，以下逆上，不得善終，亦為死如。突如其來，行不中正，望之不似眾賢之長，為天之所棄、眾所不容，棄如也。

鄭玄：「焚如，殺其親之刑。死如，殺人之刑也。棄如，流宥之刑。」可參考。

《象》曰：突如其來如，無所容也。

【程傳】

上陵其君，焚如也。不順所承。突如其來。人惡眾棄，天下所不容也。

【釋義】

居下而焚逼犯上，居上而暴迫於下，突如其來，晉進不以禮，處高不舉賢，必為上下所不容。

六五：出涕沱若，戚嗟若，吉。

【程傳】

六五居尊位而守中，有文明之德，可謂善矣。然以柔居上，在下無助，獨附麗於剛強之間，危懼之勢也。麗附他人則不能自主，處危地而懼也，唯其明也，體明而寬虛。故能畏懼之深，明能察危之深，故憂懼也深，至於出涕；眼淚與鼻涕。憂慮之深，至於戚嗟，戚悲不勝而至於嗟歎出聲。所以能保其吉也。知懼則能反己而有虞，故吉。出涕戚嗟，極言其憂懼之深耳，時當然也。麗於剛強之間，勢必為剛強所迫。居尊位而文明，知憂畏如此，故得吉。若自恃其文明之德，與所麗中正，泰然不懼，「不懼」一作「不慮」。則安能保其吉也？

【釋義】

六五陰居尊位，下無賢助，麗附於陽剛，身不由己，為四所逼，不能自保，出涕沱若也。然六五柔居中，且處明體，故能自反而明，知所憂懼，戚嗟若也。知懼而反，敬順乎天，故吉。

《象》曰：六五之吉，離王公也。

【程傳】

六五之吉者，所麗得王公之正位也。麗附二陽。據在上之勢，在上之勢，程子指五自身，非指上九，與他所言「居尊位而文明」一致。而明察事理，畏懼憂虞以持之，虞，預備應變。所以能吉也。不然，豈能安乎？

【釋義】

六五乃文明之主，麗附於王公之位，行其所正，知所依止，順承剛明，雖處憂患，吉也。

上九：王用出征，有嘉。折首，獲匪其醜，无咎。

【程傳】

九以陽居上，在離之終，剛明之極者也。明則能照，明照顯微，別公私也。剛則能斷。斷其所應係，無私昵也。能照足以察邪惡，能斷足以行威刑，故王者宜用。如是剛明以辨天下之邪惡，而行其征伐，則有嘉美之功也。

征伐，用刑之大者。夫明極則無微不照，斷極則無所寬宥，明極、斷極，皆指不寬容而處偏也。不約之以中，以中道約束之：使明而照理、斷而處公。則傷於嚴察矣。明過中則有傷於苛察。去天下之惡，若盡究其漸染詿誤，盡究，悉數追究，不餘一人，漸染者與詿誤者皆不放過。詿誤，貽誤、連累。則何可勝誅？誅罰不足以盡其苛察也。所傷殘亦甚矣，故但當折取其魁首，首造者。所執獲者非其醜類，醜類，同類也。則無殘暴之咎也。《書》曰：「殲厥渠魁，脅從罔治。」殲，滅也；厥，其；渠，大；渠魁，魁首也；脅從，隨從；罔治，不處置也。

【釋義】

剛處明體之極，剛明而威震遠方，故利用出征，則有嘉美之功。然上九剛居上、處明極，戒不可用過，獲匪但折其魁首，威行所加，而不失其明斷，則无咎。折首，折服重懲其首領。醜，類也。《禮記・學記》：「比物醜類。」

按，王肅本有：「獲匪其醜，大有功也。」今本無「大有功也」四字。

《象》曰：王用出征，以正邦也。

【程傳】

王者用此上九之德，明照而剛斷，以察除天下之惡，所以正治其邦國，剛明居上之道也。

【釋義】

李光地：「詩云：如火烈烈，則莫我敢遏，苞有三蘗，莫遂莫達。此爻之義也。」上九剛處明體之上，稟離火之明、陽剛之斷，挾在上之勢，為天下所麗附，故用兵行師，則天下莫敢我遏，能正其邦國也。